CAIWU SHUJU
CHULI JISHU

普通高等院校经管系列 『十四五』规划教材

滕文惠 侯玉荣／主编

财务数据处理技术
——基于 PowerBuilder

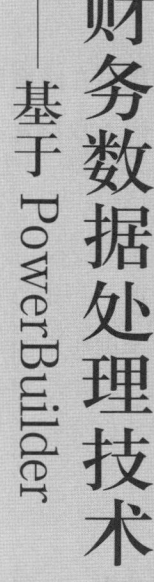

立信会计出版社
LIXIN ACCOUNTING PUBLISHING HOUSE

图书在版编目(CIP)数据

财务数据处理技术：基于 PowerBuilder ／ 滕文惠，
侯玉荣主编. —上海：立信会计出版社，2022.1
ISBN 978-7-5429-6993-4

Ⅰ.①财… Ⅱ.①滕… ②侯… Ⅲ.①财务管理-数
据处理-应用软件 Ⅳ.①F275-39

中国版本图书馆 CIP 数据核字(2021)第 253686 号

策划编辑　　张巧玲
责任编辑　　张巧玲

财务数据处理技术：基于 PowerBuilder

CAIWU SHUJU CHULI JISHU JIYU PowerBuilder

出版发行	立信会计出版社			
地　　址	上海市中山西路 2230 号		邮政编码	200235
电　　话	(021)64411389		传　　真	(021)64411325
网　　址	www.lixinaph.com		电子邮箱	lixinaph2019@126.com
网上书店	http://lixin.jd.com		http://lxkjcbs.tmall.com	
经　　销	各地新华书店			

印　　刷	浙江临安曙光印务有限公司		
开　　本	787 毫米×1092 毫米	1/16	
印　　张	14		
字　　数	332 千字		
版　　次	2022 年 1 月第 1 版		
印　　次	2022 年 1 月第 1 次		
书　　号	ISBN 978-7-5429-6993-4/F		
定　　价	39.00 元		

如有印订差错，请与本社联系调换

前　言

　　会计信息化实现了各类账簿、报表的自动计算,将财会人员从传统会计繁杂重复的手工处理数据中解脱出来;业财一体化打破了业务系统与账务系统分离的局面,业务数据可以直接自动生成凭证进入账务系统,消除了财会人员手工编制各类凭证的繁杂工作;财务共享中心的到来改变了财务数据的处理方式,企业各分支机构只需按规范填报业务数据并对各类原始单据进行扫描上传,再由相关人员对数据、单据进行审核确定,之后由系统自动完成对数据的处理计算。传统意义上财会人员对凭证的输入、审核、记账、算账等工作几乎被会计信息化系统所替代。电子发票和财务机器人的应用,意味着所有原始凭证均可通过网络、数据库技术直接进入会计信息系统。信息技术使会计工作面临新的变革。

　　财会、审计人员面临大数据技术的挑战。网络技术使数据共享度不断提高。企业对数据的安全性、正确性、完整性与及时性的要求越来越高,对数据分析的需求越来越急迫,同时对电子数据进行稽核审计的流程与方法也在改变。随着社会对财会、审计人员的信息技术能力要求的提高,高校对学生信息技术能力的培养越来越重视。

　　目前,财会专业课程教学的主要困难是商品化会计软件的封闭性,学生只能进行商品化会计软件的操作流程学习,而不理解业务流程如何在信息系统中运行,无法适应“大智移云”时代对财会人才的要求。同时,高校的财会专业缺乏会计数据处理以及会计信息系统分析设计与开发方面的教学资源,缺乏能引导学生阶梯式学习的教学案例。

　　“财务数据处理技术”作为培养会计学、财务管理、审计学等专业学生信息技术能力最重要的一门课程,其教学目标、内容体系、实践环节、教学手段和考核方式都亟待适应信息化的发展,不断改革创新。该课程是顺应时代发展对财会行业的迫切需求而设计的,是将信息技术深度嵌入会计教育,进行高度融合的一门课程。课程以企业业务数据、财务数据、财务报告及其他非财务信息为依据,采用专门的分析技术和建模方法,将企业和经济组织的所有业务数据进行专业化处理,放入专业化的数据库中,运用相关规则自动生成,为不同行业、不同岗位的人士提供参考的数据。

本书案例主要以进销存数据为基础进行逐步完善,结合学生前期财务专业基础知识,以项目案例的形式,贯穿始终并逐步完善,最终形成针对不同企业规模的完善的数据系统,包括凭证系统、日记账系统、分类账系统、会计报表系统、财务分析体系,以及 SQL 数据库下典型的进销存数据管理系统(包括数据表、商品信息管理、采购单管理、销售单管理、商品库存管理、报表计算管理等)。案例贯穿于教学中,使学生更容易理解所学内容,大量真实的、汇集了更多非财务信息的综合案例,使学生更全面、更深入理解大体量财务数据分析的内容及其应用,有利于学生财务数据处理技术思维的形成,进而提高学生的综合分析和解决问题的能力。

通过本书的学习,学生可从企业财务分析的角度分析、发现企业经营中存在的问题、潜在的风险,提出改进的措施,并能掌握大数据的深层逻辑。本教材在编写过程中引入大量国内的财务创新实践理论以及前沿理论观点,以项目操作演练指导的风格进行编撰,配合具体的操作步骤截图,方便读者实际操作。

本书由滕文惠、侯玉荣主编。具体分工如下:第 1、第 2、第 3、第 4 章(约 16.6 万字)由侯玉荣执笔,第 5、第 6、第 7 章(约 13.8 万字)由滕文惠执笔。

感谢西安欧亚学院财务大数据课程组对本书的指导和帮助。本书在编写过程中,重点参考了财务云丛书之《财务就是 IT——企业财务信息系统》和陈旭教授编写的《会计信息化》教材,在此对原作者表示诚挚的感谢。本教材系陕西高校青年创新团队(The Youth Innovation Team of Shaanxi Universities)的阶段性成果。书中如有不妥和疏漏之处,恳请读者给予批评指正。

如需本书的软件安装包和案例源程序,请通过 tengwenhui@eurasia.edu 邮箱地址索取。

编者

2021 年 9 月

微课视频

目 录 •--

第1章

财务数据处理技术导论

◎ 知识目标

了解信息技术对财务工作的影响
了解财务数据处理技术的发展历程
掌握财务转型与财务再造的关键点
掌握财务信息系统的设计与开发原则

⧗ 能力目标

能掌握财务数据处理技术的内涵
能厘清财务职能和财务流程
能理解财务的本质就是信息系统
能熟知财务信息系统的组成

1.1 信息技术对财务工作的影响

在古印度,有个聪明的大臣发明了"国际象棋"。国王非常喜欢,为了表示感谢,就答应满足大臣一个要求。大臣请求:请国王下令在棋盘的第一格上放一粒小麦,在第二格上放两粒,在第三格上放四粒,第四格上放八粒,就这样每次增加一倍,一直到第六十四格为止,然后把这些小麦全部赐给我。这个数量的增长是爆炸性的。根据计算,棋盘上六十四个格子小麦的总数将是一个二十位数,折算为重量,大约是两千亿吨。

如同在棋盘上放稻谷,信息技术的每一次"振翅",带给人类社会的进步都是倍数效应。回顾历史,科技的进步给会计带来了三次巨大的变革。

第一次变革,是计算机的诞生,传统的手工账被搬到计算机上,逐步实现会计电算化,实现了计算能力和存储能力的飞跃;第二次变革,是互联网的出现,财务流程和组织模式发生重大变化,财务可以远程操作,促进了财务共享服务中心这种新的运作模式的产生;第三次变革,是未来的信息技术正在进入"大智移云"(即大数据、智能化、移动互联和云计算)的时代,信息技术的发展将掀起新一轮的产业变革,财务工作将更加自动化和智能化,现有的财务运作模式将会被完全颠覆。

信息技术的深化应用,不仅提高了财务运营的工作效率,更提升了财务管理、控制和决策能力的应用,财务信息化的理论和实践也正随之发生着重大的转变。计算器取代算盘,计算机取代计算器,电算化、ERP、互联网、大数据、云计算、人工智能……这一切都在悄然改变着会计的外部环境。企业的财务人员,需要主动拥抱信息技术带来的改变,不断寻求降低运行成本、支持业务发展和战略决策的创新方法。

1.2 财务数据处理技术的发展

财务信息系统作为财务数据处理技术的载体,承载企业业务数据,固化财务流程,完成财务信息的采集、加工、处理和报送,通过信息技术的创新和应用,支持核算、资金、税务、管理等重要财务职能的实现。

我国会计发展从"会计电算化"到"会计信息化"已历经三十余年,在各方人士的关心和不懈努力下,取得了可喜的成果。自21世纪以来,财务工作现代化已不能仅仅满足于会计核算手段的电算化,还需要适应加强经济管控、资金、税务、财务管理和内部控制的要求,适应网络技术发展和软件管理功能扩展的要求,适应国民经济和社会信息化对财务信息共享的要求,积极向财务信息化转变。因此,财务信息系统的集成必将成为推动我国新一轮会计变革的起点。多数企业的财务信息系统已经进入财务业务集成阶段。财务处理流程已嵌入到业务处理过程中,实现了在业务发生时实时采集和监控相关信息。为了满足企业自身的需求,各企业在一定集成设计的基础上开发了多种形式各异的财务信息系统,企业财务信息系统已逐步成为企业整体信息系统的有机组成部分。但在实际运行中,这些异构的信息系统会产生许多不同的问题,加之各企业的系统设计思路和各模块功能流程并不对外公开,对企业的高速发展形成了限制,也给财务信息系统的创新工作带来了困难。

随着信息技术的飞速发展,财务信息系统将向模拟人的智力方向发展,将会有类似听觉、视觉、触觉等功能,能模拟人的思维推理能力,具有思考、推理和自动适应环境变化的功能。专用会计信息系统将向通用会计信息系统发展,财务信息系统将是一个基于网络的信息系统。因此,集团企业可以利用数据库与网络,建立跨会计主体和跨地域的集团内部财务信息系统,实现"数据大集中、管理大集权"的目标,与财务工作方法的创新相适应。

当下社会经济环境、企业组织方式、企业规模等已经发生了重大变化,会计行业对如何提供信息需要有更加创新的视角。因此,面对信息技术的飞速发展,财会人员不应只是被动地接受或继承传统的思维方式和规则,而应积极主动地拥抱新技术。

在信息时代,信息传播、处理和反馈的速度大大加快,产品生命周期不断缩短,市场竞争日趋激烈,企业的经营风险明显加大,因此,会计工作还要树立风险观念。会计工作既是一种生成信息、供应信息的工作,也是一种利用信息参与管理的工作。企业管理的信息化也对财会人员提出了更高的要求。一个大企业如何进行会计核算,如何推进会计及企业管理的信息化,又如何利用信息化的手段提高企业的市场竞争力、实现管理创新,正成为财会人员面临的挑战。

1.3　财务转型与财务再造

财务信息系统的架构使财务必须面向未来,并进行职能转型和再造。财务职能是一个企业成功经营的核心。财务人员与管理团队的其他人员一起,确保从企业利益相关者的角度出发,有效地获取、维护和利用资源,借此维持财务在经营中的重要作用。财务参与这种变革过程,为塑造当前和未来商业实践提供基本工具、专业知识和信息。

企业都会面临控制成本、提高劳动生产率的压力,以及减少甚至消除非增值业务的压力。在今天的许多财务系统中,交易处理及控制和风险管理占财务全部业务的 80% 以上。这样,财务用于决策支持或规划未来的时间就所剩无几了。事实上,有研究发现,在财务职能中,只有不到 4% 的可用时间和资源用于思考未来。

财务职能的转型要从不再强调它作为组织记分员的传统职责开始。要想成功实现这种转型,就要在报告、计量、控制、合规和数据生成等传统业务中,相应地减少对这些领域的资源投入。这些转变使财务人员成为组织内部变革的主动参与者和引领者。

新兴的财务职能正在成为以分析、战略和增值为导向的顾问型经营合作伙伴,以绩效提升为中心的决策的参与者和领导者。为了实现这些目标,财务职能可以重新设计为决策层、控制层和执行层三个层次,如图 1-1 所示。一个人不可能承担所有这些职责,个体将重新配置到反映其优势的领域,确保企业和个体都会从财务职能再设计中获得最大收益。

决策层,我们称之为战略财务。战略财务团队将公司的战略意图转化为更为详细的资源分配机制、绩效考核机制、内控管理机制等,通过 PDCA(Plan,Do,Check,Act)循环,助力公司实现战略目标。

控制层,我们称之为业务财务。业务财务团队将公司战略决策向执行层推进、落实。另外,控制层将执行层提供的财务数据转变为有效的财务信息,及时传递至相关的决策者,提供经营决策支持。

执行层,是财务的基础交易处理团队。在很多企业,由共享服务中心承担这类职责。共享服务中心根据决策层、控制层制定的制度和规则,高效、低成本地完成基础财务处理流程,提供财务数据。财务职能再设计有了明确的目标后,若有需要改进的财务流程环节,应重新设计并评估新的财务流程,规划并实施财务转型。

为管理团队提供决策支持且转型为经营合作伙伴的财务人员需要对传统的交易处理模式和流程进行变革,不断创新技术和流程,降低运行成本、制定重要的财务资源支持战略和措施。面对更多参与企业经营活动和决策以及提供更及时、更相关的信息来满足经营需要的要求,财务再造以提升价值创造的能力为目的,从以下四个维度进行变革。

(1)流程再造。财务流程再设计的目标是消除非增值工作,降低交易处理的成本,运用

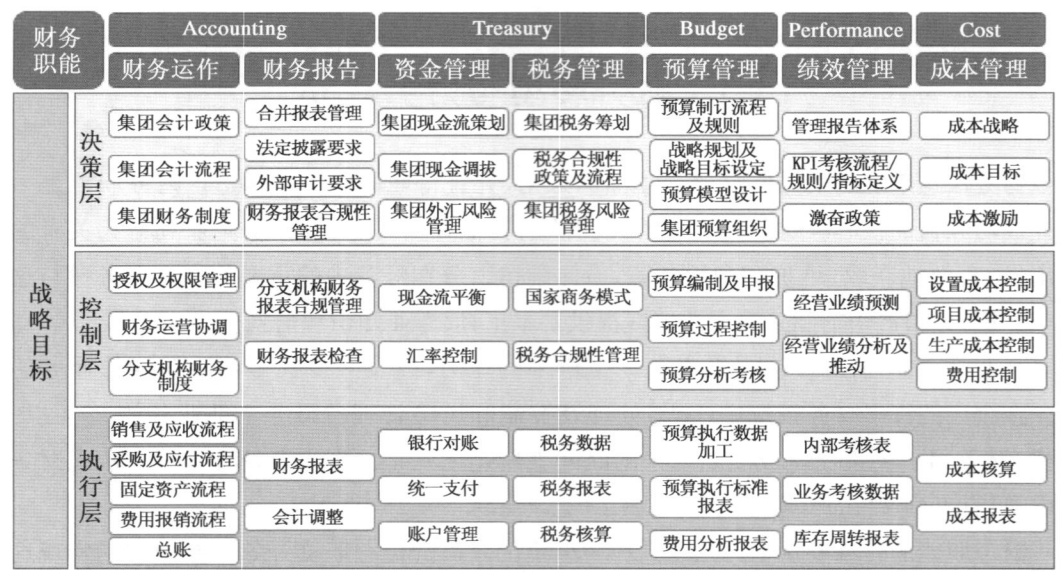

图 1-1 财务职能再设计

各种形式的技术减少财务工作的时间、成本和复杂性以及为战略决策和一般经营管理提供信息。

（2）组织再造。财务职能的重塑与流程再造，必然会使财务组织发生变革。财务组织基于职能的执行、控制、决策三个层次，逐步形成完整的、四位一体的组织模式，即公司层面控制管理的战略财务、全价值链财务管理支持的业务财务、以交易处理为主的财务共享服务、具备财务核心能力的专家团队。

（3）人员再造。在新的职能分工、财务流程及组织架构下，企业对财务人员知识结构的要求也将发生巨大的变化，财务人员需要拥有全局的视角、组织策划能力、专业判断和综合决策能力、协作能力、学习与推广能力，而这些都是传统财务人员欠缺的。寻找具有这些技能的高潜力员工，通过培训提高这些技能，重新调整管理方法，是管理者必须关注的方面。

（4）信息技术再造。信息技术及相关工具既是实施财务再造的重要工具，也是实现流程创新的关键。它是跟上变革和趋势、提升企业竞争地位的关键影响因素。

在财务再造的过程中，流程再造和信息技术再造是最关键的。财务绩效改进的方式是通过流程实现的，流程再造聚焦于消除非增值作业，代之以有效的方法和信息技术工具，使组织能按照客户的期望提高绩效，降低交易处理的成本和复杂性。信息技术与流程的关系是相互的，流程再造需要信息技术实现根本变革，而信息技术的有效利用则需要流程再造来体现。许多新的信息技术应用于财务领域，降低了处理成本，提高了工作效率，并为进一步的价值创造提供了机会。

为了实现转型，财务职能将被重新设计，划分为执行层、控制层和决策层三个不同层级。财务职能再设计带来了流程、组织、人员与信息技术的再造。信息技术是财务转型巨大的推动力,促进财务发生根本变革,使财务团队真正成为管理团队的增值成员和业务团队的合作伙伴。财务信息系统是企业信息系统的重要组成部分,利用先进的信息技术建立完整的财务信息系统,并充分利用财务信息系统是财务成功转型的关键。

1.4　财务信息系统的设计与开发

　　财务从本质上来说是一个信息系统。财务是企业所有业务数据的集成点,企业经营中的每一个交易和事项,相应的数据最终都会汇集到财务中来。财务工作就是识别、收集、记录、加工、存储财务数据,生成所需要的财务信息,为经营决策者提供决策支持以及向利益相关者报送、披露财务信息的过程,因此财务就是一个信息系统。它可以是基于纸和笔的手工系统,也可以是运用最新信息技术的复杂系统。无论采用哪种方法,其处理过程都是一致的,财务信息系统必须收集、输入、加工和报告数据与信息。纸、笔或者电脑硬件和软件只不过是用来生产信息的工具。

　　财务信息处理的效率在一定程度上代表了财务管理的效率。财务信息获取需要信息技术的支持,需要通过信息技术的应用以不断提高管理效率。财务信息系统可以说是收集、加工、处理和提供信息的工具。它不仅包括财务数据识别、收集和存储的过程,同时也是信息开发、测试和沟通的过程。因此,财务信息系统也称财务管理信息系统(Finance Management Information System,FMIS),可以定义为是一个对企业经营、财务运作进行管理、控制、监督,为企事业单位获取重要经济信息的计算机软件系统。这些信息连续、系统、全面、综合反映和监督企业经营状况,并为企业管理和经营决策提供重要依据。财务信息系统,作为企业信息系统重要的组成部分,支持端到端的业务财务一体化运作,在业务交易和事项发生时,触发财务活动,记录业务过程,收集、加工业务数据,管理资金的流动,输出财务报告,并向管理者提供及时、有用的信息,提升决策能力。财务信息系统的主要目标一方面是支撑财务交易处理和报告,另一方面是支撑财务管理决策。财务信息系统的规划和设计需要与企业的战略目标、业务流程以及财务职能紧密相关,支撑财务循环及财务职能在信息系统中的实现。

　　综上,财务信息系统的建设需要与企业业务战略和目标紧密结合,支撑企业的战略和目标;支持企业端到端的业务流程,实现信息与流程的集成;及时准确地提供与决策支持相关的信息。

　　财务信息系统的设计和开发有其必须遵循的原则。系统设计阶段是在系统分析的基础上,进行系统的物理设计。系统设计的任务是实现系统分析阶段确定的逻辑模型所规定的系统功能,即建立系统的物理模型。系统设计的主要任务是提出系统实施(如编程、调试、试运行等)的方案,并产生系统设计报告,作为系统实现和维护的依据。系统设计应遵循的原则如表 1-1 所示。

表 1-1　　　　　　　　　　　　　　　　系统设计应遵循的原则

原　则	说　明
系统性	从系统的全局出发,做到系统编码统一、设计规范、传递语言一致,对系统的数据采集要做到数出一处、全局共享,使一次输入得到多次利用
经济性	充分考虑系统的投资效益比。一方面,在硬件投资上不能盲目追求技术上的先进,而应以满足应用需要为前提;另一方面,系统设计中应尽量避免不必要的复杂,各模块应尽量简洁,以便缩短处理流程、减少处理费用
灵活性	设计中应体现系统的可扩展性和可变性。企业业务处理的发展必然伴随系统功能的变更和应用需求的扩展,因此,在设计中既要体现出系统对环境变化的适应性和灵活性,又要确保系统整体功能的稳定性
安全性	信息系统的安全保障是系统能否正常运行的基本保证。数据是信息系统的核心,因而数据的安全保证措施是整个系统安全性设计的重中之重
可靠性	可靠性是指系统抵御外界干扰的能力及受外界干扰时的恢复能力。一个成功的管理信息系统必须具有较高的可靠性,如安全保密性、检错及纠错能力、抗病毒能力等
效率和质量	系统效率包括系统的处理能力、速度、响应时间等指标。质量是与系统提供的信息的完整性、准确性和表现形式等有关的指标。系统效率和质量是系统能否推广应用,并产生效果的基本保证
技术的先进性和成熟性	成熟的技术和产品有助于提高系统的成熟度,先进的技术能使系统具有更长的生命周期。在系统设计时,应尽量选择先进成熟的技术和产品,增强系统的推广能力,降低系统潜在的风险
系统设计报告的完成	系统设计的最后阶段产生的是系统设计报告,它不仅是系统实施的依据,而且是未来系统运行期间用以维护系统的依据。因此,在系统设计过程中,应严格遵循系统分析报告所提供的文档资料,设计者不能任意更改系统功能和性能要求。如有必要变更,则需严格审核并由主管部门批准。只有这样才能使系统设计报告更符合系统分析的实际情况

　　数据库作为财务信息系统的核心部件,其设计尤为重要。常言道"三分技术、七分管理、十二分基础数据",由此可见数据库设计的重要性。数据库设计包括结构特性的设计和行为特性的设计。结构特性的设计是确定数据库的数据模型。数据模型反映了现实世界的数据及数据间的联系,要求在满足应用需求的前提下,尽可能减少冗余,实现数据共享。行为特性的设计是确定数据库应用的行为和动作,应用的行为体现在应用程序中,所以行为特性的设计主要是应用程序的设计。

　　传统的数据库设计,比较重视研究在给定的应用环境下如何建造数据库的结构,而较少考虑或容易忽视用户对应用功能的需求,即在数据库设计中未能很好体现数据库的结构特性和行为特性,这是在独立的数据库设计过程中应注重的问题。现在,数据库设计往往是将其与信息系统应用设计相结合的完整过程和步骤,它同信息系统设计的步骤类似。独立的数据库设计过程一般分为五个阶段:需求分析概念结构设计、逻辑结构设计、物理结构设计、数据库实施、数据库运行和维护。

本章思考题

1. 简述财务信息系统的发展历程。

2. 简述信息技术对财务的作用。

3. 试分析信息技术对财务会计报告产生了什么影响。

4. 试分析财务转型应由哪些部门引领。

5. 试分析财务再造要从哪些方面开展。

6. 简述财务信息系统应包含哪些模块。

7. 简述财务信息系统的设计原则。

8. 简述数据库设计的基本阶段。

第 2 章

PowerBuilder 与进销存系统初识

◆ 知识目标

了解 PowerBuilder 的结构和特点

理解使用 PowerBuilder 作为主要工具进行财务信息系统的设计与开发的原因

了解开发软件的安装和使用流程

掌握创建一个财务信息系统所需的业务流程设计、功能设计以及数据库设计的基本原则

能够熟练运用提供的财务信息系统

◆ 能力目标

能够绘制财务信息系统的基本业务流程图

能依据进销存系统所需功能设计完善的数据库表

能够熟练掌握 PowerBuilder 的功能模块

能够熟练运用完整的进销存系统进行信息的录入,理解所要设计的系统

能够明确自己设计的进销存系统所管理的产品体系

2.1 什么是 PowerBuilder

PowerBuilder 是美国 Sybase 公司研制的一种新型、快速开发工具,是在客户机/服务器(C/S)结构下,基于 Windows 3.x、Windows 95 和 Windows NT 的一个集成化开发工具。它包含一个直观的图形界面和可扩展的面向对象的编程语言 PowerScript,提供与当前流行的大型数据库的接口,并通过 ODBC 与单机数据库相连。

2.1.1 功能简介

● 一种新型、快速开发工具,是在客户机/服务器结构下,基于 Windows 的一个集成化开发工具。

● 包含一个直观的图形界面和可扩展的面向对象的编程语言 PowerScript。

● 支持目前流行的大多数关系数据库管理系统,提供与当前流行大型数据库的接口,通过 ODBC 与数据库相连。

● 在 PowerBuilder 的应用程序中对数据库的访问一般采用国际化标准数据库查询语言

SQL，使得用 PowerBuilder 开发的应用程序可以不修改或者少量修改即可在不同的后台数据库管理系统上使用。

2.1.2　主要特点

● 可视化、多特性的开发工具。全面支持 Windows 所提供的控制、事件和函数。

● 企业数据库的连接能力。PowerBuilder 支持应用系统同时访问多种数据库，可直接与 Sybase、SQL Server、Informix、Oracle 等大型数据库连接；PowerScript 编程语言提供了一套完整的嵌入式 SQL 语句，大大增强了程序操纵和访问数据库的能力；主要特色为 DataWindow（数据窗口）；通过 DataWindow 可以方便地对数据库进行各种操作，也可以处理各种报表，而无需编写 SQL 语句。

● 强大的查询、报表和图形功能。

● 适用面非常广的开发工具。PowerBuilder 既适合初学者快速学习数据库的开发，又可以让有经验的开发人员开发出功能强大的数据库。

基于 PowerBuilder 的功能特点，本书案例采用该软件进行财务信息系统的开发，若有更加具备优势的开发工具，也请有志之士与我们深入沟通交流。

2.2　PowerBuilder 安装与卸载

2.2.1　常见安装问题及解决方案

PowerBuilder 10.0 在常见的 Win7 和 Win10 系统中经常出现各种安装不成功的情况，总是到安装 Sybase PowerBuilder 10.0 时就一直显示"setup is running"，查看任务管理器可发现安装程序是在运行中的，但是桌面上就是找不到安装的界面，所以安装一直以失败告终。经过各种尝试和设置后，我们发现解决方案是要进入系统的安全模式，进行 PowerBuilder 10.0 的安装操作。

安全模式是 Windows 系统中的一种特殊模式，经常使用电脑的朋友肯定不会感到陌生。在安全模式下，用户可以轻松修复系统的一些错误。安全模式的工作原理是在不加载第三方设备驱动程序的情况下启动电脑，使电脑运行在系统最小模式，这样用户就可以方便地检测并修复计算机系统的错误。进入安全模式的方法很多，下面介绍一种。

Win7 系统开机长按 F8 进入安全模式。

Win10 系统进入安全模式的步骤如下：

（1）开机后进入 Win10 系统，在系统桌面左下角选择"开始"→"设置"，如图 2-1 所示。

（2）打开"Windows 设置"窗口后，我们可以看到"更新和安全"，选择进入，如图 2-2 所示。

图 2-1　系统设置起始页

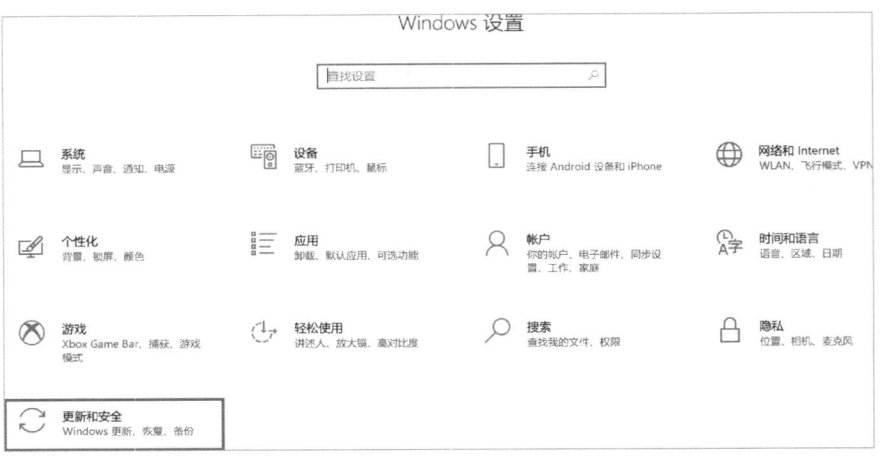

图 2-2　Windows 设置—更新和安全

（3）进入"更新和安全"界面后，点击"恢复"，左侧高级启动下有个"立即重新启动"按钮，直接点击，如图 2-3 所示。

（4）系统重启后会进入安全操作界面，我们选择"疑难解答"，如图 2-4 所示。

（5）在"疑难解答"界面选择"高级选项"，如图 2-5 所示。

（6）进入"高级选项"后，选择界面里的"启动设置"模块，如图 2-6 所示。

（7）在"启动设置"界面，系统会提示重启后会进入 Win10 系统安全模式，点击右下角"重启"按钮，如图 2-7 所示。

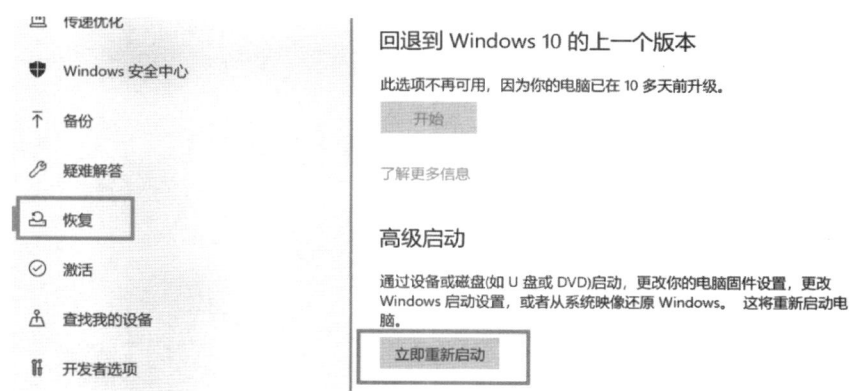

图 2-3　更新和安全—恢复—立即重新启动

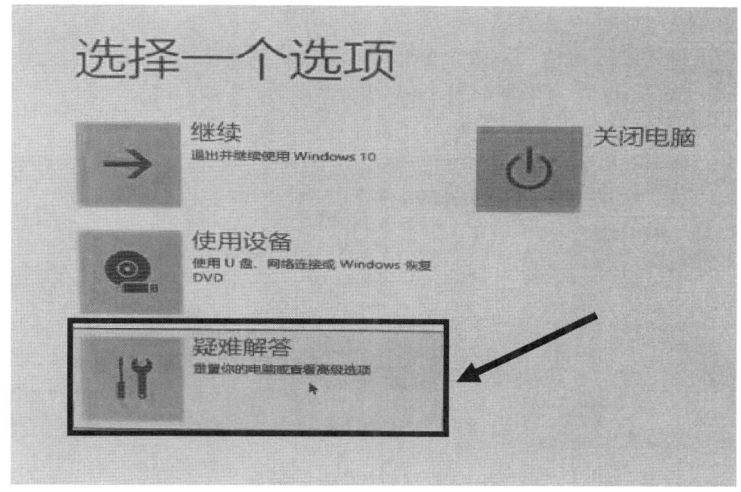

图 2-4　安全操作界面—疑难解答

图 2-5　疑难解答—高级选项

图 2-6　高级选项—启动设置

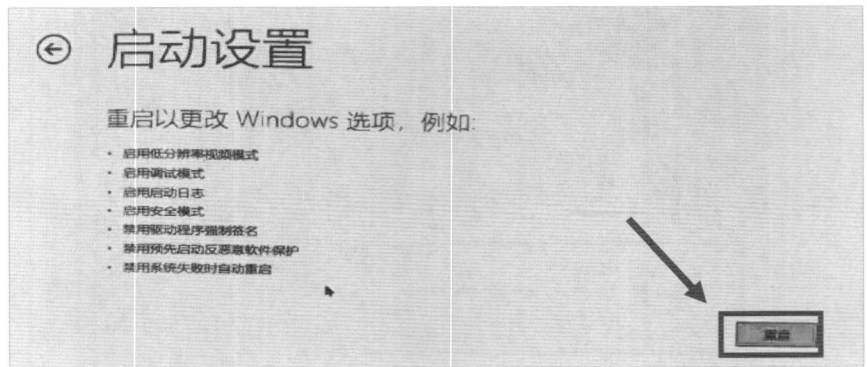

图 2-7　启动设置—重启

（8）最后，在"启动设置"界面按 F4 键，Win10 系统会自动重启进入系统"安全模式"，如图 2-8 所示。

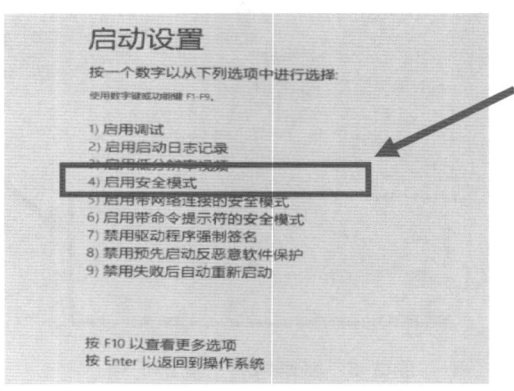

图 2-8　启动设置—F4—启用安全模式

2.2.2　PowerBuilder 10.0 的安装

（1）将提供的 PowerBuilder 10.0 安装包解压缩，在 PowerBuilder 10.0 文件夹中选择"setup.exe"开始安装程序，如图 2-9 所示。

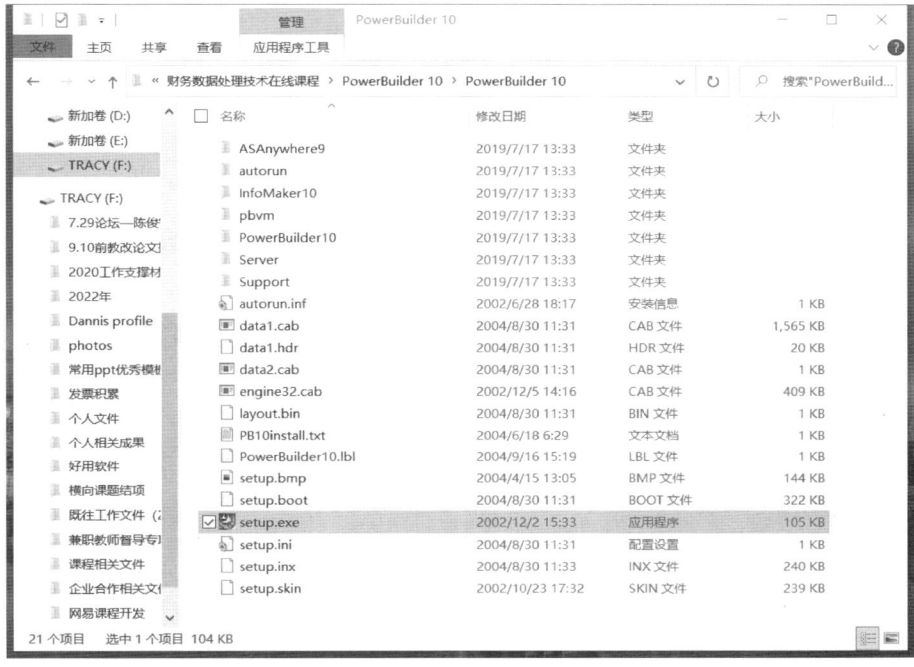

图 2-9　启动安装程序

（2）安装运行过程中，不勾选 Infomaker，单击"Next"，如图 2-10 所示。

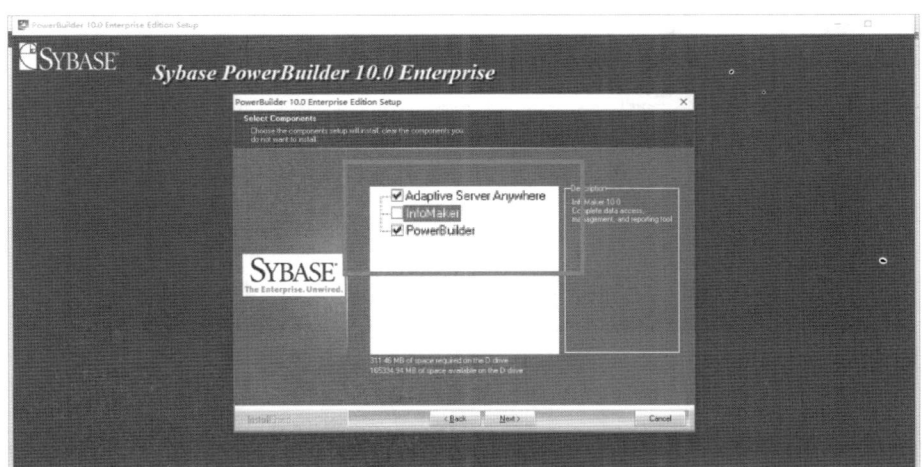

图 2-10　安装程序选项界面

（3）在确认弹窗中选择"否（N）"，如图 2-11 所示。

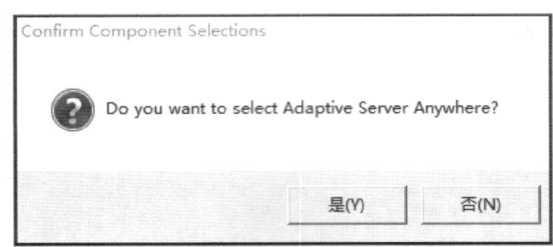

图 2-11　组件选择确认弹窗

（4）在合约条款界面（见图 2-12）中选中"I accept the Items of the agreement"，单击"Next"。部分电脑会出现错误提示弹窗，单击确定即可，如图 2-13 所示。

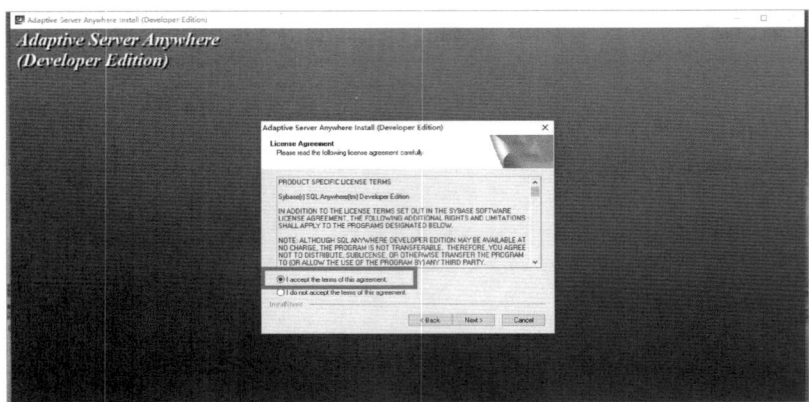

图 2-12　合约条款界面

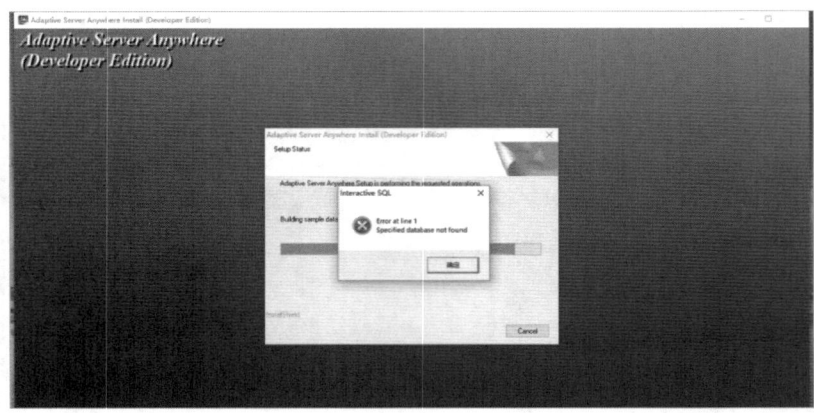

图 2-13　错误提示弹窗

（5）在 SQL 数据库部件安装中，取消所有勾选项目，单击"Next"，如图 2-14 所示。

（6）至此，PowerBuilder 10.0 安装完成，安装完成后重启电脑，选择"restart my computer"，打开软件，正常使用。

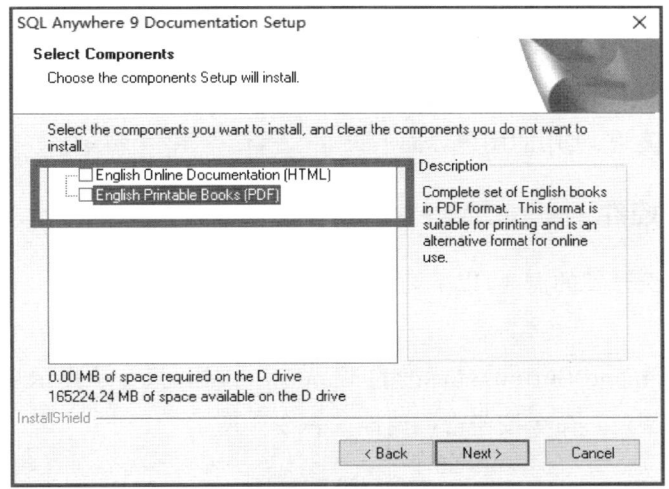

图 2-14　SQL 部件安装选项

2.3　PowerBuilder 基础知识

2.3.1　PowerBuilder 文件类型说明

1．.pbw 文件

.pbw 是工作区(PowerBuilder Workspace)文件的后缀名。工作区文件用于存放应用库文件,一个工作区下可以建立多个应用库文件。

2．.pbl 文件

.pbl 是应用库文件(PowerBuilder Library)的后缀名。采用 PowerBuilder 开发应用程序时,建立的所有对象(包括对象函数、事件处理程序)、函数、结构和定义的有关变量,都存储在以.pbl 为后缀的应用库文件中。一个应用程序既可以存放在一个应用库中,也可以分别存储在多个应用库中,但要注意单个应用库不宜过大,通常不超过 800 KB,否则将增加系统的查库时间。应用库文件不能直接使用文本编辑器查看,但通过库管理画笔(Library Painter)可以方便地浏览、操作。

3．.pbt 文件

.pbt 是应用程序目标文件(PowerBuilder Target)的后缀名。应用程序目标文件用于记录应用程序的工作区间所包含的库文件,相当于应用库文件的目录。

2.3.2　窗口的概念

窗口是用户和应用程序联系的主要接口界面。应用程序通过窗口向用户显示信息和从用户那里得到信息。在 PowerBuilder 中提供了 6 种类型的窗口，分别是主窗口（Main!）、弹出窗口（Popup!）、子窗口（Child!）、响应窗口（Response!）、多文档界面的窗口（MDi!）、带帮助的多文档界面的窗口（Mdihelp!）。PowerBuilder 提供了强大的窗口功能，可以使用户通过简单的操作得到美观、实用的用户界面。

2.3.3 常见窗口控件

为了本教材案例开发的需要，以下简单介绍几个常用的窗口控件。

1. 命令按钮

命令按钮（Command Button）是标准的 Windows 按钮，只显示提示功能的文字，不能修改字符颜色和背景颜色。命令按钮常用属性如表 2-1 所示。

表 2-1　　　　　　　　　　　　　　　　命令按钮常用属性

属性	数据类型	说　　明
Text	String	定义控件的文本
Default	Boolean	定义控件是否作为默认按钮（用户按下 Enter 键，控件即接受该按钮的 Clicked! 事件），取值为 TRUE（作为默认按钮），FALSE（不作为默认按钮）
Cancel	Boolean	定义控件是否作为取消按钮（用户按下 Esc 键，控件即接受该按钮的 Clicked! 事件），取值为 TRUE（作为取消按钮），FALSE（不作为取消按钮）
Enabled	Boolean	定义控件是否启用，取值为 TRUE（控件可用），FALSE（控件不可用）
Visible	Boolean	定义控件是否可见，取值为 TRUE（控件可见），FALSE（控件不可见）
Height	Integer	定义控件的高度
Width	Integer	定义控件的宽度
X	Integer	定义控件在窗口中的 X 坐标
Y	Integer	定义控件在窗口中的 Y 坐标

2. 图片命令按钮

图片命令按钮（Picture Button）与 Command Button 按钮基本相同，只是除按钮的文本外，还可以指定显示在按钮上的图像（可用.bmp，.gif，.Jpg，.Jpeg 等格式），并能够以不同图像表示按钮处于可用和不可用两种状态。图片命令按钮除了前面命令按钮（Command Button）的属性外，还具有的常用属性如表 2-2 所示。

表 2-2　　　　　　　　　　　　　　　　图片命令按钮常用属性

属性	数据类型	说　　明
PictureName	String	定义在控件可用时显示的图片的文件名
DisabledName	String	定义在控件禁用时显示的图片的文件名

3. 静态文本框

静态文本框(Static Text)常用于显示提示信息。静态文本框常用属性如表 2-3 所示。

表 2-3　　　　　　　　　　　　　图片命令按钮常用属性

属性	数据类型	说　明
Text	String	定义控件的文本
Textcolor	Long	定义文本的颜色
Backcolor	Long	定义控件的背景颜色

Enabled，Visible，Heigh，Width，X，Y 等属性与前面相同

4. 单行编辑框

单行编辑框(Single Line Edit)可在单行框中输入、显示数据，主要用于输入较少的数据，如输入用户密码等。单行编辑框常用属性如表 2-4 所示。

表 2-4　　　　　　　　　　　　　单行编辑框常用属性

属性	数据类型	说　明
Text	String	定义控件的文本
Password	Boolean	定义控件是否具有口令域，即以"＊"屏蔽单行编辑框里的数据，取值为 TRUE(控件具有口令域)，FALSE(控件不具有口令域)

Enabled，Visible，Heigh，Width，X，Y，Textcolor，Backcolor 等属性与前面相同

5. 图片框

图片框(Picture)用于显示.bmp，.gif，.wmf，.jpg，.jpeg 等格式的图像。

图片框常用属性如表 2-5 所示。

表 2-5　　　　　　　　　　　　　图片框常用属性

属性	数据类型	说　明
PictureName	String	定义需要显示的图片文件名，文件的路径可使用绝对路径、相对路径

Enabled，Visible，Heigh，Width，X，Y 等属性与前面相同

2.3.4　事件与脚本

1. 事件

系统的运行由事件(Event)驱动。一些对象及控件均有相对应的事件。事件是指作用在对象上的动作或对象性的修改。举例如下：

(1) 应用对象 Open! 事件：在应用启动时发生的事件，并且只触发一次。这个事件的脚本主要做程序的初始工作，如连接数据库、判断用户合法性、全局变量初始化、打开应用窗口等。

（2）应用对象 Close！事件：在应用程序将要关闭的时候发生，这个事件的脚本是用来处理程序关闭前的善后工作，如和后台数据库断开连接等。

（3）命令按钮控件 Clicked！事件：单击命令按钮控件的时候发生。

2. 脚本

脚本（Script）也称事件处理程序，是指当事件被触发时相应执行的一段程序。对于每个事件，其处理程序可有可无；对于编写了处理程序的事件，只有当事件被触发时，才执行其处理程序，否则不执行。

2.3.5　窗口打开与关闭函数

根据案例开发的需要，介绍以下窗口函数。

1. 窗口打开函数

open（窗口名）：用于打开一个窗口。

2. 窗口关闭函数

close（窗口名）：用于关闭一个窗口。

2.4　创建应用的基本流程

2.4.1　创建应用开发环境

创建应用开发环境的基本步骤如下。

1. 创建工作区

选择菜单栏【File】|【New】命令，弹出如图 2-15 所示的"New"对话框，选中"Workspace"选项卡中的 Workspace 图标。单击"OK"，在弹出的对话框输入要创建的 Workspace 的名称"goods"，并选择要保存的路径，单击"保存"，此时将自动生成一个 Workspace，并在该目录下生成一个 goods.pbw 工作区文件。

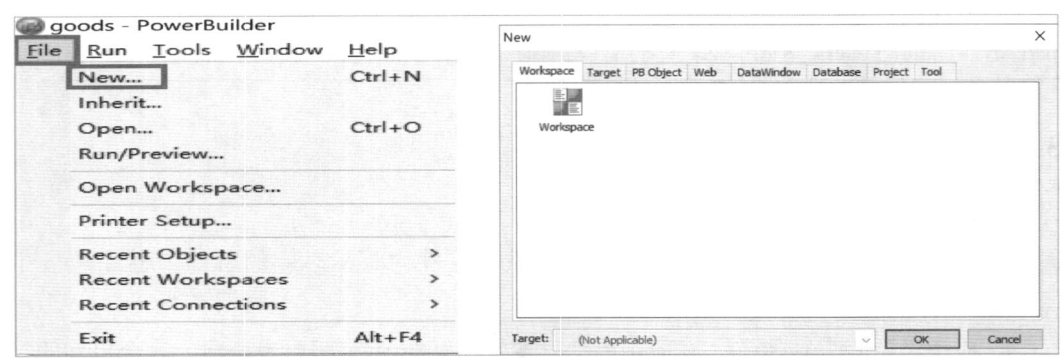

图 2-15　创建工作区

2. 创建应用的库以及目标文件

选择菜单栏【File】|【New】命令，双击"Target"选项卡中的 Application 图标，系统会出现如图 2-16 所示的对话框。输入应用程序的名称"goods"，选择相应的 Library 以及 Target 文件目录，单击"Finish"即可完成应用程序的建立，同时产生 goods.pbl 应用库文件和 goods.pbt 目标文件。

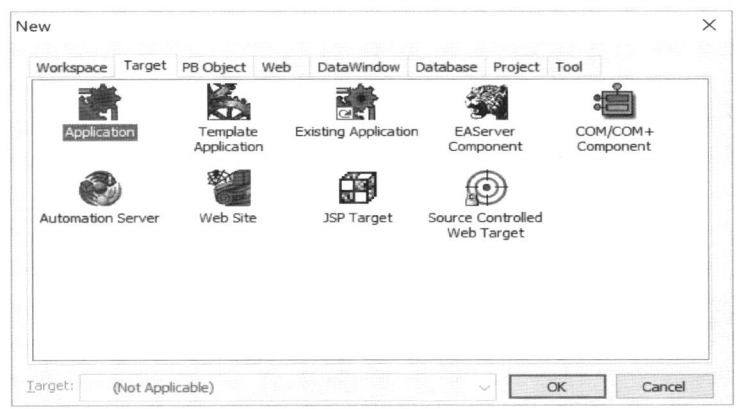

图 2-16　创建应用程序

2.4.2　创建窗口对象

创建窗口对象的基本步骤如下。

1. 新建窗口对象

选择菜单栏【File】|【New】命令，打开"New"对话框，双击"PB Object"选项卡中的 Window 图标，工作区中将产生新窗口，如图 2-17、图 2-18 所示。

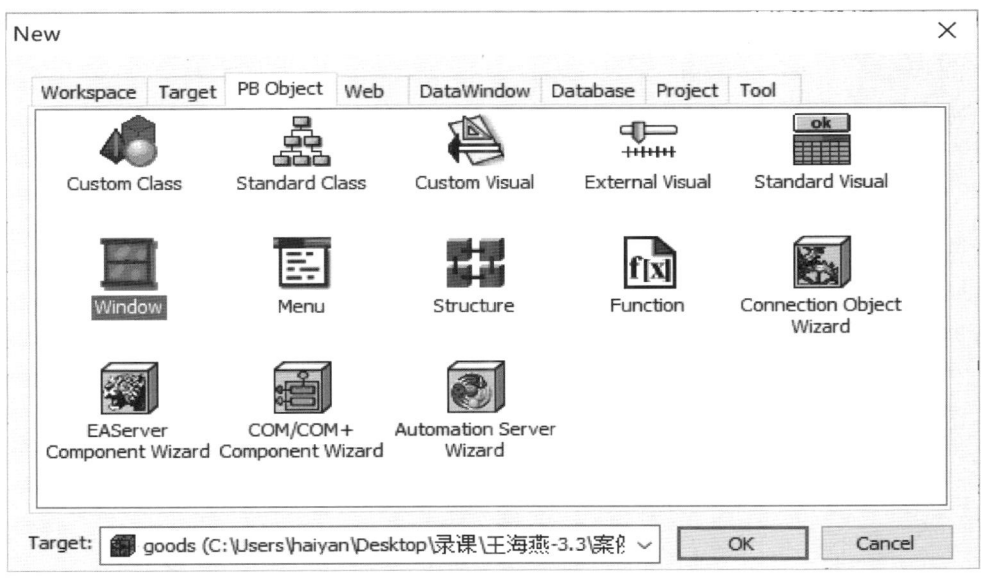

图 2-17　创建新的窗口

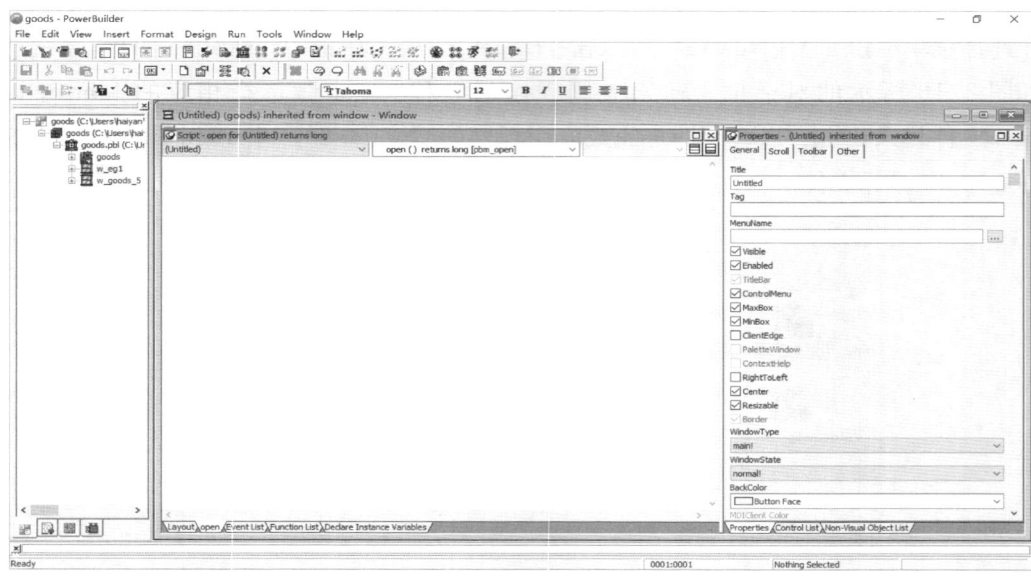

图 2-18 窗口操作界面

2. 保存窗口对象

选择菜单栏【File】|【Save As】命令，打开"Save Window"对话框，输入窗口名称"w_goods_1"，点击"OK"保存，如图 2-19 所示。

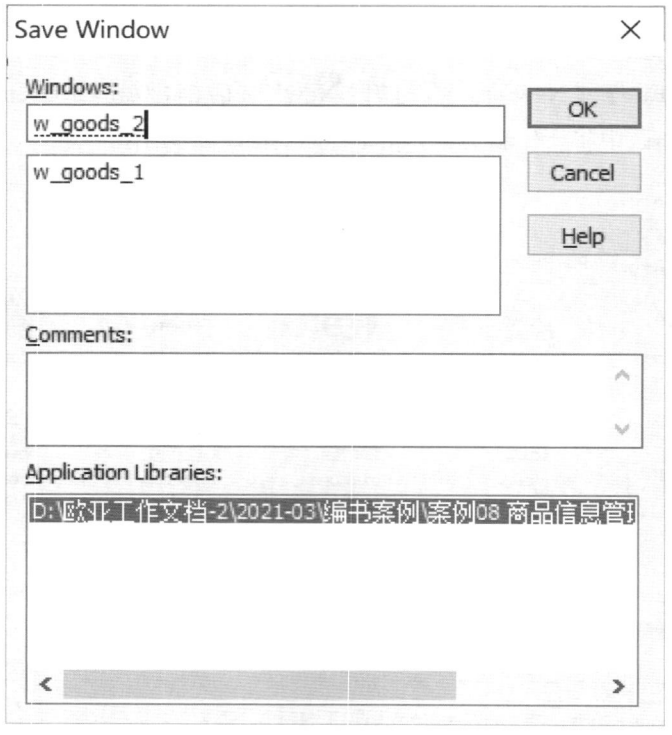

图 2-19 保存窗口并命名

3. 修改窗口属性

根据窗口外观设置的需要,可修改窗口属性。例如,调节窗口的大小,将窗口默认的 Title 属性从"Untitled"修改为"商品介绍"等。修改完后,选择菜单栏【File】|【Save】保存命令,如图 2-20 所示。

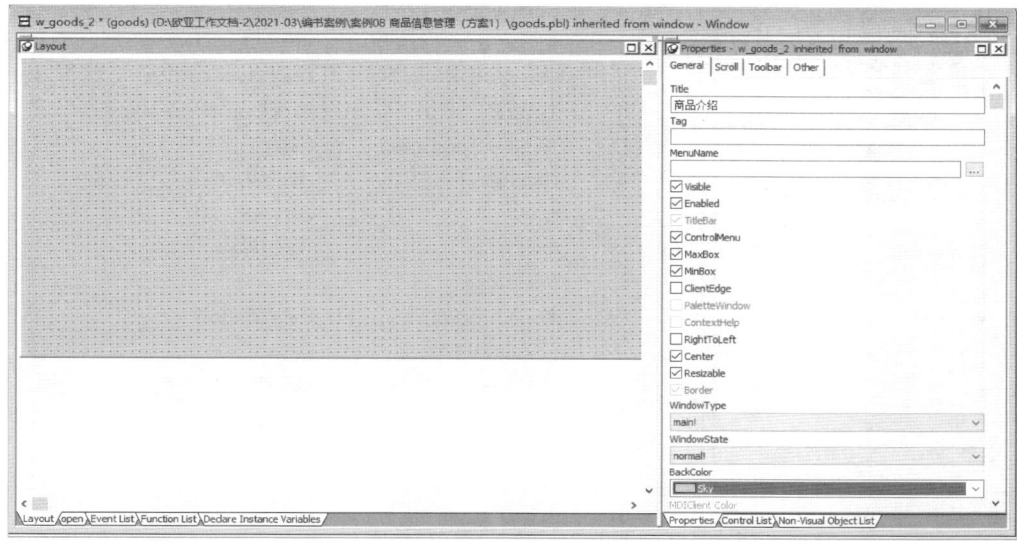

图 2-20　修改窗口属性

2.4.3　添加窗口控件

以添加命令按钮为例介绍如何添加控件,基本步骤如下。

1. 选择需要添加的窗口控件

选择菜单栏【Insert】|【Control】|【CommandButton】命令,并将命令按钮控件单击放在窗口界面指定的位置上,如图 2-21、图 2-22 所示。主界面窗口明细如图 2-23 所示。

2. 修改窗口控件属性

在选中某个控件后,在右侧的控件属性面板中,可根据需要设置或修改此控件的属性。如修改命令按钮的 Text 属性为"关闭",Name 属性为"cb_close",修改完成后选择菜单栏【File】|【Save】保存即可,如图 2-24 所示。

2.4.4　事件与脚本

应用程序的正常运行是通过触发对象或控件的事件(Event),从而执行对应脚本(Script)来实现的,因此需要择合理的事件、编写正确的脚本。例如,通过触发命令按钮控件的单击事件(Clicked!),从而执行脚本"close(w_goods1)",这样对应的实现效果是:当用户单击按钮时,关闭名为"w_goods1"的窗口。

运行简单应用程序所需事件与脚本的编写步骤如下。

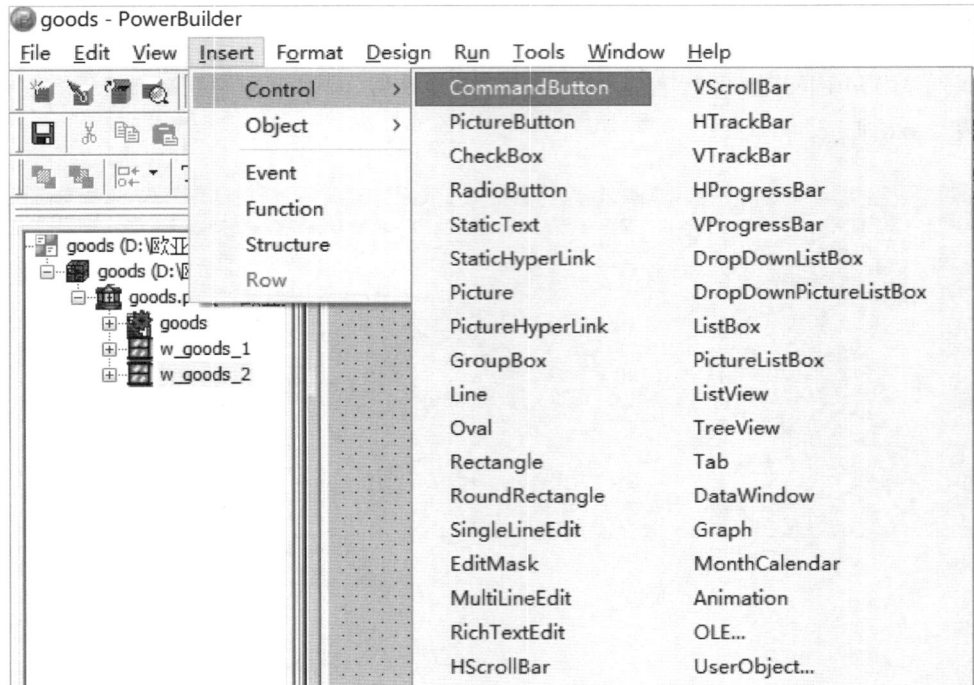

图 2-21　添加窗口控件

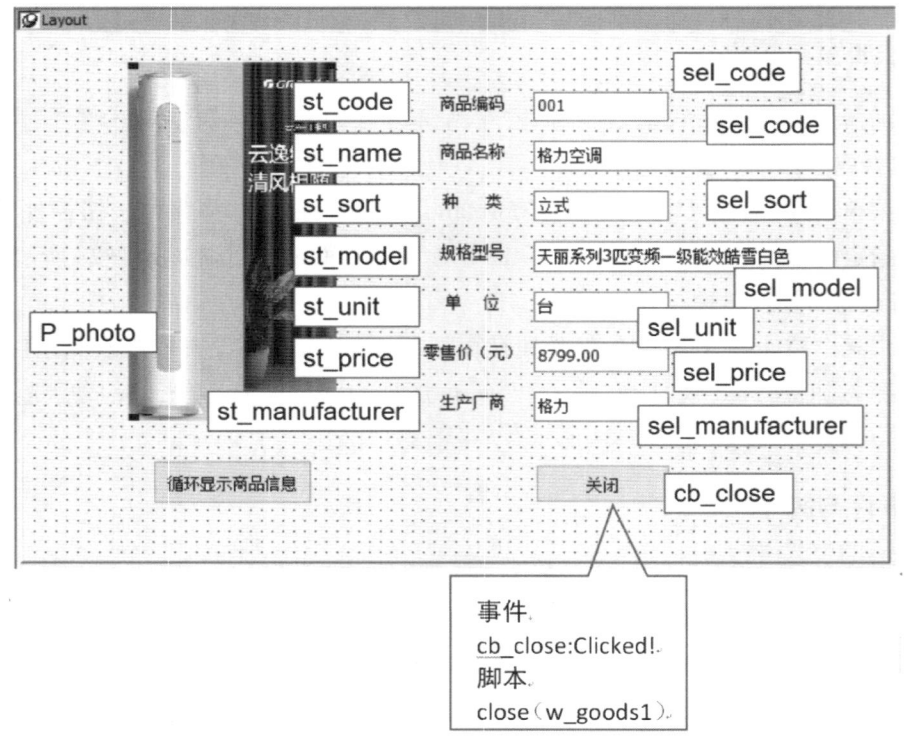

图 2-22　主界面窗口控件介绍

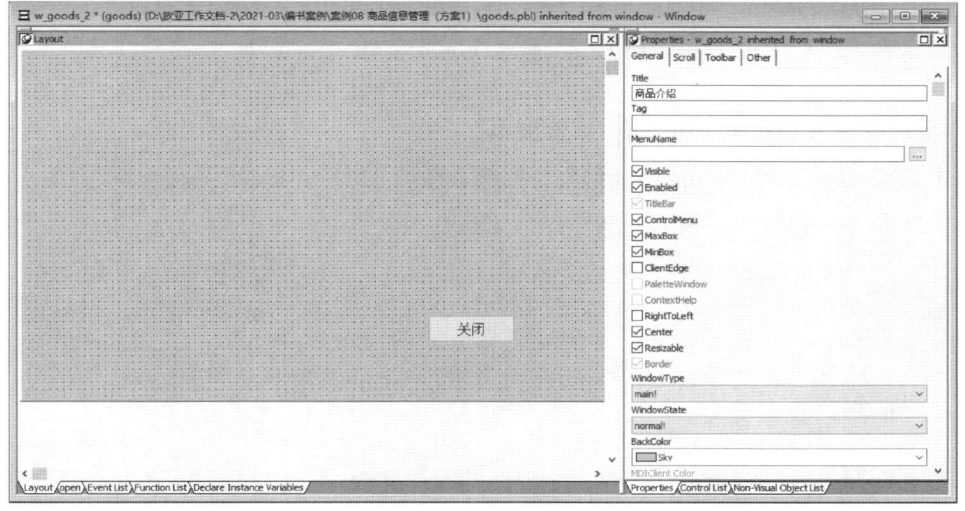

控件类型	控件名	内容	说明
图片控件	p_photo	格力空调图片	显示商品图片
静态文本框	st_code	商品编码	商品编码标签
静态文本框	st_manufacturer	生产厂商	商品生产厂商标签
静态文本框	st_model	规格型号	商品规格型号标签
静态文本框	st_name	商品名称	商品名称标签
静态文本框	st_price	零售价（元）	商品零售价标签
静态文本框	st_sort	种类	商品种类标签
静态文本框	st_unit	单位	商品计量单位标签
命令按钮	cb_close	关闭	关闭 w_goods1 窗口
单行编辑框	sle_code	001	商品编码编辑框
单行编辑框	sle_manufacturer	格力	商品生产厂商编辑框
单行编辑框	sle_model	天丽系列 3 匹变频一级能效	商品规格型号编辑框
单行编辑框	sle_name	格力空调	商品名称编辑框
单行编辑框	sle_price	8799.00	商品零售价编辑框
单行编辑框	sle_sort	手机	商品种类编辑框
单行编辑框	sle_unit	部	商品计量单位编辑框

图 2-23　主界面窗口明细

图 2-24　修改窗口控件属性

1. 应用对象 Open! 事件脚本

在 Application 面板中双击应用程序对象，在打开的 Script 对话框中，编写 Open! 事件的脚本"open（w_goods_1）"并保存，如图 2-25、图 2-26 所示。

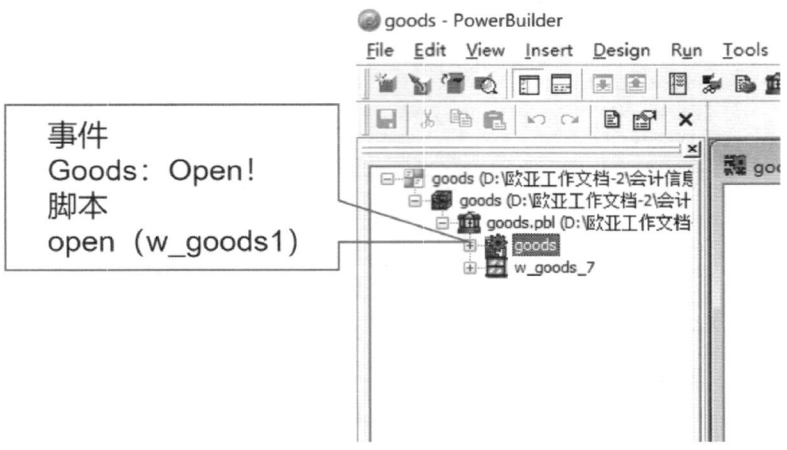

图 2-25　Open！事件脚本编写对话框

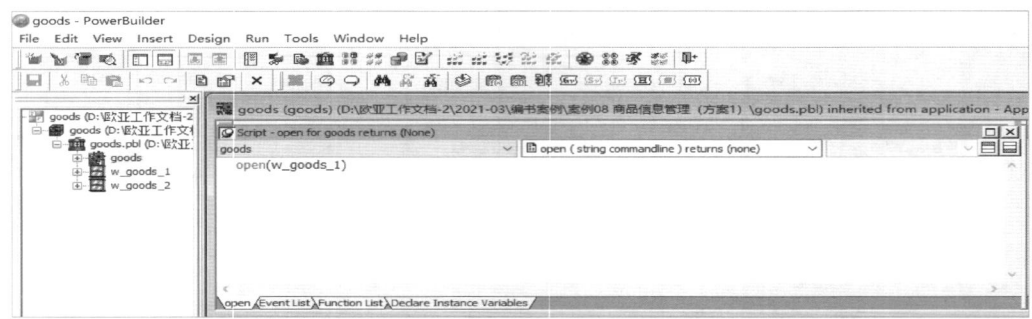

图 2-26　编写 Open！事件脚本

2. 窗口命令按钮控件 Clicked！事件脚本

双击 w_goods_1 窗口中的"关闭"命令按钮，在打开的 Script 对话框中，编写 Clicked！事件的脚本"Close(parent)"并保存，如图 2-27 所示。

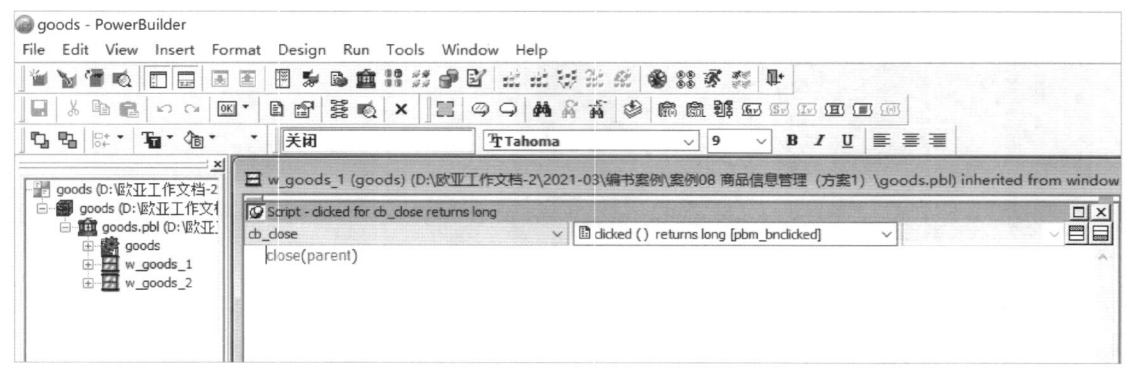

图 2-27　编写 Clicked！事件脚本

2.4.5　运行效果

选择菜单栏【Run】|【Run goods】命令，即可运行应用程序，效果如图 2-28 所示。单击"关闭"按钮则关闭窗口，结束运行。

图 2-28　关闭按钮运行效果

2.4.6　编译发布

开发的应用程序经过编译，将生成可执行文件，这样程序就可以脱离 PowerBuilder 开发平台独立运行。

将开发的应用程序编译生成可执行文件，具体步骤如下。

1. 创建应用的项目文件

将应用程序以及所有窗口对象关闭后，选择菜单栏【File】|【New】命令，打开"New"对话框，如图 2-29 所示。双击"Project"选项卡中的 Application Wizard 图标，然后按照提示输入编译参数（一般情况下这些参数均可采用默认设置），最后单击"OK"，结果如图 2-29 所示。

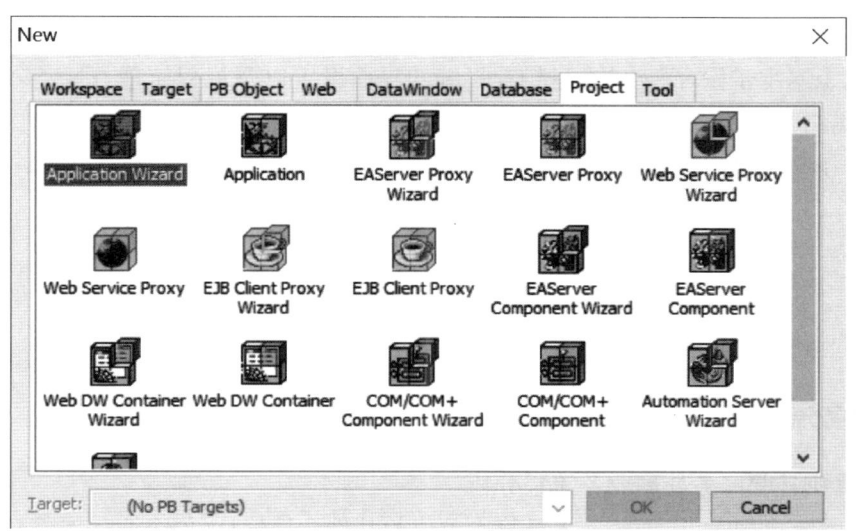

图 2-29　应用程序编译发布

2. 编译发布

选择菜单栏【Design】|【Deploy Project】命令,编译发布程序,并在保存目录中生成执行文件 goods.exe,如图 2-30、图 2-31 所示。

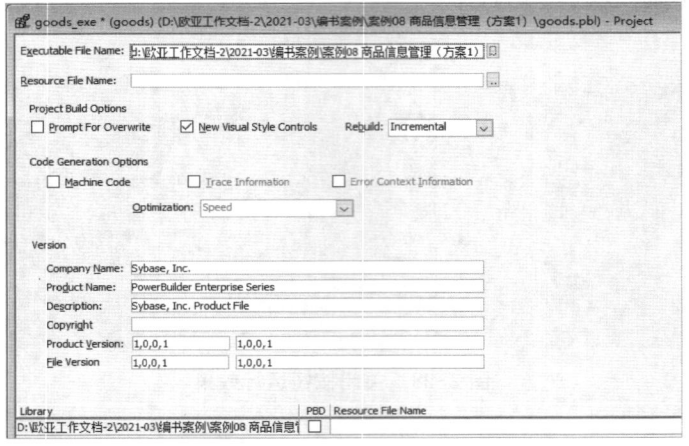

图 2-30 应用程序编译选项

名称	修改日期	类型
picture	2020/9/13 21:33	文件夹
goods.exe	2018/11/29 15:32	应用程序
goods.pbl	2018/11/29 15:32	PBL 文件
goods.pbt	2017/9/21 11:13	PBT 文件
goods.pbw	2021/6/30 10:09	PowerBuilder Worl

图 2-31 生成 goods.exe 文件

依据以上基本步骤,深入结合进销存系统的界面设置以及流程梳理,进一步完善数据库的建设,用窗口和 SQL 语言进行数据库的增删改查(鉴于该部分知识的难度和深入度,本书设专章进行讲解),可以完成一个简单的进销存系统的开发。

2.5 进销存系统初识

2.5.1 业务流程分析

1. 计算机日常账务处理业务流程分析

(1)在系统启用时,凭证录入人员将本单位的基础会计信息(如企业基本信息档案、科目编码和名称、期初余额、客户档案、供应商档案、财务人员档案、仓库档案等)通过初始模块输入计算机,并保存在企业基础信息文件中。与手工处理流程相比,计算机日常账务处理流程新增了初始设置模块,该模块在整个系统中的作用举足轻重。比如,会计科目表的编码设置直接影响记账凭证的录入、存储、查询效率;凭证类型的设置涉及账务处理中企业所使用的凭证类型等。

(2)新增了录入人员岗位,负责根据原始凭证录入记账凭证。该岗位及其数据录入工作是十分重要的,直接关系到整个账务系统数据处理的准确性。

(3)与手工处理流程相同,计算机凭证审核由审核人员对需审核的凭证进行操作。如果审核通过,则对记账凭证作审核标记;否则,将审核未通过的凭证返还给录入人员。

(4)与手工处理流程不同,计算机记账通过记账人员进行记账操作,计算机自动将已审核凭证中的数据传递到各类明细账、总账,包括银行对账单、现金日记账中,自动实现记账。结账,即会计期末结账人员进行结账操作,计算机自动根据系统设置的凭证模板生成记账凭证,供结账使用;当所有凭证都记账后,计算机自动计算出相关账簿、报表数据。

(5)会计报表自动计算。通过自定义报表的格式及取数计算方法,计算机自动从各类账簿中计算出相应的会计报表数据。

2. 计算机日常账务处理业务流程图

账务系统计算机日常账务处理业务流程图如图 2-32 所示。

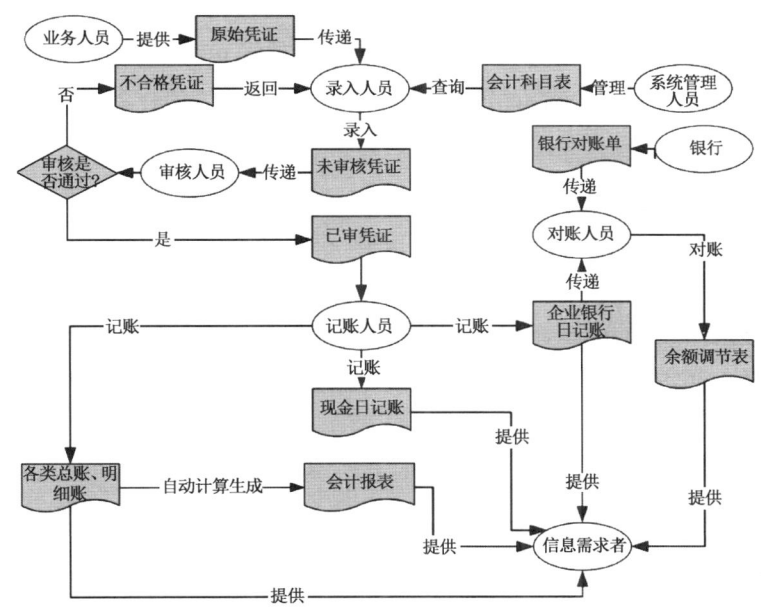

图 2-32　日常账务处理业务流程图

2.5.2　功能设计

按照业务处理流程,一个进销存系统应至少包括操作员管理、商品信息管理、采购单管理、销售单管理、库存管理、进销存数量月报表管理等 6 个功能模块,其启动界面如图2-33

所示。

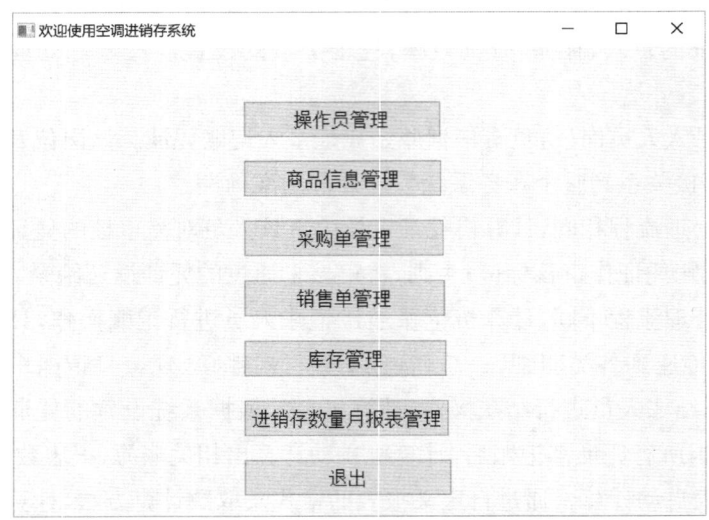

图 2-33 进销存系统功能模块主界面

2.5.3 数据库表设计

基于上述 6 个功能模块，设计 6 张表，分别是操作员表 c_operator、商品信息表 goods、采购单 sheet_cg、销售单 sheet_xs、商品库存表 goods_amount、进销存数量月报表 report。数据字典如下。

1. 基本信息表

（1）操作员表，如表 2-6 所示。表名为 c_operator，关键字为 oper_code。

表 2-6　　　　　　　　　　　　　　　　操作员表

列名	中文名称	类型与长度	空否	说　明
oper_code	操作员编码	char(10)	否	系统操作员的编码
oper_name	操作员姓名	char(20)	是	系统操作员的姓名
password	密码	char(10)	是	设定操作员登录系统的密码，避免非法用户进入系统

（2）商品信息表，如表 2-7 所示。表名为 goods，关键字为 code。

表 2-7　　　　　　　　　　　　　　　　商品信息表

列名	中文名称	类型与长度	空否	说　明
code	商品编码	char(13)	否	商品的编码
name	商品名称	char(60)	是	商品的名称

（续表）

列名	中文名称	类型与长度	空否	说　明
sort	商品种类	char(20)	是	商品的种类
model	规格型号	char(50)	是	商品的规格型号
unit	计量单位	char(10)	是	商品的计量单位
price	价格	decimal(8,2)	是	商品的零售价
manufacturer	供应商	char(50)	是	商品的供应商
photo	图片	char(100)	是	商品的图片文件。文件名为商品编码,文件格式为.bmp,由系统自动写入

2. 单据表

（1）采购单,如表 2-8 所示。表名为 sheet_cg,关键字为 sheetid。

表 2-8　　　　　　　　　　　　　　　　采购单

列名	中文名称	类型与长度	空否	说　明
sheetid	单据号	char(13)	否	在新增销售单时,销售单据号由系统自动生成
sheetdate	日期	date	是	采购单的制单日期
oper_code	制单人	char(10)	是	默认为登录系统的操作员,不可修改
code	商品编码	char(13)	是	采购商品的编码。外关键字:商品信息表goods 的商品编码 code
amount	数量	integer	是	采购商品的数量
price	单价	decimal(8,2)	是	采购商品的采购单价
mone	金额	decimal(10,2)	是	计算方法:金额＝单价×数量
note	备注	varchar(200)	是	对商品采购情况进行解释说明

（2）销售单,如表 2-9 所示。表名为 sheet_xs,关键字为 sheetid。

表 2-9　　　　　　　　　　　　　　　　销售单

列名	中文名称	类型与长度	空否	说　明
sheetid	单据号	char(13)	否	在新增销售单时,销售单据号由系统自动生成
sheetdate	日期	date	是	销售单的制单日期
oper_code	制单人	char(10)	是	默认为登录系统的操作员,不可修改
code	商品编码	char(13)	是	销售商品的编码。外关键字:商品信息表goods 的商品编码 code
amount	数量	integer	是	销售商品的数量

（续表）

列名	中文名称	类型与长度	空否	说　明
price	单价	decimal(8,2)	是	销售商品的单价,由系统根据商品信息中的价格自动生成
mone	金额	decimal(10,2)	是	计算方法:金额＝单价＊数量
note	备注	varchar(200)	是	对商品销售情况进行解释说明

3. 账表

（1）商品库存表,如表 2-10 所示。表名为 goods_amount,关键字为 code。

表 2-10　　　　　　　　　　　　　　　商品库存表

列名	中文名称	类型与长度	空否	备　注
code	商品编码	char(13)	否	商品的编码。外关键字:商品信息表 goods 的商品编码 code
amount	库存	integer	是	商品当前的库存数量当采购单保存时,自动增加商品库存,当销售单保存时,自动减少商品库存

（2）进销存数量月报表,如表 2-11 所示。表名为 report,关键字为 date_min,code。

表 2-11　　　　　　　　　　　　　　　进销存数量月报表

列名	中文名称	类型与长度	空否	说　明
date_min	起始日期	date	否	进销存数量报表的起始日期
date_max	结束日期	date	是	进销存数量报表的结束日期
code	商品编码	char(13)	否	商品的编码。外关键字:商品信息表 goods 的商品编码 code
amount_ini	期初库存数量	integer	是	期初库存数量本期期初库存数量＝上期期末库存数量
amount_buy	采购数量	integer	是	在本期起始至结束日期范围内,商品采购数量总和
amount_sale	销售数量	integer	是	在本期起始至结束日期范围内,商品销售数量总和
amount_end	期末库存数量	integer	是	本期结束日期时商品的库存数量。期末库存数量＝期初库存数量＋采购数量－销售数量

2.5.4　功能模块的窗口显示界面

结合窗口和数据账表设计的基础,基本能够完成一个小型进销存的 6 个功能模块,其基本的窗口显示界面如图 2-34 至图 2-39 所示。

图 2-34　操作员管理模块界面

图 2-35　商品信息管理模块界面

图 2-36　采购单管理模块界面

单据号	日期	制单人	商品编码	数量	单价	金额	备注
0001	2020/1/4	1	001	6	8799.00	52794.00	
0003	2020/1/15	1	003	4	6999.00	27996.00	
0005	2020/1/25	1	002	2	5299.00	10598.00	
0007	2020/1/27	1	003	4	6999.00	27996.00	
0009	2020/1/30	1	002	2	5299.00	10598.00	
0011	2020/2/4	1	002	5	5299.00	26495.00	
0013	2020/2/11	1	003	3	6999.00	20997.00	
0015	2020/2/19	1	002	4	5299.00	21196.00	
0017	2020/2/24	1	001	6	8799.00	52794.00	
0019	2020/2/28	1	002	5	5299.00	26495.00	
0002	2020/1/11	1	002	5	5299.00	26495.00	
0004	2020/1/21	1	004	6	3999.00	23994.00	
0006	2020/1/25	1	001	5	8799.00	43955.00	
0008	2020/1/29	1	004	3	3999.00	11997.00	
0010	2020/1/31	1	003	4	6999.00	27996.00	
0012	2020/2/6	1	001	4	8799.00	35196.00	

查询　增加　删除　保存　初始化　复位　取消　全选　退出　条数　20

图 2-37　销售单管理模块界面

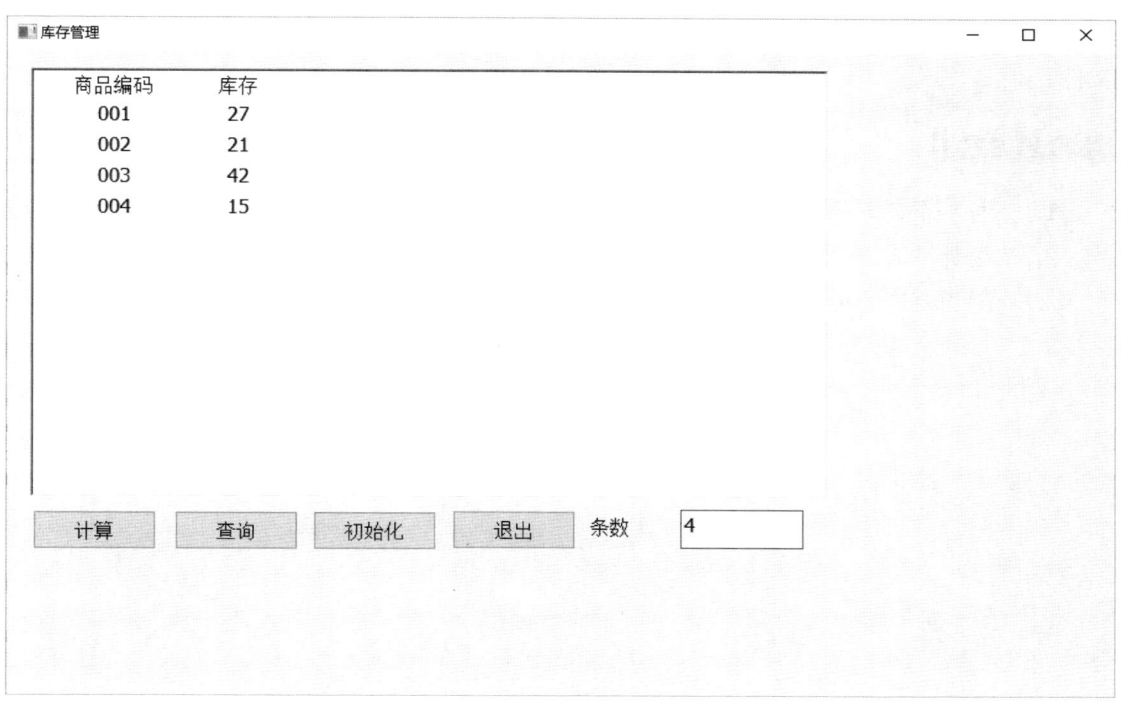

图 2-38　库存管理模块界面

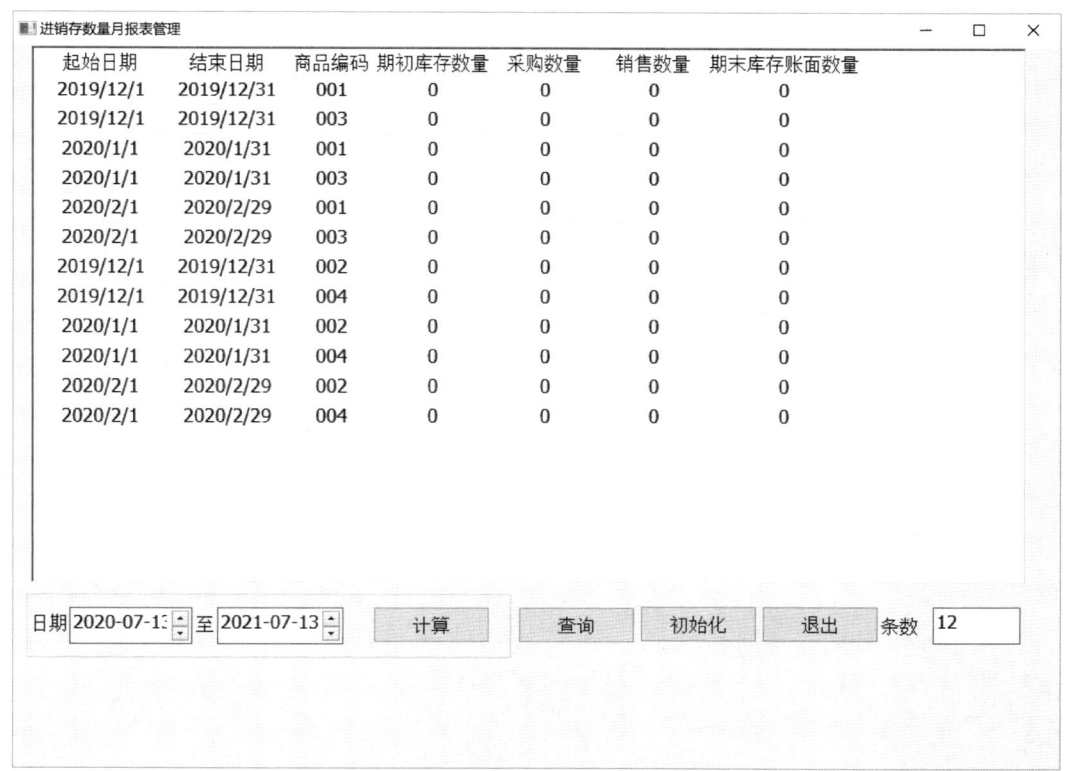

图 2-39　进销存数量月报表管理界面

进销存系统设计流程由此开始将贯穿全书,请及时保存自己的进销存系统开发程序源文件。

本章思考题 ‖

1. 分析一个简单的员工个人自我介绍界面该含有的控件。
2. 试设计个人自我介绍应用程序。
3. 绘制固定资产的确认流程。

第3章

系 统 设 计

◈ 知识目标

了解 PowerScript 语言的语法基础知识;理解标识符、代词、数据类型、运算符、变量的概念;掌握类型转换函数、控制结构的使用方法

了解窗口对象的类型;熟悉常用控件的特点及属性;掌握窗口函数的使用方法;理解数组的概念与应用

理解函数的功能;掌握常用函数的使用

了解 pbl 库管理器;掌握数据集成的方法

⧖ 能力目标

能应用 PowerScript 基础知识,创建商品介绍应用;能通过计算器和登录窗口的设计,掌握 PowerScript 编程基础;能理解并正确应用变量的作用域

能通过控件的应用,设计多种方案显示多个商品介绍应用

能进行日期时间函数、数值处理函数、字符处理函数及其他函数等常用函数的应用;能通过定时器循环显示多个商品信息

能掌握两种系统集成的方法,运用系统集成方法对商品信息管理方案进行集成

3.1 PowerScript 基础

3.1.1 PowerScript 语言基础

案例 1　商品信息管理(方案 1)
一个窗口界面上用相同的 4 组控件同时显示 4 个商品信息。

案例 2　商品信息管理(方案 2)
用 4 个相同的窗口分别显示不同的商品信息。

案例 3　商品信息管理(方案 3)
一个窗口界面用 TAB 控件,4 个 tabpage 页分别显示 4 个商品信息。

案例 4 商品信息管理(方案 4)

一个窗口界面上用 1 组控件通过 4 个按钮单击选择显示相应的商品信息。

案例 5 计算器

进行简单的计算器设计,并通过对比整数计算方案、实数计算方案、长整数计算方案,体会不同数据类型的计算效果。

案例 6 系统登录

创建一个简单的登录窗口。当用户输入用户 ID 为"1"、密码为"123"时,则为合法用户,可进入加减乘除计算器应用程序;如果用户连续 3 次输入错误,立即退出系统。

案例 7 变量作用域演示

不同种类变量(局部变量、实例变量、共享变量、全局变量)实现加 1 处理,展示其作用域运行效果。

知识清单

1. 基本概念

1)标识符

标识符是程序中用来代表变量、标号、函数、窗口、菜单、控件及对象等名称的符号。标识符需遵循以下命名规则:

(1)以字母或下划线开头。

(2)由字母、数字及特殊符号(-, _, $, %)组成,不能是 PowerScript 的保留字。

(3)不区分大小写。

(4)最长 40 个字符,中间不能有空格。

(5)减号的两边必须有空格。

窗口名称、控件名称示例分别如图 3-1、图 3-2 所示。

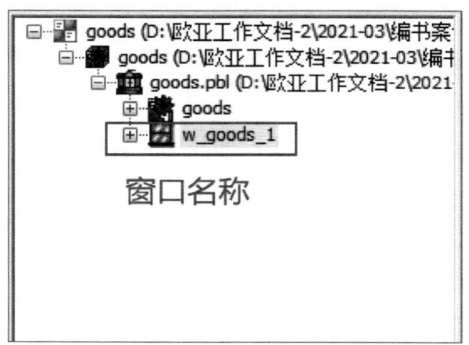

图 3-1 窗口名称示例

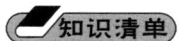

图 3-2 控件名称示例

2）注释

在编写脚本的时候，为了防止不再使用的脚本执行或者解释说明脚本时可以使用注释，PowerScript 提供了两种注释方法。

（1）双斜线法（//）。双斜线法一般是为单行语句加注释，它可以是单独占一行，也可以放在可执行语句后面，如：

```
string r_code //创建商品编码变量 r_code
r_code = sle_code.text //将输入的值赋给变量 r_code
if r_code = '' then //如果 r_code 为空
    Messagebox('提示','请输入商品编码！')
    return
end if
```

运行结果如图 3-3、图 3-4 所示。

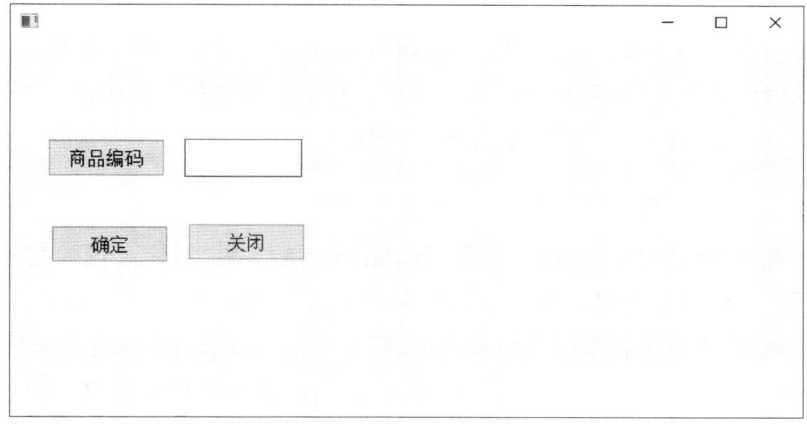

图 3-3　运行结果（一）

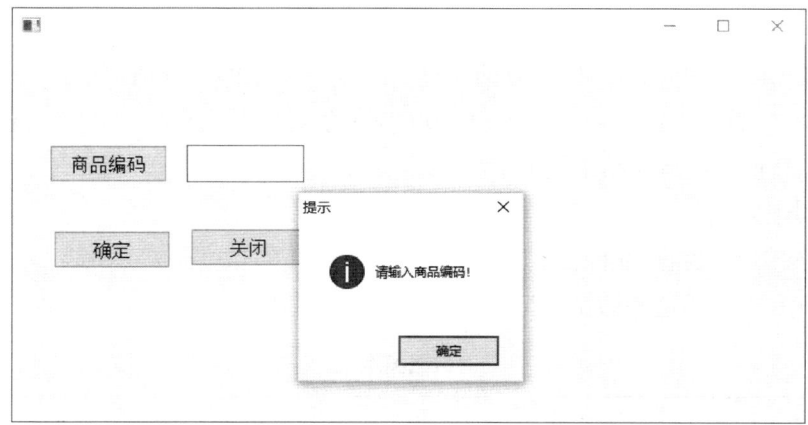

图 3-4　运行结果（二）

（2）斜线星号法（/＊，＊/）。斜线星号法一般用于加大段注释，它以"/＊"开始，以"＊/"结束，它可以是一行或多行，如图 3-5 所示。

```
string r_code
r_code = sle_code.text
if r_code = '' then
    Messagebox('提示','请输入商品编码！')
    return
end if
/*创建商品编码变量r_code,将输入的值赋给变量r_code,如果r_code为空,提示请输入商品编码*/
```

图 3-5　斜线星号法注释示意

3）代词

PowerBuilder 的代词用于指定特定的对象或控件。使用代词可以避免因对象或控件名被修改等情况而使引用出错，增加代码的通用性。常用的代词有 This、Parent。

This 表示正在处理的对象和控件本身，如窗口、自定义用户对象、菜单、应用对象或控件。在对象或控件的脚本中，This 可以调用正在处理的对象或控件的属性。

例如，定义窗口 w_goods 中命令按钮的可用性。

This.visible = false //表示该命令按钮不可见

Parent 指包含当前对象或控件的对象，可以在窗口的控件、自定义用户对象、菜单、应用对象等脚本程序中使用该代码。如果窗口中某命令按钮的脚本使用 Parent，则表示包含该命令按钮的窗口；如果菜单脚本中使用 Parent，则表示该菜单项的上一级菜单项。

例如，窗口 w_goods 中有命令按钮 cb_close，其功能为单击该按钮将关闭窗口 w_goods 中 cb_close 的 Click！事件中的脚本：

Close(parent) //等同于 Close(w_goods)

4）空值

空值（NULL）是 PowerBuilder 数据库进行交互时所用的特殊值，代表一个错误或者未知的值，它与空字符串、数值零、日期（0000-00-00）的含义是不同的。NULL 既不是 0，也不是非 0。NULL 值参与运算结果仍为 NULL。

2. 数据类型

数据类型表示数据的特点。PowerBuilder 常见的数据类型如表 3-1 所示。在 PowerScript 中，可以用这些数据类型来定义变量或者数组。

表 3-1　　　　　　　　　　　　　　数据类型

数据类型	示例	说明
Boolean	TRUE/FALSE	布尔型，表示逻辑的真假

(续表)

数据类型	示例	说明
Char	A	单个的 ASCⅡ字符
String	computer	字符型。每个字符可为任一 ASCⅡ字符，长度为 0～2147483647
Date	2017-01-15	日期型。年：1000～3000。月：01～12。日：01～31
Time	17：30：28	时间型。小时：00～23。分：00～59。秒：00～59
DateTime	2021-01-16 18：52：33	日期时间型
Integer	321	16 位整型。数值范围：−32 768～32 767
Long	12 345 678	64 位长整型。数值范围：−9 223 372 036 854 775 808～922 337 2036 854 775 807
Real	3.14	数值型。精度最高为 6 位小数
Decimal	3.141 592 6	数值型。小数点可出现在 18 个数字中的任何位置，这 18 个数字中不计小数点和符号位

3. 运算符

PowerScript 支持 4 大类运算符：算术运算符、关系运算符、逻辑运算符和字符串连接运算符。

PowerScript 使用表 3-2 中所列的算术运算符来对数字变量和常量进行运算。

表 3-2　　算术运算符

算术运算符	功能	说明
＋	加	
−	减	
*	乘	
/	除	
∧	幂	
++	增 1	i++等同于 i＝i+1
−−	减 1	i−−等同于 i＝i−1
+=	加并赋值	i+＝3 等同于 i＝i+3
−=	减并赋值	i−＝3 等同于 i＝i−3
*=	乘并赋值	i*＝3 等同于 i＝i*3
/=	除并赋值	i/＝3 等同于 i＝i/3
∧=	乘方并赋值	i∧＝3 等同于 i＝i∧3

表 3-3 列出了 PowerSript 的关系运算符和逻辑运算符。

表 3-3   **关系运算符和逻辑运算符**

运算符			说明
关系运算符		>	大于
		<	小于
		>=	大于等于
		<=	小于等于
		=	等于
		<　>	不等于
逻辑运算符		AND	逻辑与
		OR	逻辑或
		NOT	逻辑非

字符串连接可以将两个或多个字符串用拼接的方式连接成一个字符串，PowerScript 用"＋"表示连接字符串操作。例如：

```
String r_name
r_name='会计'+'信息化'
```

r_name 的运行内容是"会计信息化"。

表达式中的运算符如表 3-4 所示。

表 3-4   **表达式中的运算符**

运算符	说明
（ ）	括号
＋,－	正号、负号
^	乘方
＊,/	乘、除
＋,－	加、减,字符串连接
=,＞,＜,＜=,＞=,＜＞	关系运算符
NOT	逻辑非
AND	逻辑与
OR	逻辑或

注：运算符从上到下优先级由高到低。

4. 变量

在程序代码中使用变量前,必须先说明变量的数据类型和名称。一个变量的类型可以是标准数据类型、结构和对象,同时还需要说明变量的作用域。PowerBuilder 的变量按作用域可以分为全局变量（Global Variable）、实例变量（Instance Variable）、共享变量（Shared Variable）和局部变量（Local Variable）。

1）全局变量

全局变量是在整个应用程序的任何地方都可访问的变量，它的作用域是整个应用程序。

2）实例变量

实例变量是某个特定对象的实例化。我们可以在应用对象、窗口对象、用户对象或菜单对象的画板中定义它，并在定义的范围内使用。

3）共享变量

共享变量类似于实例变量。共享变量属于一个对象，但是可以在这个对象的所有实例中引用。当一个对象关闭时，赋值给共享变量的值保持不变，再次打开这个对象时可以继续使用该值。

4）局部变量

局部变量是一种在相应的代码段定义和使用的临时变量。一旦代码段执行结束，则相应的变量就不复存在。

如图 3-6 所示，可以在声明窗口中选择变量的种类。如果出于某种原因，不同范围的变量使用了相同的名字，PowerBuilder 是按照局部变量、共享变量、全局变量和实例变量的顺序来搜索变量的。

关于这四类变量的区别与使用可参见本章案例 7。

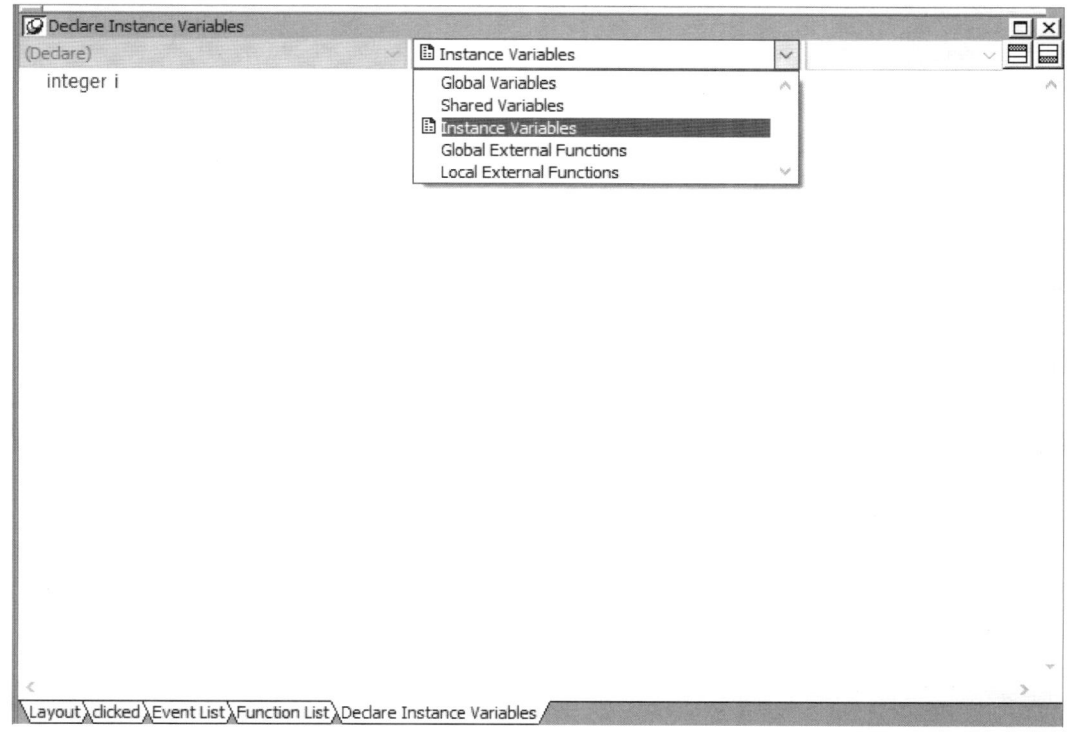

图 3-6　变量类型

3.1.2　PowerScript 编程基础

1. 控制结构

1）赋值语句

变量＝表达式

该语句表示将赋值号（＝）右边表达式的值赋给左边的变量。

例如，ch_close.text＝"关闭"//表示把命令按钮 ch_close 的文本属性赋值为"关闭"。

2）条件分支结构

PowerBuilder 的条件语句共有两类：If 条件语句和 Choose Case 选择语句。If 语句先计算一个逻辑表达式的值，然后根据表达式的值是 True 还是 False 来决定下一步执行的语句块；Choose Case 语句可同时处理多种情况。

（1）If 语句。

① If … Then 结构（只有一种情况时使用）。If 后面是判断条件，其形式为：

```
If  ＜表达式＞关系符＜表达式＞  Then
    语句块
End If
```

条件表达式也可以用逻辑运算符连接，构成各种相对复杂的条件。

② If … Then … Else 结构（有两种情况需要判断时使用）。If … Then 语句中的 Else 子句可以在条件不满足的情况下去执行 Then 语句块以外的语句或语句块，其形式为：

```
If  ＜表达式＞关系符＜表达式＞ Then
    语句块 1
Else
    语句块 2
End If
```

③ If … Then … Else if … Else … End if 结构（有三种及以上情况需要判断时使用）。当判断情况比较复杂或为了程序的可读性时，我们可以使用该结构，其形式为：

```
If  ＜表达式＞关系符＜表达式＞ Then
    语句块 1
Else if  ＜表达式＞关系符＜表达式＞ Then
    语句块 2
Else if  ＜表达式＞关系符＜表达式＞ Then
    语句块 3
Else
    语句块 4
End If
```

（2）Choose Case 语句。

Choose Case 语句根据测试表达式的值选择不同的操作,其形式为:

```
Choose Case ＜测试表达式＞
    Case ＜值 1＞
        语句块 1
    Case ＜值 2＞
        语句块 2
   ...
    {Case Else
        语句块 n }
End Choose
```

其中,{ }中的内容为可选项。

3) 循环结构

PowerScript 提供了循环语句处理重复的操作,它的循环语句主要有 2 种形式: For … Next 循环语句和 Do … Loop 循环语句。

(1) For … Next 循环语句。

For … Next 是一个计数循环体。使用该语句可以使循环体中的语句被执行规定的次数。其语法格式为:

```
For 变量名＝初值 To 终值 Step 步长
    语句块
Next
```

如果步长为 1 时,可省略 step 1。

(2) Do … Loop 循环语句。

Do … Loop 结构提供了 4 种基于条件的循环,以 Do 为循环的开始,以 Loop 为循环的结束。其语法格式有以下几种:

① Do Until … Loop。

```
Do Until 条件
    语句块
Loop
```

其执行过程为:先计算条件,如果结果为 False,则执行语句块,接着再检查条件,直到条件的结果为 True 时退出循环。

② Do While … Loop。

```
Do While 条件
    语句块
Loop
```

其执行过程为:先计算条件,如果结果为 True,则执行语句块,接着再检查条件,直到条件的结果为 False 时退出循环。

③ Do ... Loop Until。

```
Do
    语句块
Loop Until 条件
```

其执行过程为：先执行语句块,然后计算条件,如果其结果为 False,则继续执行语句块,直到结果为 True 时退出循环。

④ Do ... Loop While。

```
Do
    语句块
Loop While 条件
```

其执行过程为：先执行语句块,然后计算条件,如果其结果为 True,则继续执行语句块,直到结果为 False 时退出循环。

4）流程控制语句

（1）Exit 语句。

在 Do ... Loop 或者 For ... Next 语句循环体中,使用 Exit 可以跳出循环。

（2）Continue 语句。

在 Do ... Loop 或者 For ... Next 语句循环体中,使用 Continue 语句的时候,将不执行在 Continue 之后到循环结束之前的语句,直接开始新一轮的循环。

（3）Return 语句。

Return 语句用于从脚本中返回调用程序,其语法格式为：

```
Return {Expression}
```

其中,Expression 代表该脚本的返回值。

在程序中调用函数或事件处理程序时,执行到 Return 语句后,该语句立刻中止函数的执行或事件处理程序,并把控制返回到调用程序。

（4）Halt 语句。

Halt 语句用于中止应用程序的运行,其语法格式为：

```
Halt {Close}
```

当遇到不包含 Close 选项的 Halt 语句时,应用程序立即中止。当遇到包含 Close 选项的 Halt 语句时,应先执行 Close 事件所对应的处理程序,然后再中止应用程序。

2. 数据类型函数

1）数据类型转换函数

PowerScript 提供了一些基本的转换函数,用于实现数据类型的转换。具体如表 3-5 所示。

表 3-5　　　　　　　　　　　　　　　　　转换函数

函数	返回值类型	功　能
String(date,{format})	String	按指定格式将数据转换成字符串
Integer(string)	Integer	将字符串转换成 Integer 类型的值
Long(string)	Long	将字符串转换成 Long 类型的值
Real(string)	Real	将字符串转换成 Real 类型的值
Dec(string)	Decimal	将字符串转换成 Decimal 类型的值
Date(string)	Date	将其值为有效日期的字符串转换成 Date 类型的值
Time(string)	Time	将其值为有效时间的字符串转换成 Time 类型的值

2）消息函数 MessageBox()

Message Box()的作用是显示消息提示框,语法格式如下:

```
Message Box(title,text{,icon,{button},default{}})
```

参数选项说明如下:

① {　}中内容表示可选参数。

② title：标题。

③ text：文本,需要显示给用户看的消息,可以是字符串、数字、逻辑型。

④ icon：消息框中的图标,枚举数据类型,默认是 Information!,可以是如下枚举类型值:

Information!　——信息文本

StopSign!　——错误终止

Exclamation!　——惊叹号

Question!　——问号

None!　——无图标

⑤ button：显示的按钮,枚举类型,默认是"确定"按钮,包括以下 6 种:

OK!　——"确认"按钮

OKCancel!　——"确认"和"取消"按钮

YesNo!　——"是"和"否"按钮

YesNoCancel!　——"是""否"和"取消"按钮

RetryCancel!　——"重试"和"取消"按钮

AbortRetlIgnore!　——"放弃""重试"和"忽略"按钮

⑥ default：默认选择的消息框按钮。返回值为用户所选的对应按钮的位置。例如:

```
Messagebox('提示','是否进入系统?',Exclamation!,YesNo!,1)
```

指定按钮为 YesNo!,默认选择 Yes。如果用户选择"是（Y）",则返回 1,选择"否（N）",则返回 2。

3.1.3 标签控件

根据案例开发的需要,本节简单介绍标签控件。

标签控件(Tab Control)由多个选项卡组成,它包括两部分,即放置各选项卡标题的标签部分和放置选项卡的区域。标签控件的常用属性如表 3-6 所示。在选项卡标题区域单击右键,在弹出菜单中选择"Insert Tab page",选择所需的页面数量后对其进行设置,相应的设置如图 3-7 所示。

表 3-6 标签控件的常用属性

属性	数据类型	说明
Enabled	Boolean	定义标签控件、标签控件选项卡是否启用,取值为 TRUE(控件可用),FALSE(控件不可用)
Visible	Boolean	定义标签控件、标签控件选项卡是否可见,取值为 TRUE(控件可见),FALSE(控件不可见)
Height	Integer	定义标签控件的高度
Width	Integer	定义标签控件的宽度
X	Integer	定义标签控件在窗口中的 X 坐标
Y	Integer	定义标签控件在窗口中的 Y 坐标
Name	Integer	定义标签控件选项卡的名称
Text	Integer	定义标签控件选项卡显示的内容
SelectedTab	Integer	选中的标签控件选项卡序号

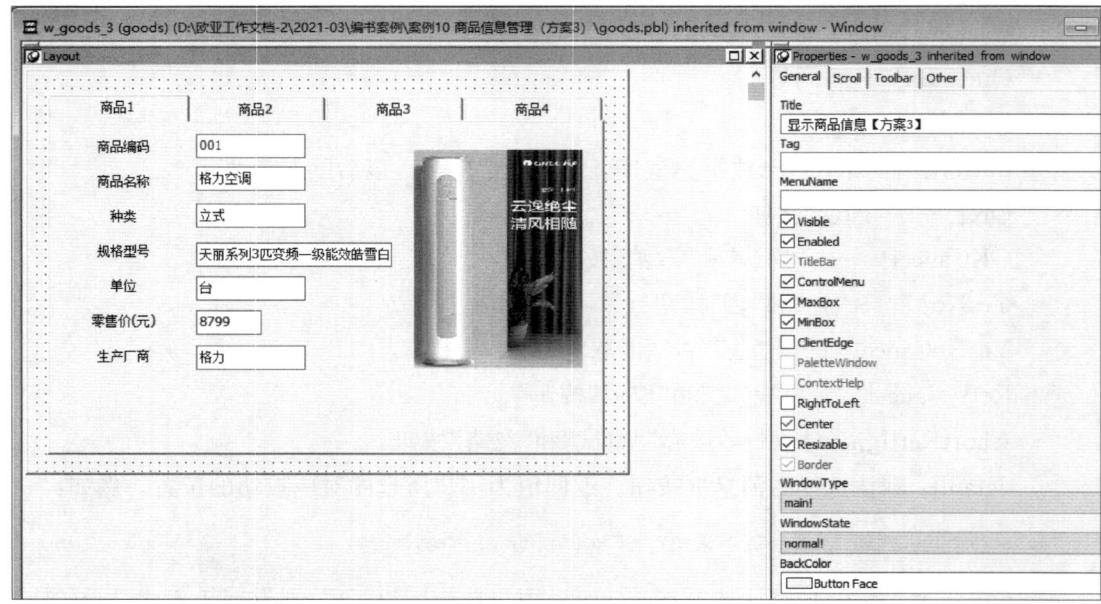

图 3-7 Tab Control 相应设置

![案例解析] **案例解析**

以 4 种方案创建多个商品介绍应用。案例商品的基本信息如表 3-7 所示。

表 3-7　　　　　　　　　　　　　　　　**案例商品的基本信息**

商品编码	商品名称	种类	规格型号	单位	价格（元）	生产厂商	图片
001	格力空调	立式	天丽系列 3 匹变频一级能效皓雪白色	台	8 799	格力	picture\001.jpg
002	美的空调	挂式	大 3 匹省电星三级能效陶瓷白色	台	5 299	美的	picture\002.jpg
003	海尔空调	立式	3 匹家用卡节能自清洁一级能效卡其金色	台	6 999	海尔	picture\003.jpg
004	格兰仕空调	挂式	1.5 匹变频二级能效白色	台	3 999	格兰仕	picture\004.jpg

图片 001.jpg	图片 002.jpg	图片 003.jpg	图片 004.jpg

案例 1　商品信息管理(方案 1)

如图 3-8 所示,新建空白窗口,插入合适的控件,进行相应属性和内容的修改,并进行合理布局,展示 4 个商品信息。运行效果如图 3-8 所示。

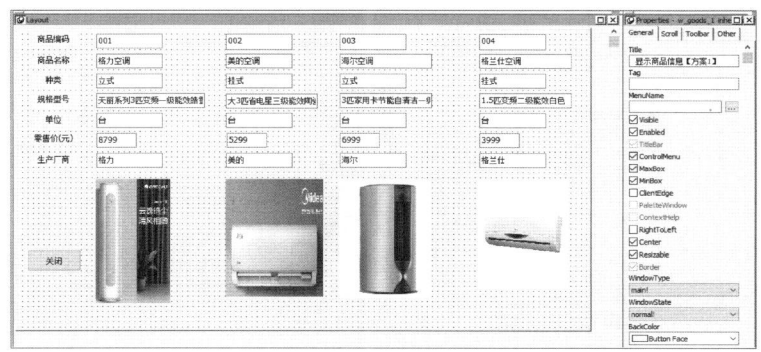

图 3-8　方案 1 窗口设计

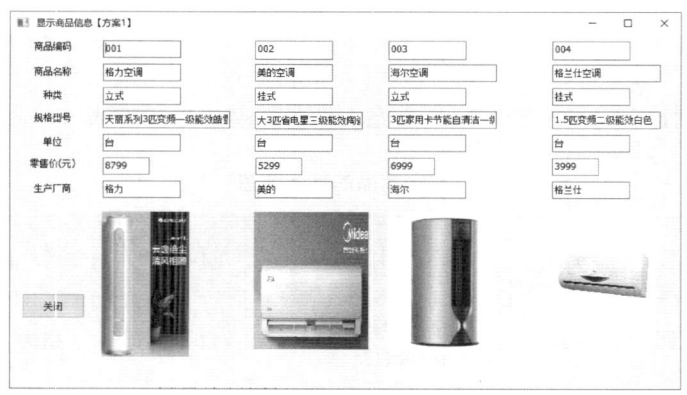

图 3-9　方案 1 运行效果示意图

案例 2　商品信息管理(方案 2)

当需要展示的商品信息增多时,方案 1 就不再适用,此时,我们可以采用方案 2 进行设计。

(1) 设计主窗口,如图 3-10 所示,命名为"w_goods_2"。

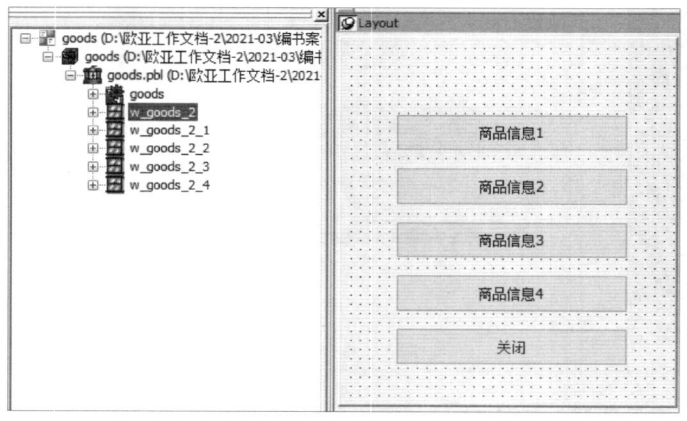

图 3-10　方案 2 主窗口设计

(2) 设计其他商品信息窗口,如图 3-11 所示,命名为"w_goods_2_1""w_goods_2_2"等。

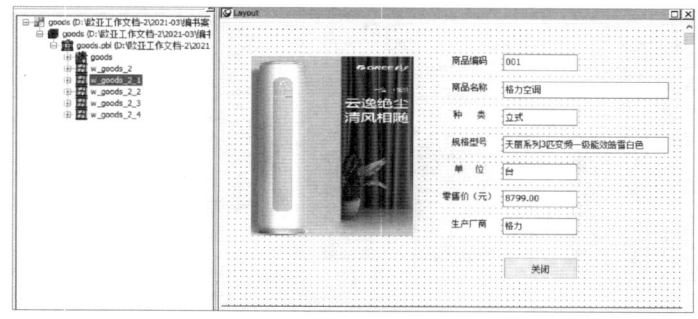

图 3-11　方案 2 商品信息窗口设计

（3）要想实现点击主窗口中"商品信息 1""商品信息 2"等控件分别弹出相应窗口的功能，就要为主窗口中控件编写相应的脚本。以"商品信息 1"为例，右键该控件点击"Script"，如图 3-12 所示。编写语句 Open(w_goods_2_1)，即打开"w_goods_2_1"窗口，如图 3-13 所示。其他控件的脚本以此类推，修改相应的窗口名称即可。运行效果如图 3-14 所示。

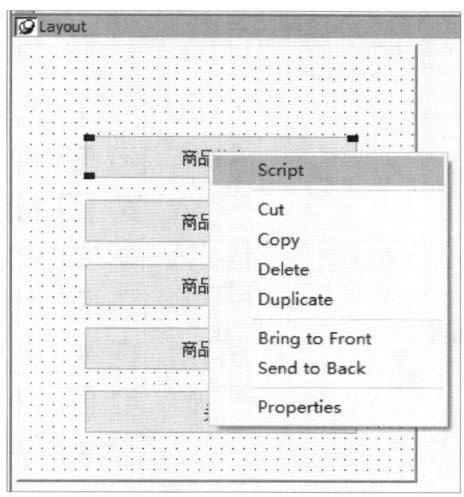

图 3-12　为控件编写脚本

图 3-13　"打开"函数的应用

图 3-14　方案 2 运行效果

案例 3　商品信息管理(方案 3)

（1）新建窗口"w_goods_3"，创建 Tab 控件，如图 3-15 所示。

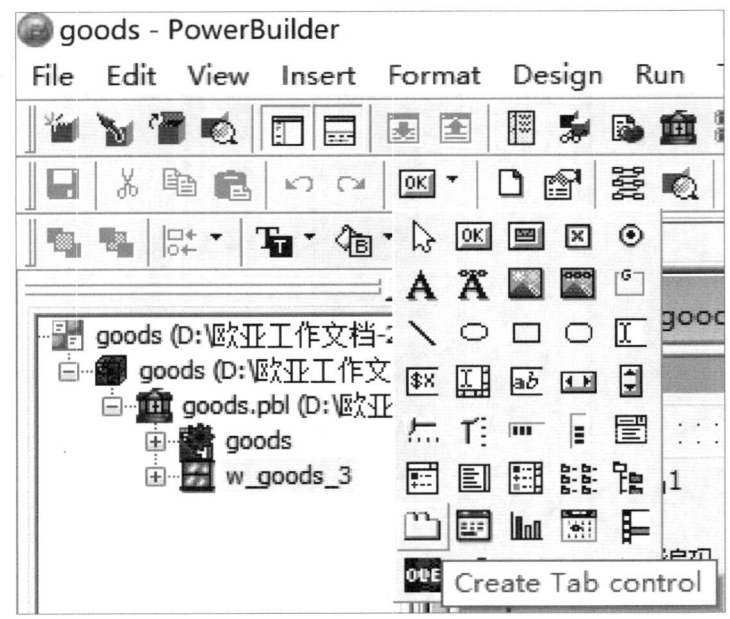

图 3-15　创建 Tab 控件

（2）在 TabPage 的第一个页签中设计商品信息布局，并修改相应的属性和内容，商品 1 的信息如图 3-16 所示。

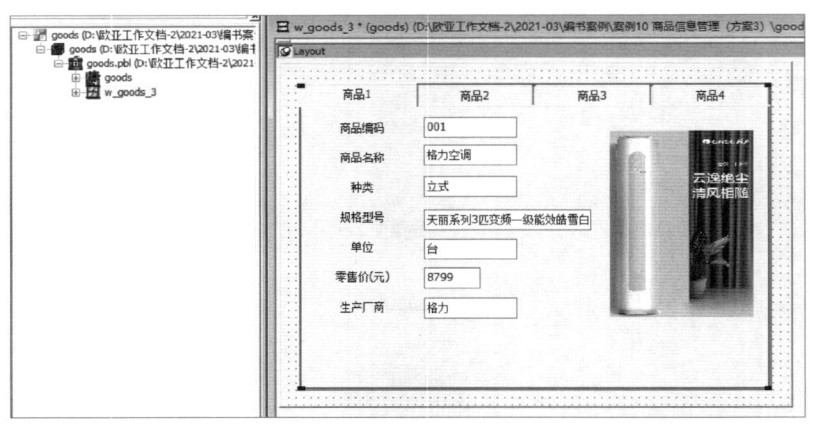

图 3-16　设计商品信息布局

（3）在"商品 1"上右键点击"Insert TabPage"，依次添加 3 个页签，并修改相应的名称为"商品 2""商品 3""商品 4"，如图 3-17 所示。按照步骤(2)完成其他商品信息的填写，运行效果如图 3-18 所示。

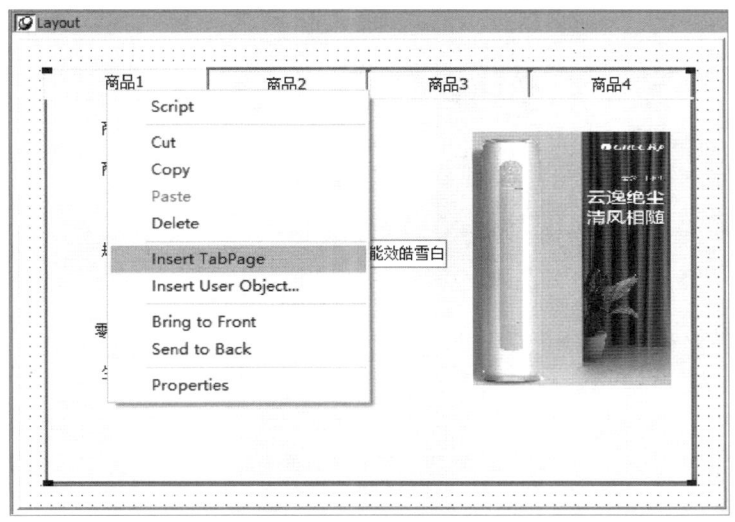

图 3-17 插入 TabPage

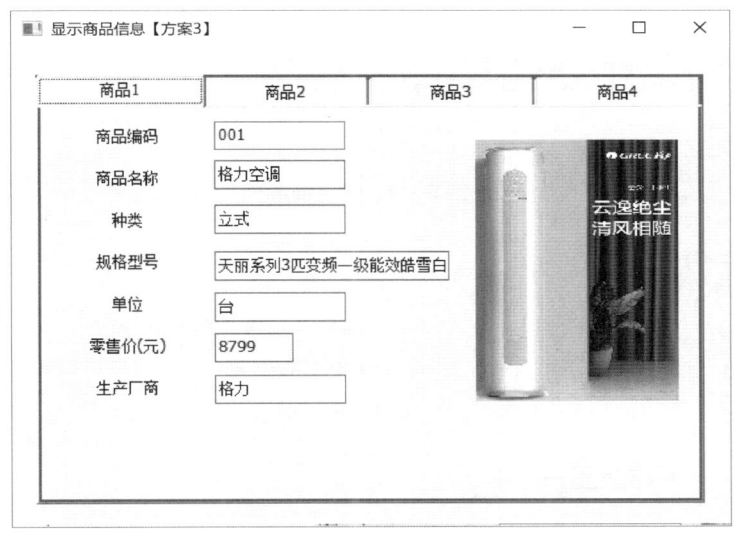

图 3-18 方案 3 运行效果

案例 4 商品信息管理(方案 4)

(1) 新建窗口,进行页面布局,如图 3-19 所示。

(2) 要实现点击界面下方的"商品 1""商品 2"控件就显示相应的商品信息,就需要编写相关代码。代码编写的总体思路为将需要展示的商品属性赋给对应的文本框控件,"商品 1"控件的代码如图 3-20 所示。其中,"sle_code"为商品编码的单行文本框的名称,"sle_code. text"为该文本框的文本内容,通过语句 sle_code.text='001'能够实现将 001 展示在商品编码的文本框中。其他代码编写方式类似,只需修改为对应的商品属性即可。运行效果如图 3-21 所示。

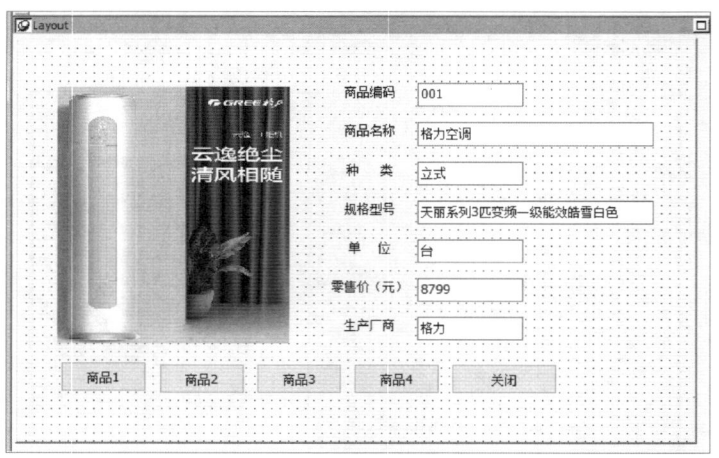

图 3-19 方案 4 页面布局

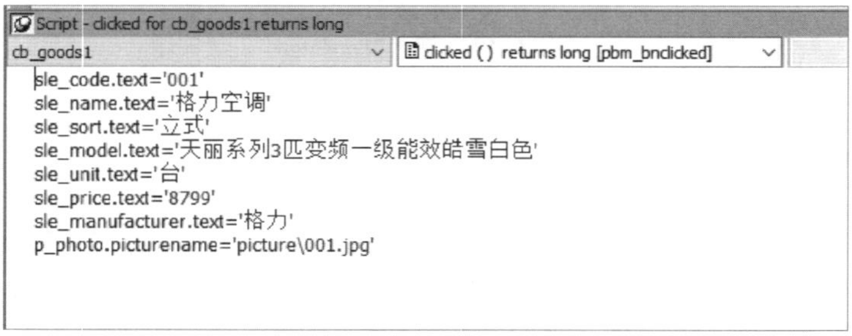

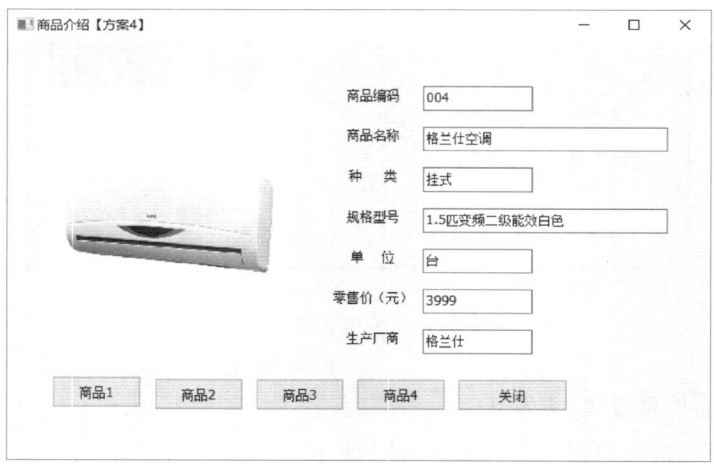

图 3-20 代码编写

图 3-21 方案 4 运行效果

案例 5 计算器

（1）新建窗口，设计页面布局如图 3-22 所示。

（2）通过代码编写实现整数计算方案和实数计算方案。总体思路为先将计算数 1 和计算数 2 通过 integer（）函数或 dec（）函数转化为相应的整数或实数，然后用 Choose Case 和 If

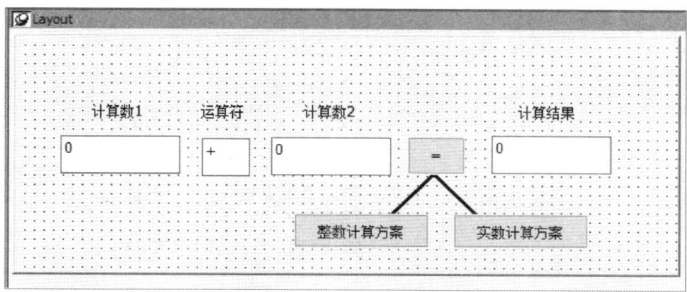

图 3-22　计算器设计页面布局

语句对运算符进行判断，得出相应的结果，具体代码如图 3-23、图 3-24、图 3-25 所示。运行结果如图 3-26、图 3-27 所示。

```
cb_comp1                                    clicked () returns long [pbm_bnclicked]
//应用整数类型进行计算
//方案1：应用 choose 语句实现对操作符的判断
integer r1,r2,r_result
string r_oper
r1=integer(sle_num1.text)
r2=integer(sle_num2.text)
r_oper=sle_oper.text
choose case r_oper
    case '+'
        r_result=r1 + r2
    case '-'
        r_result=r1 - r2
    case '*'
        r_result=r1 * r2
    case '/'
        if r2=0 then
            MessageBox('提示','除数不能为0')
        else
            r_result=r1 / r2
        end if
    case else
        MessageBox('提示','不能识别的运算符')
end choose
sle_result.text=string(r_result)
```

图 3-23　计算器整数类型计算方案 1

```
////方案2：应用 if 语句实现对操作符的判断
//integer r1,r2,r_result
//string r_oper
//r1=integer(sle_num1.text)
//r2=integer(sle_num2.text)
//r_oper=sle_oper.text
//if r_oper='+' then
//  r_result=r1 + r2
//end if
//if r_oper='-' then
//  r_result=r1 - r2
//end if
//if r_oper='*' then
//  r_result=r1 * r2
//end if
//if r_oper='/' then
// if r2=0 then
//    MessageBox('提示','除数不能为0')
// else
//    r_result=r1 / r2
// end if
//end if
//sle_result.text=string(r_result)
```

图 3-24　计算器整数类型计算方案 2

```
cb_comp2                            clicked () returns long
//应用实数类型进行计算
decimal r1,r2,r_result
string r_oper
r1=dec(sle_num1.text)
r2=dec(sle_num2.text)
r_oper=sle_oper.text
choose case r_oper
    case '+'
        r_result=r1 + r2
    case '-'
        r_result=r1 - r2
    case '*'
        r_result=r1 * r2
    case '/'
        if r2=0 then
            MessageBox('提示','除数不能为0')
        else
            r_result=r1 / r2
        end if
    case else
        MessageBox('提示','不能识别的运算符')
end choose
sle_result.text=string(r_result)
```

图 3-25　计算器实数类型计算方案

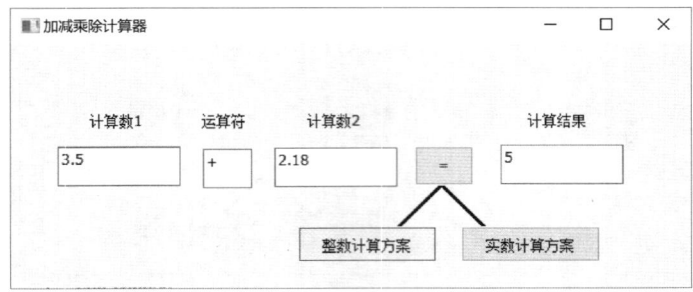

图 3-26 计算器运行效果 1

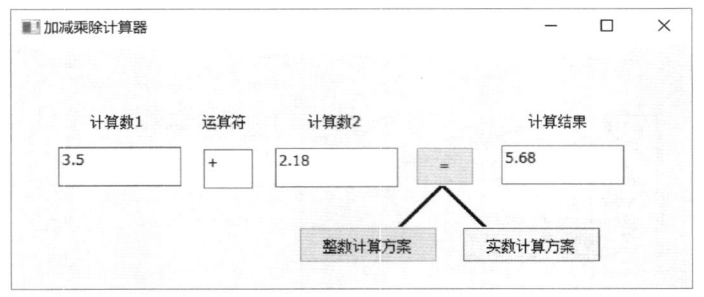

图 3-27 计算器运行效果 2

案例 6 系统登录

（1）新建窗口，设计页面布局如图 3-28 所示。

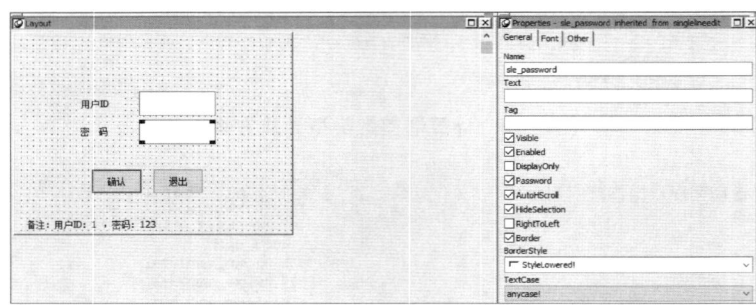

图 3-28 系统登录页面布局

（2）对"确认"按钮进行相应的代码编写，实现用户名与密码的判断功能。总体思路为使用 If 语句对用户名和密码进行判断，如果正确则打开计算器窗口；如果错误则进行警示。具体代码如下：

```
string r_id,r_password

r_id = sle_id.text

r_password = sle_password.text

if r_id = '1' and r_password = '123' then
```

```
    messagebox('提示','输入正确')
    open(w_calculator)
    close(parent)
else
    i = i + 1
    messagebox('警告','第【'+string(i)+'】次 输入错误')
    if i = 3 then
        messagebox('提示','系统退出')
        close(parent)
    end if
end if
```

（3）次数变量"i"需定义为实例变量，如图 3-29 所示。

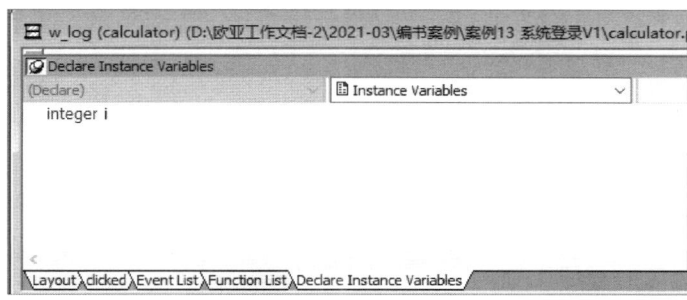

图 3-29　定义实例变量

（4）运行结果如图 3-30 和图 3-31 所示。

图 3-30　登录窗口运行效果 1

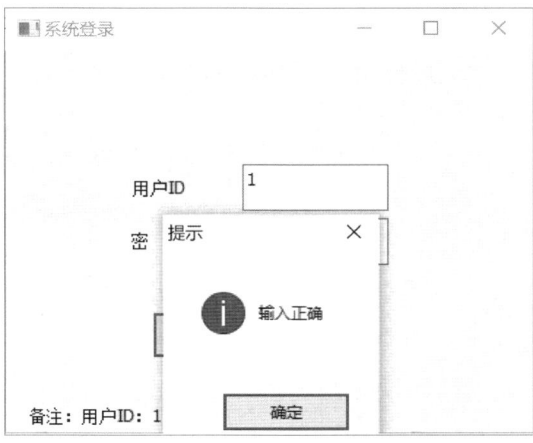

图 3-31　登录窗口运行效果 2

案例 7　变量作用域演示

（1）新建窗口，进行界面设计，如图 3-32、图 3-33 所示。（可参照案例 3 进行）

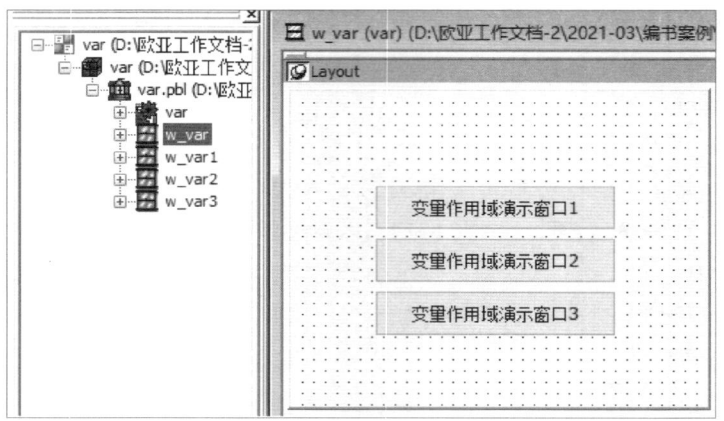

图 3-32　变量作用域案例设计 1

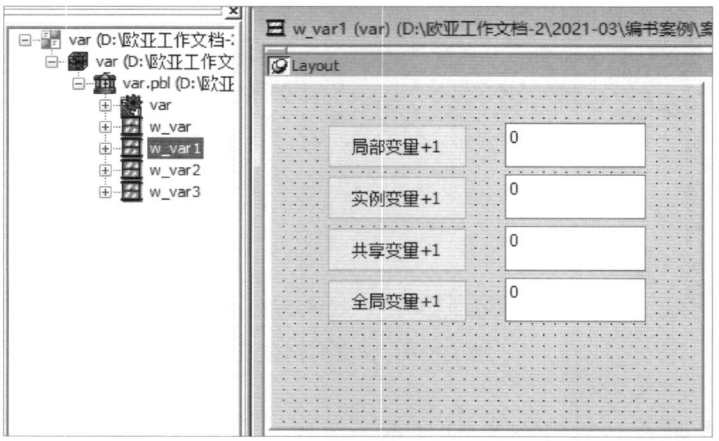

图 3-33　变量作用域案例设计 2

（2）进行相应代码编写，分别定义不同的变量类型，如图 3-34 至图 3-37 所示。

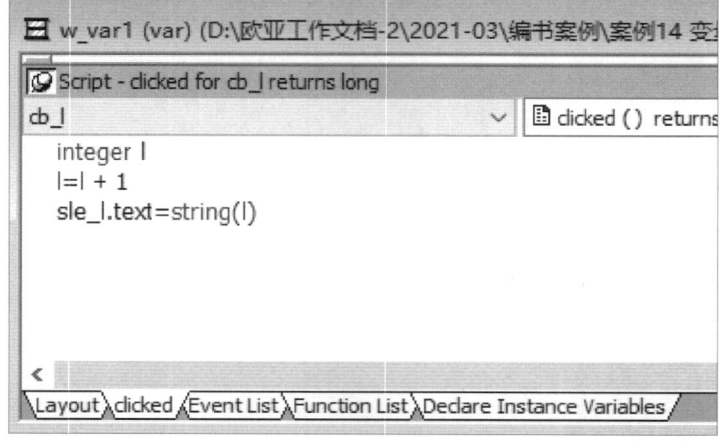

图 3-34　定义局部变量

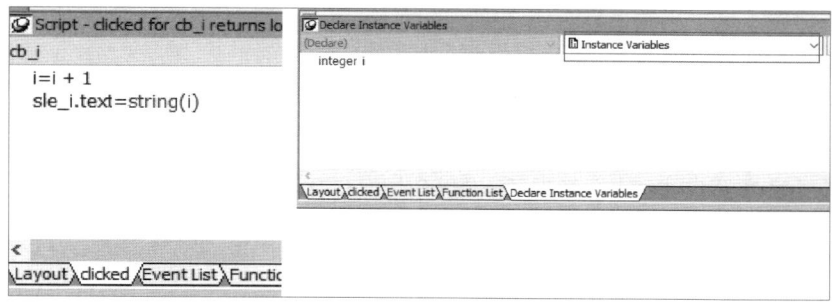

图 3-35　定义实例变量

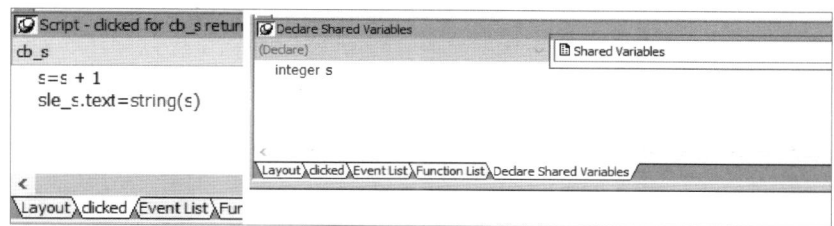

图 3-36　定义共享变量

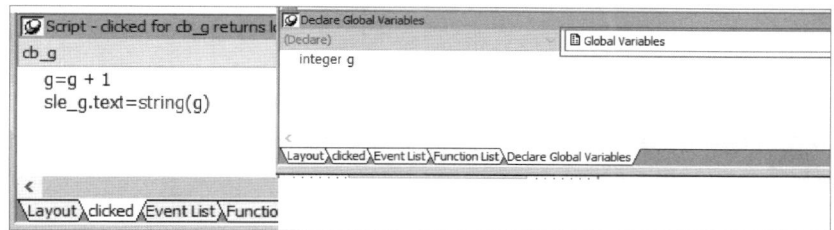

图 3-37　定义全局变量

（3）同时打开三个窗口进行计数，结合相关定义，比较局部变量、实例变量、共享变量与全局变量的区别，如图 3-38 所示。

图 3-38　变量作用域比较

【本节思考题】

1. 创建全班同学的基本信息展示应用。

2. 结合自己的专业，分析设计并开发会计计算工具软件，如财务分析指标计算、固定资产折旧计算、成本计算、杜邦分析等工具软件。

3. 在应用程序开发中，什么情况下 20 000＋30 000 不等于 50 000？

3.2 有趣的界面设计

 引入案例

案例 8　商品信息管理(方案 5)

一个窗口界面上用 1 组控件通过在单行编辑框中输入相应的商品编码来选择显示相应的商品信息。

案例 9　商品信息管理(方案 6)

一个窗口界面上用 1 组控件，通过依次点击 1 个按钮循环显示商品信息。

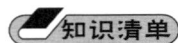 知识清单

3.2.1　窗口类型及窗口函数

1. 窗口类型

PowerBuilder 提供了 6 种类型的窗口，如图 3-39 所示。

1）主窗口

主窗口(Main Window)是不依赖于其他窗口的独立窗口。它既可以覆盖别的窗口，也可以被别的窗口覆盖。主窗口通常用于应用程序的基本界面。

2）子窗口

子窗口(Child Window)通常在主窗口中被打开。子窗口只有在它的父窗口里才能存在，在父窗口中可以移动子窗口，但是不能将它移出父窗口。

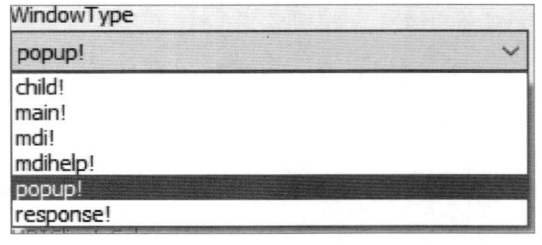

图 3-39　窗口类型

3）弹出窗口

弹出窗口(Popup Window)通常是在其他窗口中被打开，而其他窗口将成为弹出窗口的父窗口。

在响应应用程序的 Open! 事件时打开弹出窗口，该窗口没有父窗口，它的工作方式与主窗口相同。

4）响应窗口

响应窗口（Response Window）在它的父窗口里发生某些事件时被打开。当响应窗口被打开时，只有它处于活动状态，可以被访问，其余窗口均处于不可访问状态，直到用户关闭该响应窗口。响应窗口通常用于从用户那里获得信息。

5）多文档界面的窗口

多文档界面的窗口（MDL Frame，Multiple Document Interface）是一种框架窗口，可以同时打开多个文档窗口。

6）带帮助的多文档界面的窗口

相比多文档界面的窗口，带帮助的多文档界面的窗口（MicroHelp MDL Frame）具有帮助功能。

2. 窗口函数

PowerBuilder 提供了一组函数用于操作窗口，常用窗口函数如表 3-8 所示。在商品信息案例中，将 open（）函数写在 goods 应用下，将 close（）函数写在相应的窗口脚本中，如图 3-40 和图 3-41 所示。

表 3-8　　　　　　　　　　　　　常用窗口函数

函数名	语法格式	说明
Open	Open(windowvar)	打开一个窗口
Close	Close(windowvar)	关闭一个窗口
OpenwithParm	OpenwithParm(windowvar, parameter)	打开一个窗口同时返回一个参数
ClosewithParm	ClosewithParm(windowvar, parameter)	关闭一个窗口同时返回一个参数

图 3-40　open（）函数应用

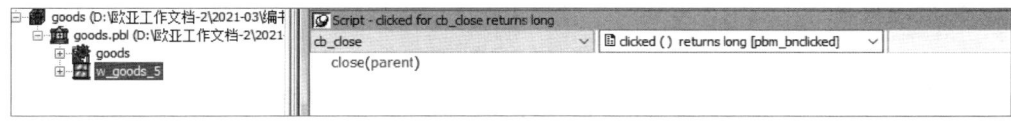

图 3-41　close（）函数应用

3.2.2 控件及控件属性

1. 常用控件

常用控件如表 3-9 所示。

表 3-9　　　　　　　　　　　　　　　常用控件

窗口控件	中文名	命名前缀	说明
CommandButton	命令按钮	cb_	标准的 Windows 按钮,能显示提示按钮功能的文字
PictureButton	图片按钮	pb_	与 CommandButton 按钮功能基本相同,除了具备文字标题,还可以指定显示在按钮上的图像(bmp、gif、jpg、jpeg 等格式),并能够以不同图像表示按钮所处的不同状态
StaticText	静态文本框	st_	常用于显示提示信息或说明没有标题控件等
SingleLineEdit	单行编辑框	sle_	在单行中输入、显示数据,主要用于输入较少的数据
EditMask	掩码编辑框	em_	创建一个掩码,使用户必须按指定格式输入字符,即只接受指定格式的字符,并且它能够完成用户输入的自动格式化
Picture	图片框	p_	用于显示 bmp、gif、jpg、jpeg 等格式的图像
CheckBox	复选框	cbx_	用于设置多个选项
RadioButton	单选按钮	rb_	用于设置单一的选项。单选按钮可分组,在一组中只有一个处于被选中状态
TabControl	标签	tab_	把多种数据和程序选项封装在一个控件中,并允许通过简单的操作访问这些数据和选项
DataWindow	数据窗口	dw_	数据窗口控件与数据窗口对象的结合构成了应用程序访问和操作数据库数据的主要手段
GroupBox	组合框	gb_	可美化界面,并可对单选按钮进行分组
ListBox	列表框	lb_	可显示多行文本
PictureListBox	图片列表框	plb_	与列表框基本相似,不同之处在于图片列表框内不仅有选项,而且每个选项前还可以有个小图片
DropDownListBox	下拉列表框	ddlb_	下拉列表框将单行编辑框与列表框的功能结合起来,具有这两种控件的特点
DropDown PictureListBox	下拉图片列表框	ddplb_	下拉图片列表框与下拉列表框的区别在于下拉图片列表框在选项前面可以显示一个图像
HScrollBar	水平滚动条	hsb_	两端带有箭头、中间具有滚动条的水平条,用户可以通过单击箭头、滚动条的空白位置或者拖动操作滚动条。常用于调整某个连续值
VScrollBar	垂直滚动条	vsb_	两端带有箭头、中间具有滚动条的垂直条,用户可以通过单击箭头、滚动条的空白位置或者拖动操作滚动条。常用于调整某个连续值

2. 常用控件属性

表 3-10 列示了常用控件属性。在商品信息管理案例中,进行界面设计时插入控件的操作如图 3-42 所示,可以选择合适的各种控件;常用窗口控件如图 3-43 所示;对控件属性进行相应修改如图 3-44 所示。

表 3-10　　　　　　　　　　　　　　常用控件属性

属性	数据类型	说明
Text	String	定义控件的文本。Picture 控件无此属性
Enabled	Boolean	定义控件是否启用,取值为 TRUE(控件可用),FALSE(控件不可用)
Visible	Boolean	定义控件是否可见,取值为 TRUE(控件可见),FALSE(控件不可见)
Height	Integer	定义控件的高度
Width	Integer	定义控件的宽度
X	Integer	定义控件在窗口中的 X 坐标
Y	Integer	定义控件在窗口中的 Y 坐标
Picture	NameString	定义包含图片的文件名。是 Picture 控件的属性
BackColor	Long	定义背景颜色。CommandButton、PictureButton 及 Picture 控件无此属性
TextColor	Long	定义文本的颜色。Picture 控件无此属性
TextSize	Integer	定义控件中文本字体的大小。Picture 控件无此属性
MinPosition	Integer	当滑动框在 HScrollBar 控件或 VScrollBar 控件的左或下边界上的时候,该属性定义了 Position 属性的值
MaxPosition	Integer	当滑动框在 Hscrollbar 控件或 VScrollbar 控件的右或上边界上的时候,该属性定义了 Position 属性的值
Position	Integer	定义 MinPosition 和 MaxPosition 之间的一个值,用于表达滚动条的位置。是 HScrollBar 控件和 VScrollBar 控件的属性
Checked	Boolean	定义控件是否被选中,取值为 TRUE(控件被选中),取值为 FALSE(控件未被选中)。是 CheckBox 控件和 RadioButton 控件所属属性
ThreeState	Boolean	定义 CheckBox 控件是否具有 3 种状态
ThirdState	Boolean	定义当 CheckBox 控件具有 3 种状态的时候,显示第 3 种状态

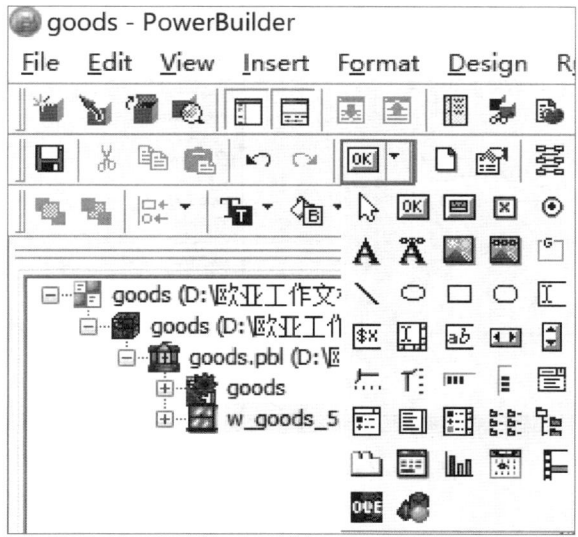

图 3-42　插入控件

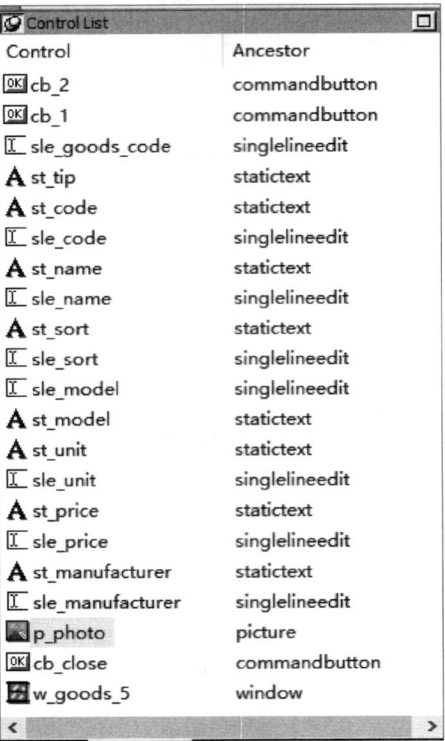

图 3-43　常用窗口控件

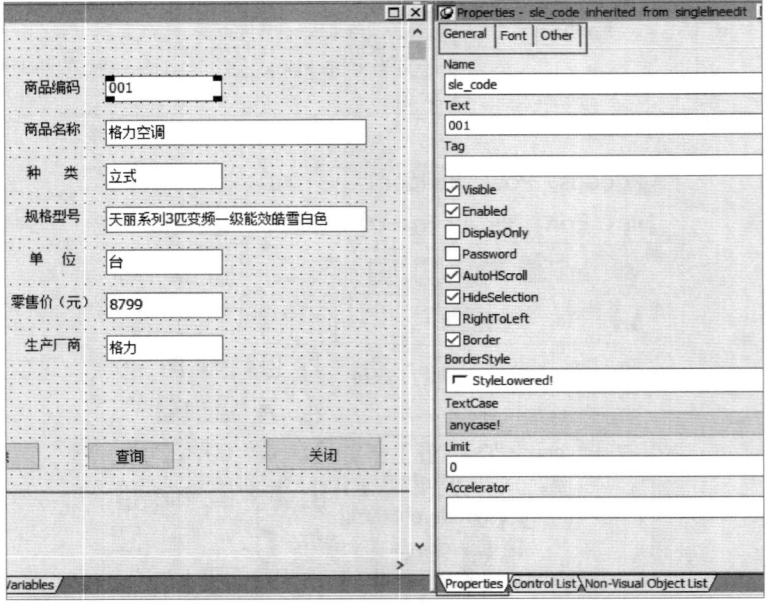

图 3-44(a)　常用控件属性选择

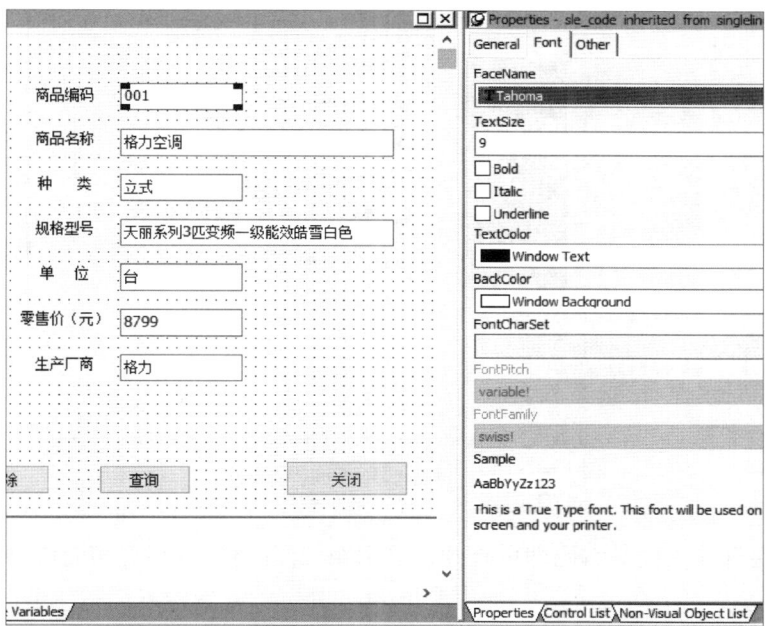

图 3-44(b)　常用控件属性选择

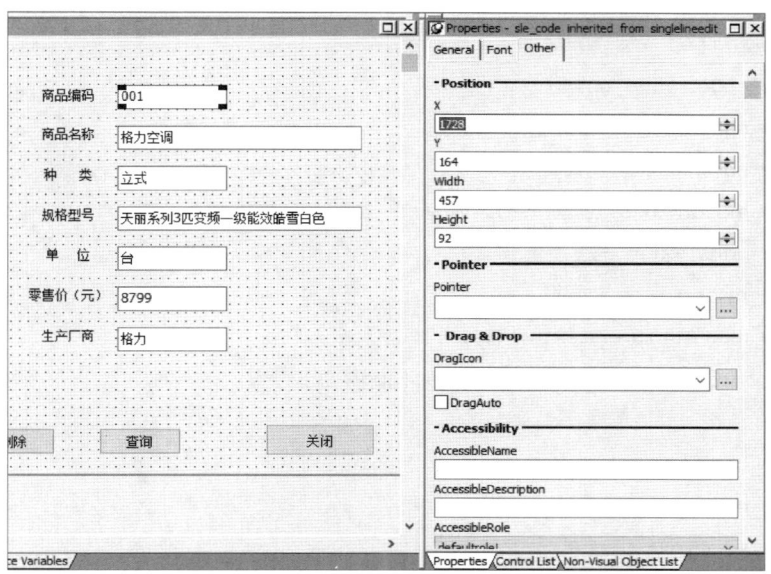

图 3-44(c)　常用控件属性选择

案例解析

案例 8　商品信息管理(方案 5)

（1）新建窗口，进行相应的界面设计，如图 3-45 所示。

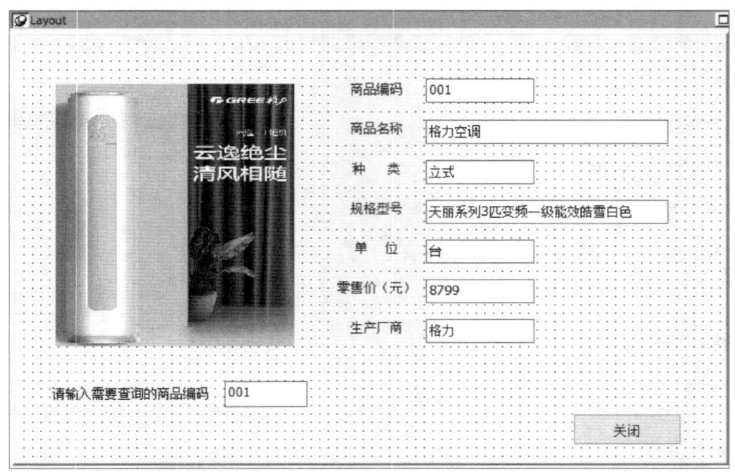

图 3-45   商品信息查询界面设计

（2）为了实现输入商品编码即可查到并显示相应商品信息，编写相应代码如下：

```
string r_code
r_code = this.text
sle_code.text = r_code
choose case r_code
case '001'
        sle_code.text = '001'
        sle_name.text = '格力空调'
        sle_sort.text = '立式'
        sle_model.text = '天丽系列3匹变频一级能效皓雪白色'
        sle_unit.text = '台'
        sle_price.text = '8799'
        sle_manufacturer.text = '格力'
        p_photo.picturename = 'picture\001.jpg'
case '002'
        sle_code.text = '002'
        sle_name.text = '美的空调'
        sle_sort.text = '挂式'
        sle_model.text = '大3匹省电星三级能效陶瓷白色'
        sle_unit.text = '台'
        sle_price.text = '5299'
        sle_manufacturer.text = '美的'
        p_photo.picturename = 'picture\002.jpg'
case '003'
        sle_code.text = '003'
```

```
        sle_name.text = '海尔空调'
        sle_sort.text = '立式'
        sle_model.text = '3 匹家用卡节能自清洁一级能效卡其金色'
        sle_unit.text = '台'
        sle_price.text = '6999'
        sle_manufacturer.text = '海尔'
        p_photo.picturename = 'picture\003.jpg'
case '004'
        sle_code.text = '004'
        sle_name.text = '格兰仕空调'
        sle_sort.text = '挂式'
        sle_model.text = '1.5 匹变频二级能效白色'
        sle_unit.text = '台'
        sle_price.text = '3999'
        sle_manufacturer.text = '格兰仕'
        p_photo.picturename = 'picture\004.jpg'
case else
        messagebox('提示','商品信息不存在!')
        sle_code.text = ''
        sle_name.text = ''
        sle_sort.text = ''
        sle_model.text = ''
        sle_unit.text = ''
        sle_price.text = ''
        sle_manufacturer.text = ''
        p_photo.picturename = ''
end choose
```

（3）运行效果如图 3-46 所示。在商品编码编辑框中输入需要查询的商品编码，如"002"，按 Tab 或 Enter 键则显示编码为"002"的空调信息。点击"关闭"按钮，关闭该窗口。

案例 9　商品信息管理(方案 6)

（1）新建窗口，设计界面布局，如图 3-47 所示。

（2）为了实现循环显示商品信息，运用 Choose Case 语句进行相关代码编写，具体如下：

```
string r_code

i_count = i_count + 1
choose case i_count
    case 1
        r_code = '001'
```

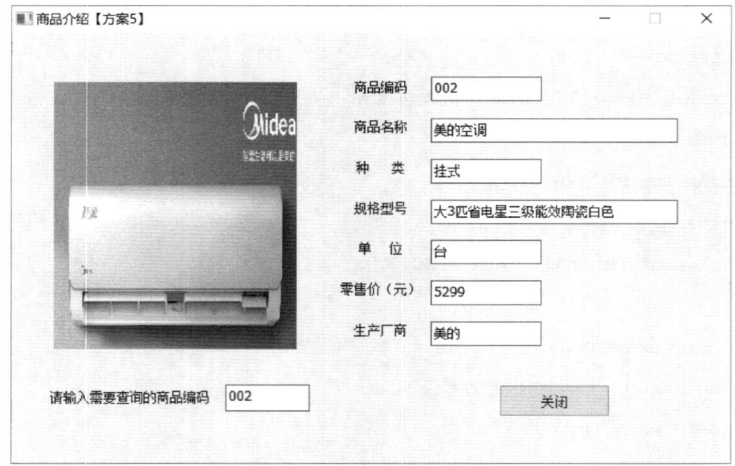

图 3-46(a)　方案 5 运行效果

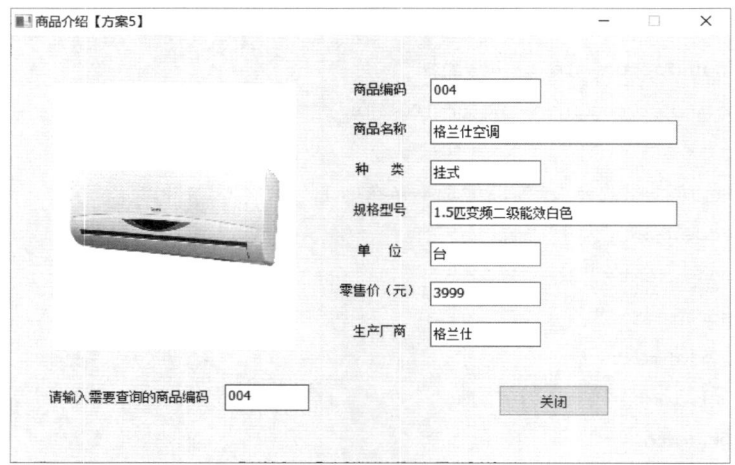

图 3-46(b)　方案 5 运行效果

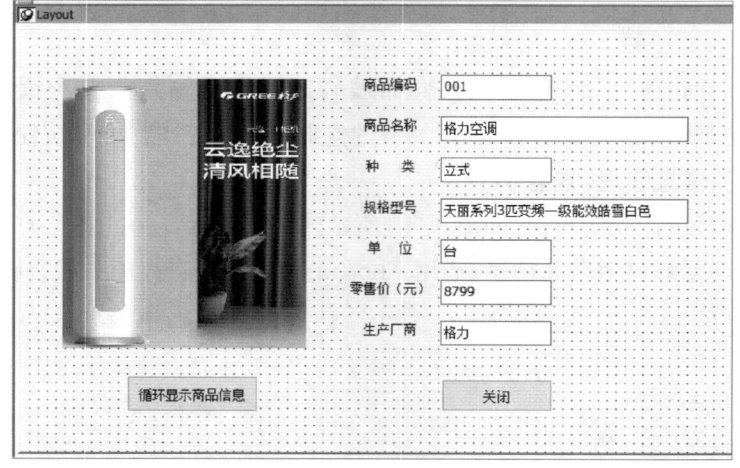

图 3-47　方案 6 界面设计

```
            sle_code.text = r_code
            sle_name.text = '格力空调'
            sle_sort.text = '立式'
            sle_model.text = '天丽系列 3 匹变频一级能效皓雪白色'
            sle_unit.text = '台'
            sle_price.text = '8799'
            sle_manufacturer.text = '格力'
        case 2
            r_code = '002'
            sle_code.text = r_code
            sle_name.text = '美的空调'
            sle_sort.text = '挂式'
            sle_model.text = '大 3 匹省电星三级能效陶瓷白色'
            sle_unit.text = '台'
            sle_price.text = '5299'
            sle_manufacturer.text = '美的'
        case 3
            r_code = '003'
            sle_code.text = r_code
            sle_name.text = '海尔'
            sle_sort.text = '立式'
            sle_model.text = '3 匹家用卡节能自清洁一级能效卡其金色'
            sle_unit.text = '台'
            sle_price.text = '6999'
            sle_manufacturer.text = '海尔'
        case 4
            r_code = '004'
            sle_code.text = r_code
            sle_name.text = '格兰仕空调'
            sle_sort.text = '挂式'
            sle_model.text = '1.5 匹变频二级能效白色'
            sle_unit.text = '台'
            sle_price.text = '3999'
            sle_manufacturer.text = '格兰仕'
            i_count = 0
end choose
p_photo.picturename = 'picture\' + r_code + '.jpg'
```

（3）运行结果如图 3-48 所示。

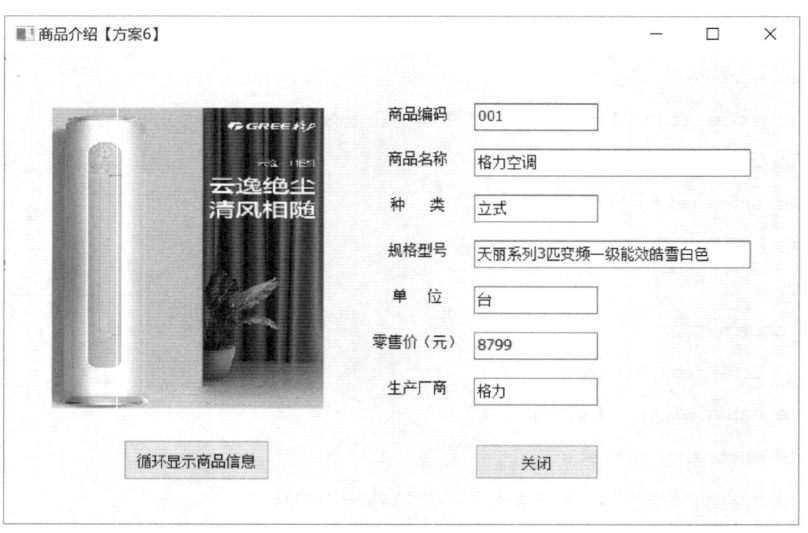

图 3-48(a)　方案 6 运行效果(一)

图 3-48(b)　方案 6 运行效果(二)

3.3　函　数

案例 10　函数应用

了解日期时间函数、字符处理函数、数值处理函数及其他函数的应用。

知识清单

3.3.1　日期、时间函数

常用的日期、时间函数如表 3-1 所示。通过调用不同的日期、时间函数,我们可以进行日期的显示以及日期的计算,如图 3-49 所示。

图 3-49　日期时间函数应用

表 3-11　　　　　　　　　　　　　　　日期、时间函数

函数	返回值	功能
Today( )	Date	获得当前系统日期
Now( )	Time	获得当前系统时间
Year(date)	Integer	获得日期值中的年度,有效取值为 1 000～3 000 的整数值
Month(date)	Integer	获得日期值中的月份,有效值为 1～12 的整数值
Day(date)	Integer	获得日期型数据中的号数,1～31 的整数值
DayName(date)	String	获得指定日期是一周中的星期几
DayNumber(date)	Integer	获得日期型数据是一星期中的第几天
Hour(time)	Integer	获得时间值中的小时,采用 24 小时制
Minute(time)	Integer	获得时间值中的分钟,有效值为 00～59 的整数值
Second(time)	Integer	获得时间值中的秒,有效值为 00～59 的整数值
RelativeDate(date,n)	Date	获得指定日期前多少天或后多少天的日期
RelativeTime(time,n)	Time	获得指定时间前多少秒或后多少秒的时间,采用 24 小时制

（续表）

函数	返回值	功能
DaysAfter(date1,date2)	Long	获得两个日期之间的天数
SecondsAfter(time1,time2)	Long	获得两个时间之间的秒数。当前一个时间比后一个时间早时,该函数的值为正数,反之则为负数;两者相等时为零

3.3.2 数值处理函数

常用的数值处理函数如表 3-12 所示。通过调用不同的数值处理函数,我们可以对数值进行不同类型的转换,如图 3-50 所示。

表 3-12　　　　　　　　　　　　数值处理函数

函数	返回值	功能
Abs(n)	返回值的数据类型与 n 的数据类型相同,函数执行成功时返回 n 的绝对值。如果参数 n 的值为 NULL,Abs()函数返回 NULL	计算绝对值
Int(n)	Integer	得到小于等于 n 的最大整数
Ceiling(n)	返回值的数据类型与 n 的数据类型相同。函数执行成功时返回大于 n 的最小整数。如果参数 n 的值为 NULL,Ceiling(n)函数返回 NULL	得到大于 n 的最小整数
Round(x,n)	Decimal	将数值 x 四舍五入到 n 位
Truncate	Decimal	截断数值 x 到指定的 n 位小数
Rand(n)	与 n 的数据类型相同。函数执行成功时返回 1 与 n 之间的一个伪随机数。如果参数 n 的值为 NULL,Rand(n)函数返回 NULL	得到 1 与 n 之间的一个伪随机数

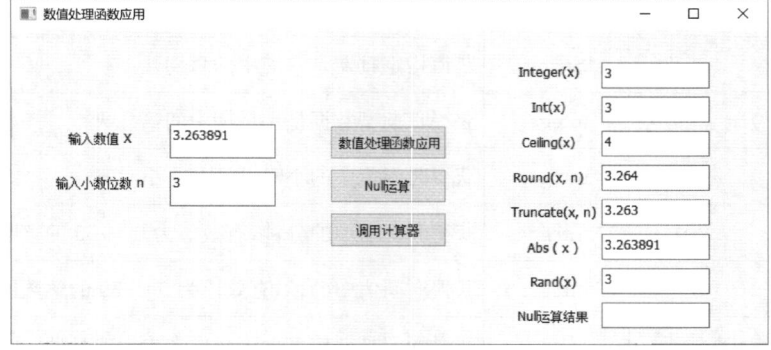

图 3-50　数值处理函数应用

3.3.3 字符处理函数

常用的字符处理函数如表 3-13 所示。通过调用字符处理函数,我们可以对字符串进行相应的修改,如图 3-51 所示。

表 3-13   字符处理函数

函数	返回值	功能
Mid (string,start〔,length〕)	String	取字符串的子串。从字符串 string 的 start 位置开始取长度为 length 的字符串
Right (string, n)	String	从字符串 string 右端取指定的 n 个数字符
Left (string, n)	String	从字符串 string 左端取指定的 n 个数字符
Len (string)	Long	获得字符串 string 的长度
Pos(string1, string2〔,start〕)	Long	在一个字符串 string1 的 start 位置开始查找所包含的另一个字符串 string2 的起始位置
Lower(string)	String	将字符串 string 中的大写字母转换为小写字母
Upper(string)	String	将字符串 string 中的小写字母转换为大写字母
Replace(string1,start,n,string2)	String	将一个字符串 string1 中从 start 开始指定的 n 个数的字符串替换为另一个字符串 string2
Fill(char,n)	String	获得一个由指定字符 char 填充指定的 n 个长度的字符串
Trim(string)	String	删除字符串 string 首部和尾部的空格

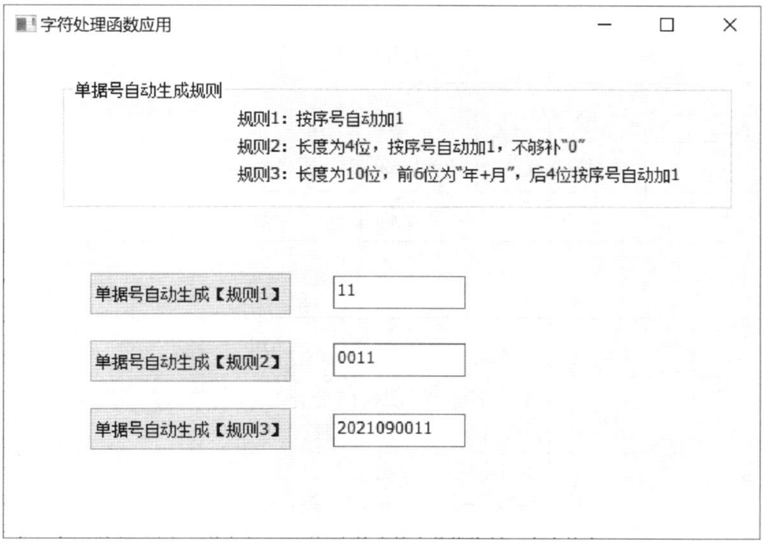

图 3-51 字符处理函数应用

3.3.4 其他函数

其他函数主要有数据类型检查与转换函数、空值相关函数、指针函数以及 RGB 函数等，如表 3-14 至表 3-17 所示。

表 3-14　　　　　　　　数据类型检查与转换函数

函数	返回值	功能
String(data ,{format})	String	按指定格式将数据转换成字符串
Integer(string)	Integer	将字符串转换成 Integer 类型的值
Long(string)	Long	将其他类型的数据转换为 Long 类型的值
Real(string)	Real	将字符串转换成 Real 类型的值
Dec(string)	Decimal	将字符串转换成 Decimal 类型的值
Date(datetime)	Date	将其他类型的数据转换为 Date 类型的数据
Time(datetime)	Datetime	将其他类型的数据转换为 Time 类型的值
IsDate(datevalue)	Boolean	判断指定的字符串是否包含有效的日期

表 3-15　　　　　　　　空值相关函数

函数	返回值	功能
IsNull(any)	Boolean	判断变量或表达式的值是否是 NULL
SetNull(anyvariable)	Integer	将指定变量的值设置为 NULL。这里的变量可以是除数组、结构、自动实例化对象外的任何数据类型

表 3-16　　　　　　　　指针函数

函数	返回值	功能
PointerX( )	Integer	设置鼠标指针 X 坐标
PointerY( )	Integer	设置鼠标指针 Y 坐标

表 3-17　　　　　　　　RGB 函数

函数		说明
RGB( )	描述	控制字体、背景颜色变化。代表红、绿、蓝三原色的三个整数组合成一个表示颜色的长整数
	语法	RGB(red ,green ,blue) 参数 red：integer 类型，指定颜色中的红色分量强度，有效值为 0～255 参数 green：integer 类型，指定颜色中的绿色分量强度，有效值为 0～255 参数 blue：integer 类型，指定颜色中的蓝色分量强度，有效值为 0～255

（续表）

函数		说明
RGB( )	返回值	Long( )函数执行成功时返回由指定分量确定的颜色,用长整数表示。发生错误时返回－1。如果任何参数的值为 NULL,RGB( )函数返回 NULL
	用法	RGB( )函数使用下述公式计算表示颜色的长整数:65536 * Blue＋256 * Green＋Red 其中,Blue 代表蓝色分量,Green 代表绿色分量,Red 代表红色分量。各分量中,数值越小,亮度越低,数值越大,亮度越高。 例如,RGB(0,0,0)为黑色(亮度最低),RGB(255,255,255)为白色(亮度最高),RGB(255,0,0)为红色,RGB(0,255,0)为绿色,RGB(0,0,255)为蓝色,RGB(255,255,0)为黄色,RGB(128,128,0)为棕色,RGB(128,128,128)为深灰色

案例解析

案例 10　函数应用

（1）新建窗口,进行各界面设计。主界面如图 3-52 所示。

图 3-52　函数应用界面

（2）设计日期时间函数应用界面（见图 3-53）,其中用到的控件主要有组合框、命令按钮、掩码编辑框、静态文本框等,如图 3-54 所示。

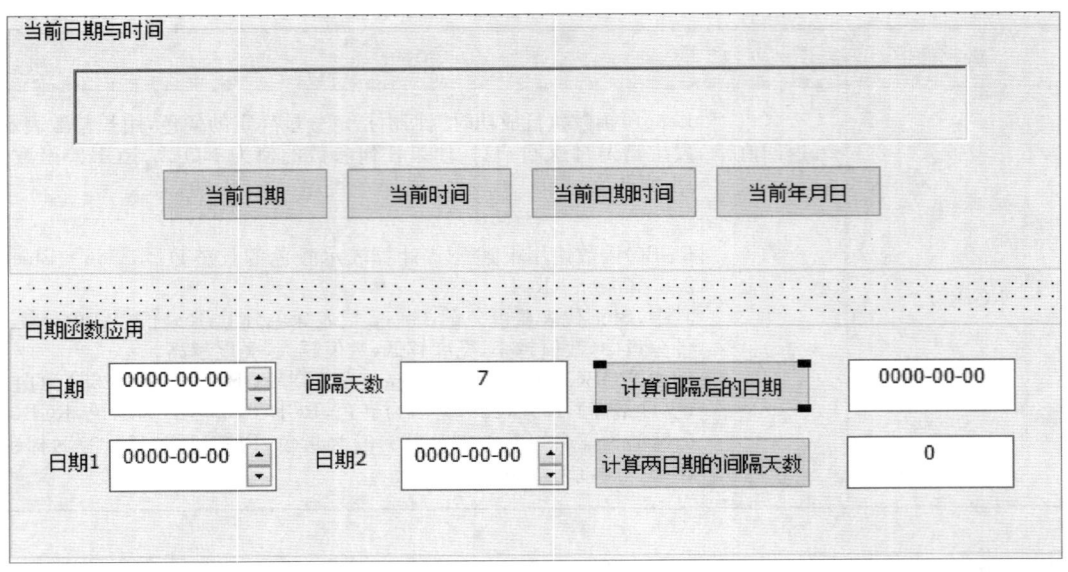

图 3-53　日期时间函数应用界面

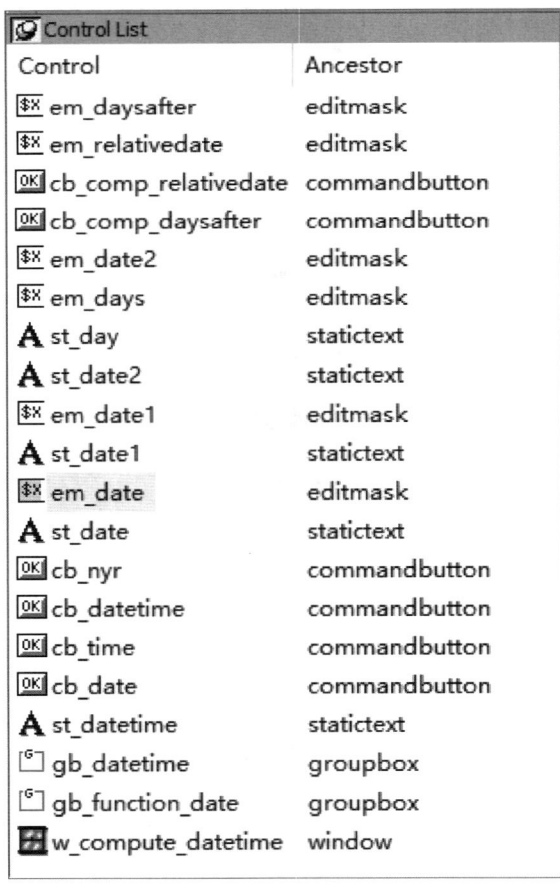

图 3-54　日期时间函数应用界面所用控件

（3）进行相应脚本编写。

"当前日期"：

st_datetime.text＝'当前日期：'＋string(today()，'yyyy－mm－dd')

"当前时间"：

st_datetime.text＝'当前时间：'＋string(now(),'hh：mm：ss')

"当前日期时间"：

st_datetime.text＝'现在是：'＋string(today(),'yyyy－mm－dd')＋''＋string(now())

"当前年月日"：

```
integer r_year,r_month,r_day,r_daynumber
string r_week,r_weekname
date r_date
r_date＝today()
r_year＝year(r_date)
r_month＝month(r_date)
r_day＝day(r_date)
r_weekname＝dayname(r_date)
r_daynumber＝daynumber(r_date)
choose case r_daynumber
    case 2
        r_week＝'星期一'
    case 3
        r_week＝'星期二'
    case 4
        r_week＝'星期三'
    case 5
        r_week＝'星期四'
    case 6
        r_week＝'星期五'
    case 7
        r_week＝'星期六'
    case 1
        r_week＝'星期日'
end choose
st_datetime.text＝'今天是：'＋string(r_year)＋'年'＋string(r_month)＋'月'＋string(r_
day)＋'日　'＋r_weekname＋'['＋r_week＋']'
```

"计算间隔后的日期"：

```
date r_date,r_date1
```

```
integer r_days
r_date = date(em_date.text)
r_days = integer(em_days.text)
r_date1 = RelativeDate(r_date,r_days )
em_RelativeDate.text = string(r_date1)
```

"计算两日期的间隔天数"：

```
date r_date1,r_date2
integer r_days
r_date1 = date(em_date1.text)
r_date2 = date(em_date2.text)
r_days = DaysAfter(r_date1,r_date2)
em_DaysAfter.text = string(r_days)
```

（4）运行结果如图 3-55 所示。

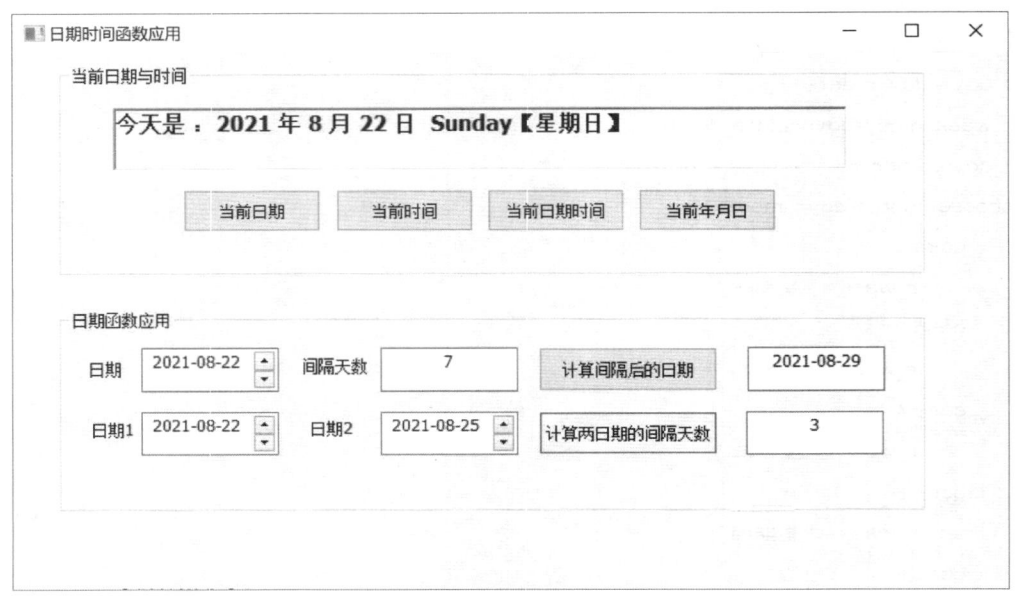

图 3-55　日期时间函数应用运行效果

　　（5）设计数值处理函数界面（见图 3-56），其中用到的控件主要有命令按钮、单行文本框、静态文本框等，如图 3-57 所示。

　　（6）进行相应脚本编写。

"数值处理函数应用"：

```
decimal r_x
integer r_n
integer r_integer,r_int,r_ceiling,r_rand
decimal r_abs,r_round,r_truncate
```

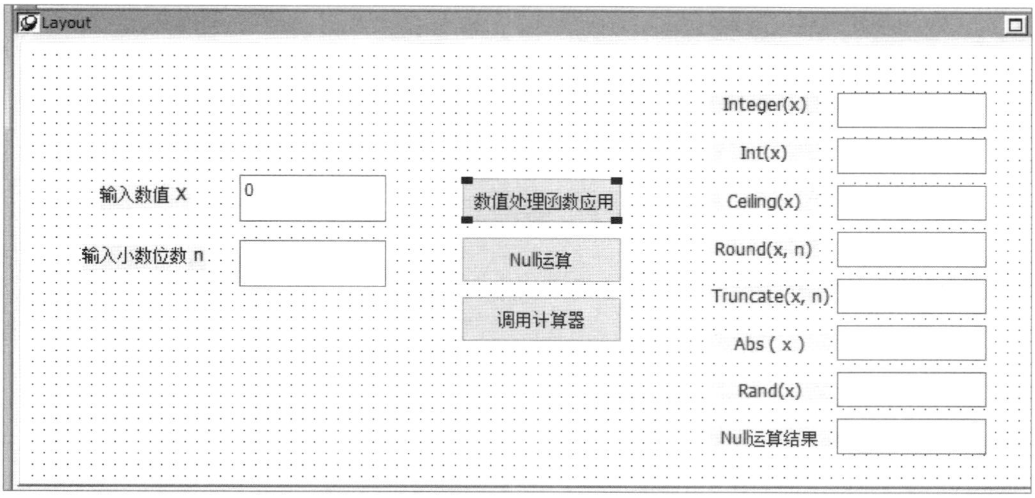

图 3-56　数值处理函数应用界面

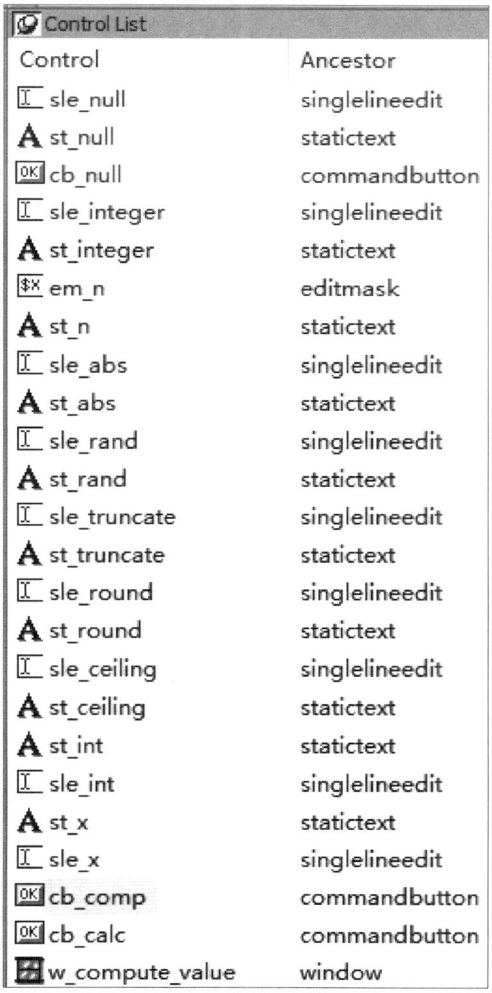

Control List

Control	Ancestor
sle_null	singlelineedit
st_null	statictext
cb_null	commandbutton
sle_integer	singlelineedit
st_integer	statictext
em_n	editmask
st_n	statictext
sle_abs	singlelineedit
st_abs	statictext
sle_rand	singlelineedit
st_rand	statictext
sle_truncate	singlelineedit
st_truncate	statictext
sle_round	singlelineedit
st_round	statictext
sle_ceiling	singlelineedit
st_ceiling	statictext
st_int	statictext
sle_int	singlelineedit
st_x	statictext
sle_x	singlelineedit
cb_comp	commandbutton
cb_calc	commandbutton
w_compute_value	window

图 3-57　数值处理函数应用控件

```
r_x = dec(sle_x.text)
r_n = integer(em_n.text)
r_integer = integer(r_x)
r_int = int(r_x)
r_ceiling = ceiling (r_x)
r_rand = rand(r_n)
r_abs = abs(r_x)
r_round = round(r_x,r_n)
r_truncate = truncate(r_x,r_n)
sle_integer.text = string(r_integer)
sle_abs.text = string(r_abs)
sle_ceiling.text = string(r_ceiling)
sle_int.text = string(r_int)
sle_rand.text = string(r_rand)
sle_round.text = string(r_round)
sle_truncate.text = string(r_truncate)
```

"Null 运算":

```
decimal r_null
decimal r_x


r_x = dec(sle_x.text)
SetNull(r_null)
r_null = r_null + r_x
sle_null.text = string(r_null)
```

（7）运行结果如图 3-58 所示。

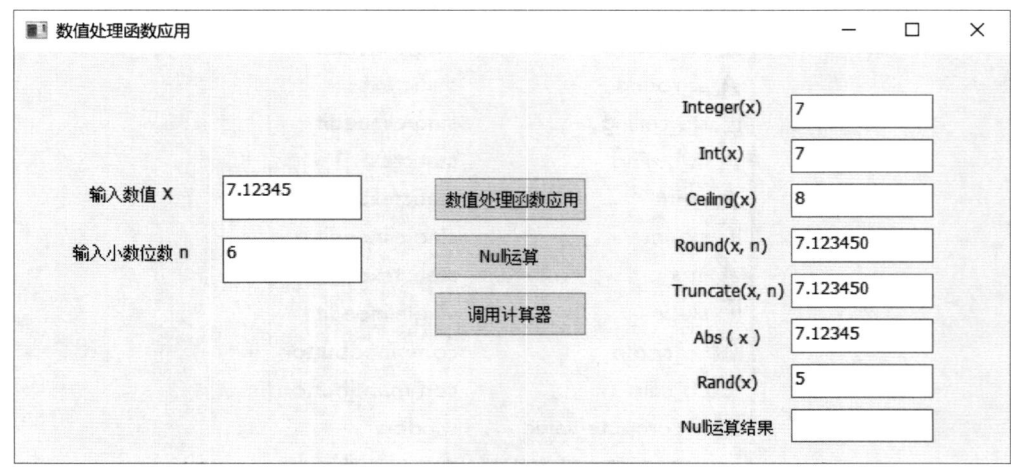

图 3-58　数值处理函数应用运行效果

（8）设计字符处理函数应用界面（见图 3-59），其中用到的控件主要有组合框、命令按钮、静态文本框等，如图 3-60 所示。

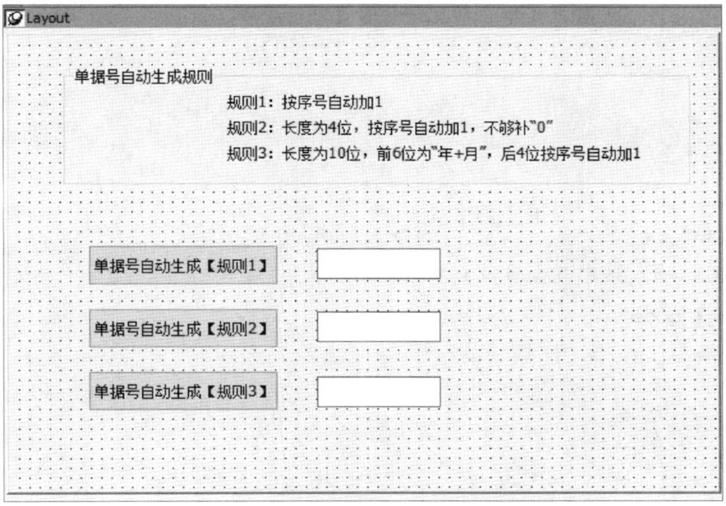

图 3-59　字符处理函数应用界面设计

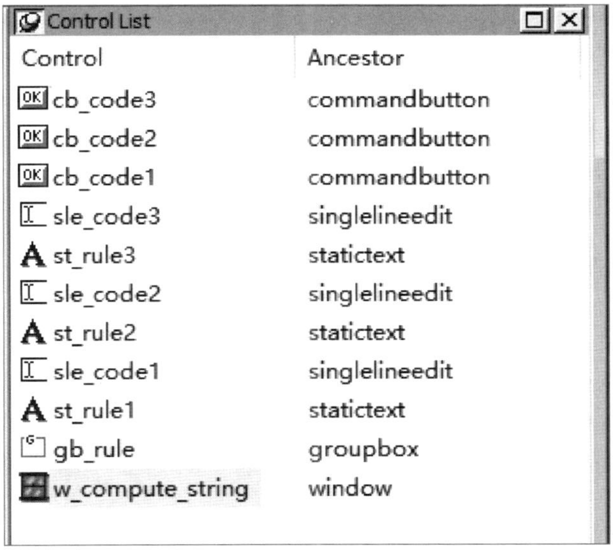

图 3-60　字符处理函数应用界面主要控件

（9）进行相应脚本编写。

```
//单据号自动生成
//规则 1：按序号自动加 1
string r_code
integer r_count
```

```
r_count = 0

r_code = sle_code1.text


r_count = integer(r_code) + 1

r_code = string(r_count)


sle_code1.text = r_code


//单据号自动生成
//规则 2：长度为 4 位，按序号自动加 1，不够补"0"
string r_code,r_code_0
integer r_count,r_len


r_count = 0

r_code = sle_code2.text


r_count = integer(r_code) + 1

r_code = string(r_count)


r_len = len(r_code)

r_code_0 = fill('0',4 - r_len)

r_code = r_code_0 + r_code


sle_code2.text = r_code


//单据号自动生成
//规则 3：长度为 10 位，前 6 位为"年 + 月"，后 4 位按序号自动加 1
string r_code,r_code_0,r_date
integer r_count,r_len


r_count = 0

r_code = sle_code3.text


r_date = mid(r_code,1,6)

r_code = mid(r_code,7,4)

r_count = integer(r_code) + 1

r_code = string(r_count)


r_len = len(r_code)
```

```
r_code_0 = fill('0',4 - r_len)
r_code = r_date + r_code_0 + r_code

sle_code3.text = r_code
```

open 事件中的代码如下：

```
string r_date
sle_code1.text = '0'
sle_code2.text = '0000'
r_date = string(today(),'yyyy-mm-dd')
sle_code3.text = mid(r_date,1,4) + mid(r_date,6,2) + '0000'
```

（10）运行结果如图 3-61 所示。

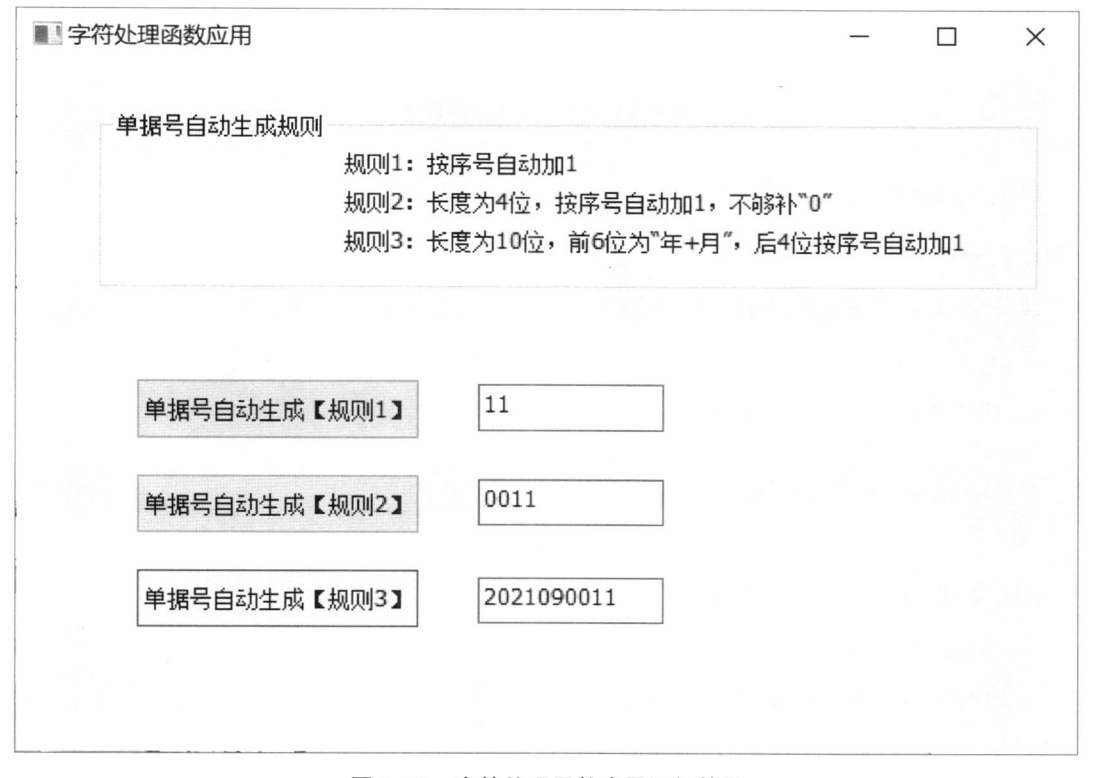

图 3-61　字符处理函数应用运行效果

（11）设计指针函数、RGB 函数应用界面，如图 3-62 所示。字体颜色可通过"下拉列表框"控件选用。

（12）进行相应脚本编写。

横向滚动条的编写代码如下：

```
p_photo.width = this.position
```

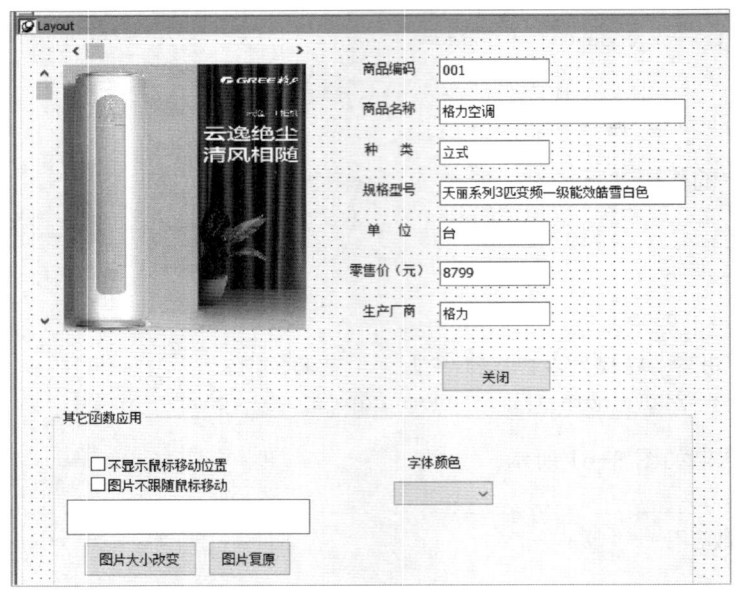

图 3-62　指针函数应用界面

纵向滚动条的编写代码如下：

```
p_photo.height = this.position
```

鼠标移动位置复选框的编写代码如下：

```
if this.checked then
    this.text = '显示鼠标移动位置'
else
    this.text = '不显示鼠标移动位置'
end if
```

图片跟随移动复选框的编写代码如下：

```
if this.checked then
    this.text = '图片跟随鼠标移动'
else
    this.text = '图片不跟随鼠标移动'
end if
```

Mousemove 的编写代码如下：

```
if cbx_mousemove.checked then
    //显示鼠标移动位置
    sle_mousemove.text = 'X = ' + string(PointerX()) + ' Y = ' + string(PointerY())
    //比较：
```

```
    //sle_mousemove.text = 'X = ' + string(p_photo.PointerX()) + ' Y = ' + string(p_photo.
PointerY())
        end if
        if cbx_mousemove_p.checked then
            //图片跟随鼠标移动
            p_photo.x = PointerX()
            p_photo.y = PointerY()
        end if
```

图片改变大小的编写代码如下：

```
p_photo.width = p_photo.width + 10
p_photo.height = p_photo.height + 10
```

图片复原的编写代码如下：

```
p_photo.width = i_width
p_photo.height = i_height
p_photo.x = i_x
p_photo.y = i_y
```

字体颜色的编写代码如下：

```
string r_color
long r_rgb   //思考：如果使用 integer r_rgb,会出现什么结果?

r_color = this.text
choose case r_color
    case '黑色'
        r_rgb = rgb(0,0,0)
    case '白色'
        r_rgb = rgb(255,255,255)
    case '红色'
        r_rgb = rgb(255,0,0)
    case '绿色'
        r_rgb = rgb(0,255,0)
    case '蓝色'
        r_rgb = rgb(0,0,255)
    case '黄色'
        r_rgb = rgb(255,255,0)
    case '棕色'
        r_rgb = rgb(128,128,0)
    case else
```

```
        r_rgb = rgb(0,0,0)
end choose
sle_code.textcolor = r_rgb
sle_name.textcolor = r_rgb
sle_sort.textcolor = r_rgb
sle_model.textcolor = r_rgb
sle_unit.textcolor = r_rgb
sle_price.textcolor = r_rgb
sle_manufacturer.textcolor = r_rgb
st_code.textcolor = r_rgb
st_name.textcolor = r_rgb
st_sort.textcolor = r_rgb
st_model.textcolor = r_rgb
st_unit.textcolor = r_rgb
st_price.textcolor = r_rgb
st_manufacturer.textcolor = r_rgb
```

（13）运行结果如图 3-63 所示。

图 3-63　指针函数应用界面

3.4　系 统 集 成

案例 11　系统集成

对商品信息方案 1 至方案 5 进行集成。

3.4.1　什么是系统集成

集成(Integration)就是一些孤立的事物或元素通过某种方式集中在一起，产生联系，从而构成一个有机整体的过程。系统集成(System Integration)，是在系统工程科学方法的指导下，根据用户需求，优选各种技术和产品，将各个分离的子系统连接成为一个完整可靠经济和有效的整体，并使之能彼此协调工作，发挥整体效益，达到整体性能最优。系统集成包括设备系统集成和应用系统集成。例如，电脑主板往往集成了集成显卡、声卡和网卡；一块CPU 芯片，可以集成上千万个半导体零件。又如，在家装业，集成吊顶具有传统装饰无法比拟的优势。集成吊顶是 HUV 金属方板与电器的组合，分为扣板模块、取暖模块、照明模块、换气模块。其安装简单、布置灵活、维修方便，成为卫生间、厨房吊顶的主流。

在 PowerBuilder 中，系统集成主要是指将不同的功能模块集成起来，形成一个统一的整体。例如，本书最终要开发完成的进销存系统，包括了商品信息模块、人员信息模块、采购模块、销售模块等，当团队成员分工合作完成后，需要将各个模块集成起来，形成完整的进销存系统。

3.4.2　系统集成的方法

本部分主要讲解两种将有联系的对象集成起来的方案。

1. 集成方案 1——对象的导入与导出

采用对需要集成的对象进行导入与导出操作实现系统集成，案例 11 基本步骤如下：

（1）新建系统首页界面，如图 3-64 至图 3-69 所示。依次打开方案 1 至方案 5，选中需要导出的对象，单击鼠标右键，选择"Export"选项。选择导出文件路径，保存导出对象的文件，窗口对象的导出文件扩展名为".srw"。注意保存位置为上个步骤中新建的文件夹下，在方案2 中因为有多个子窗口，所以我们需要先导出子窗口，再导出父窗口，不然会报错，如图 3-70至图 3-73 所示。

（2）选中需要导入对象的.pbl 文件，单击鼠标右键，选择"Import"选项，如图 3-74 所示，并选择需要导入的对象的文件即可。导入方案 2 时，依然先导入子窗口，再导入父窗口。导入结果如图 3-75 所示，open()函数如图 3-76 所示。

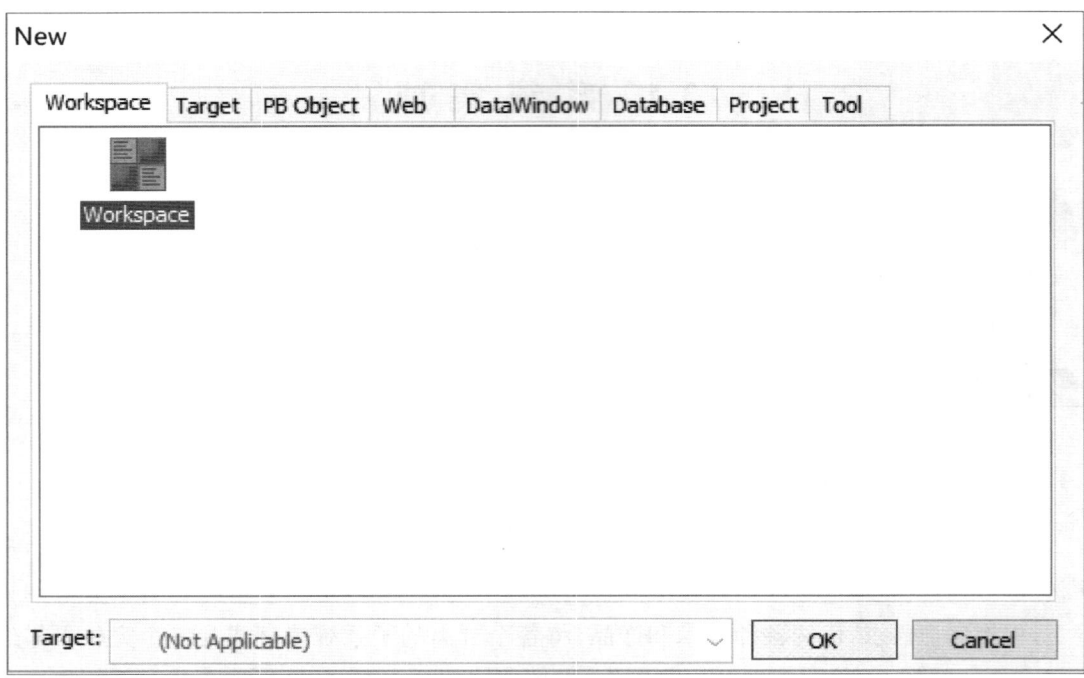

图 3-64　新建工作区

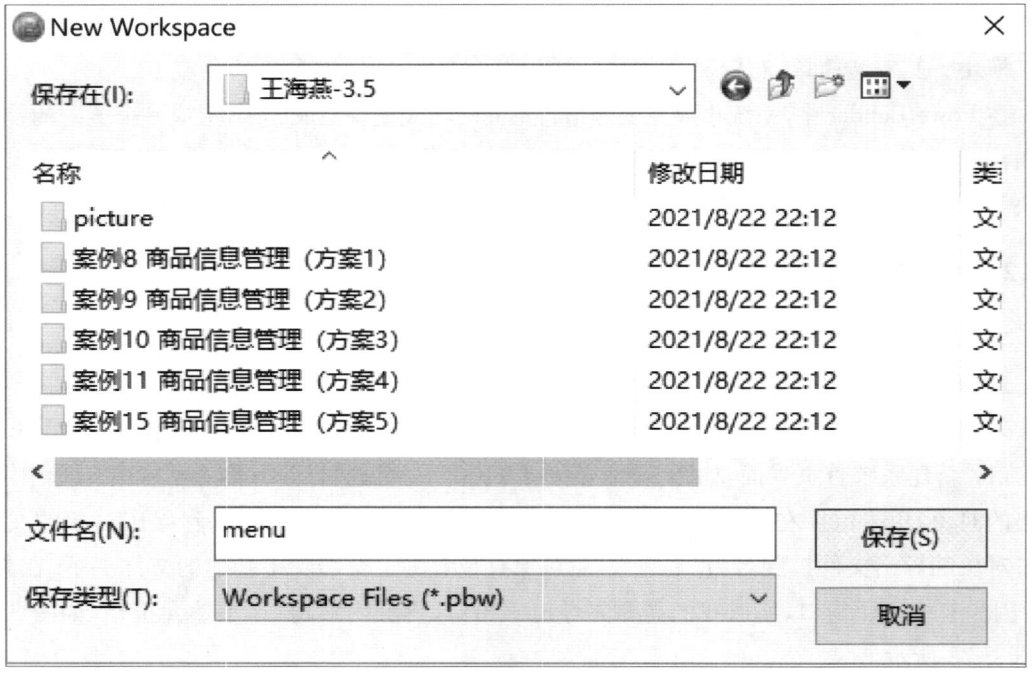

图 3-65　保存工作区

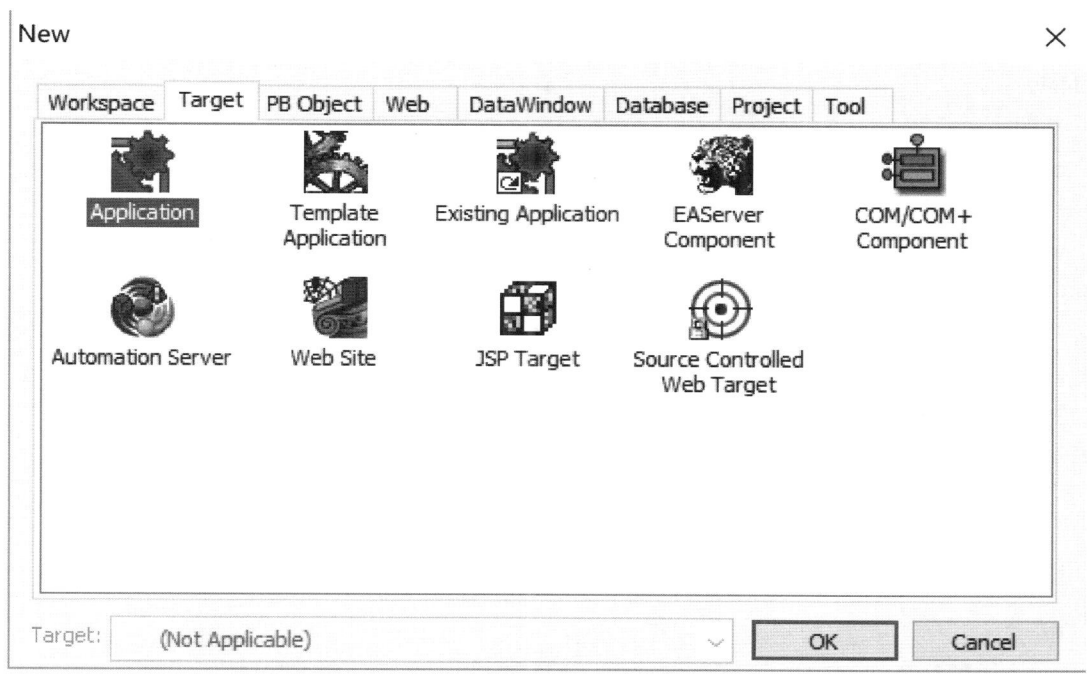

图 3-66 新建应用

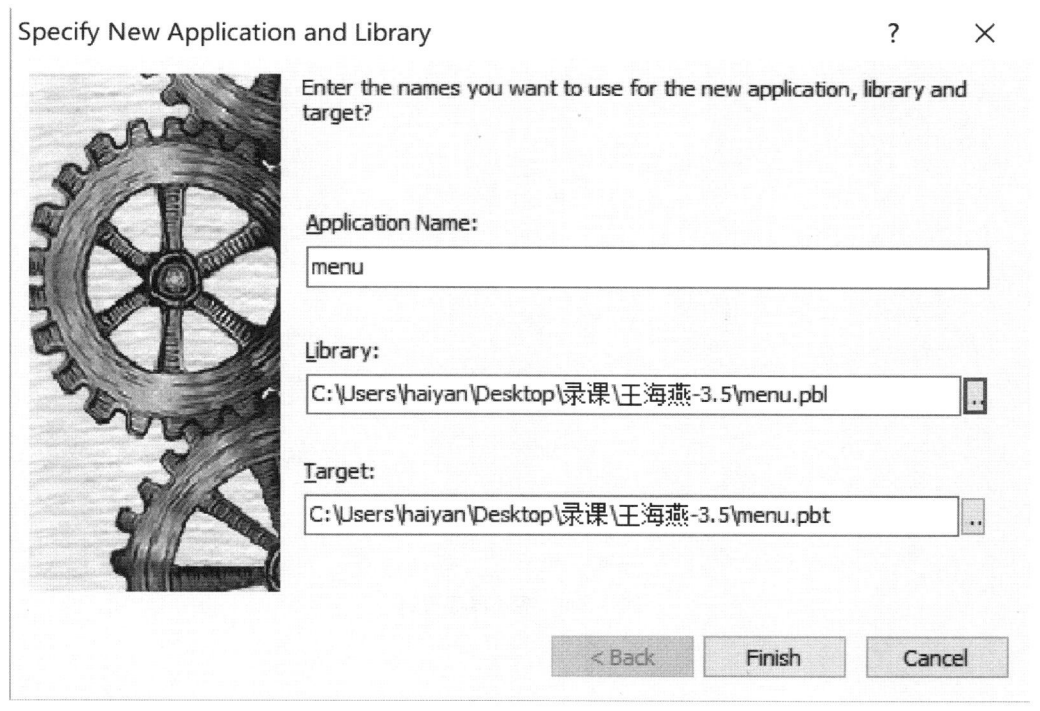

图 3-67 保存应用

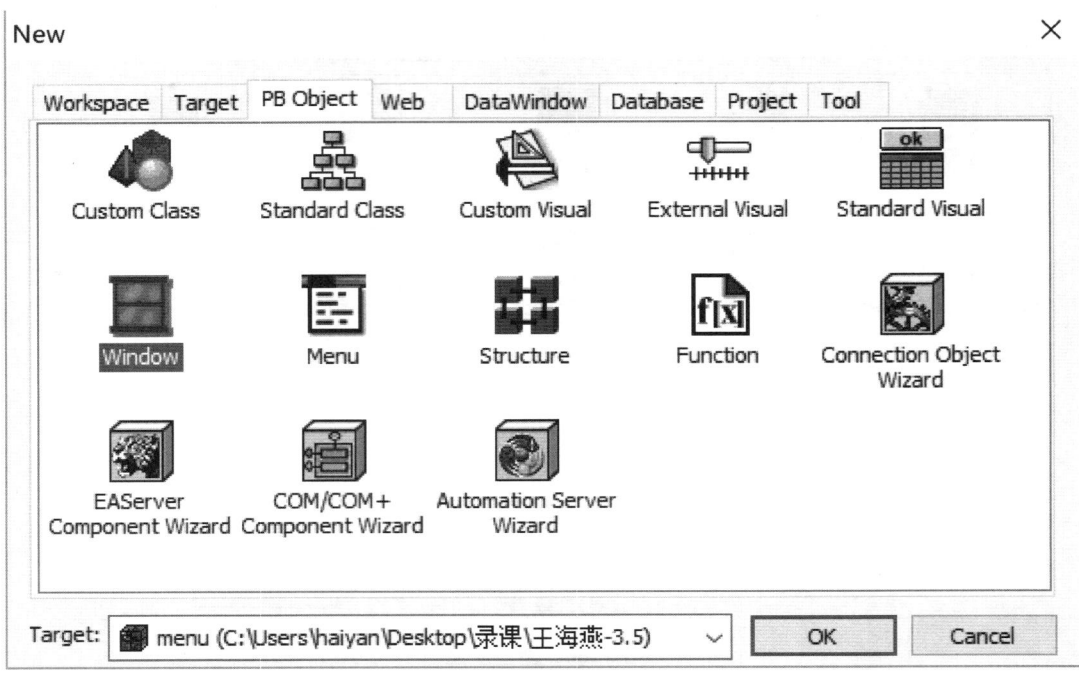

图 3-68　新建窗口

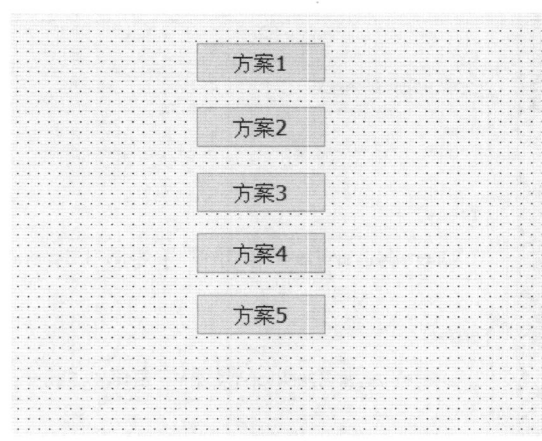

图 3-69　系统界面设计

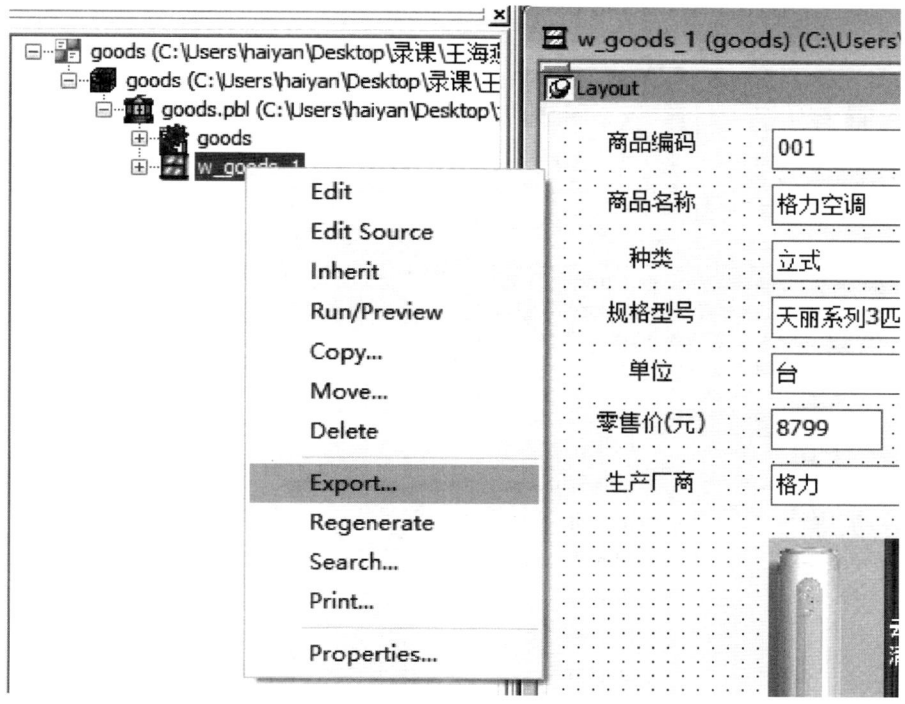

图 3-70 导出窗口

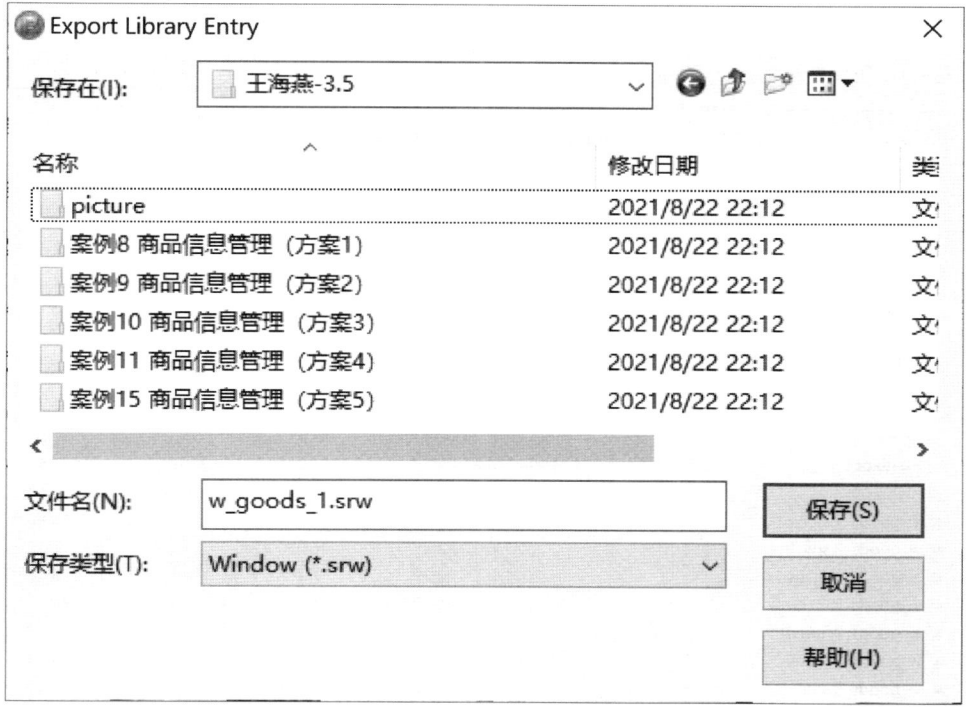

图 3-71 保存导出窗口

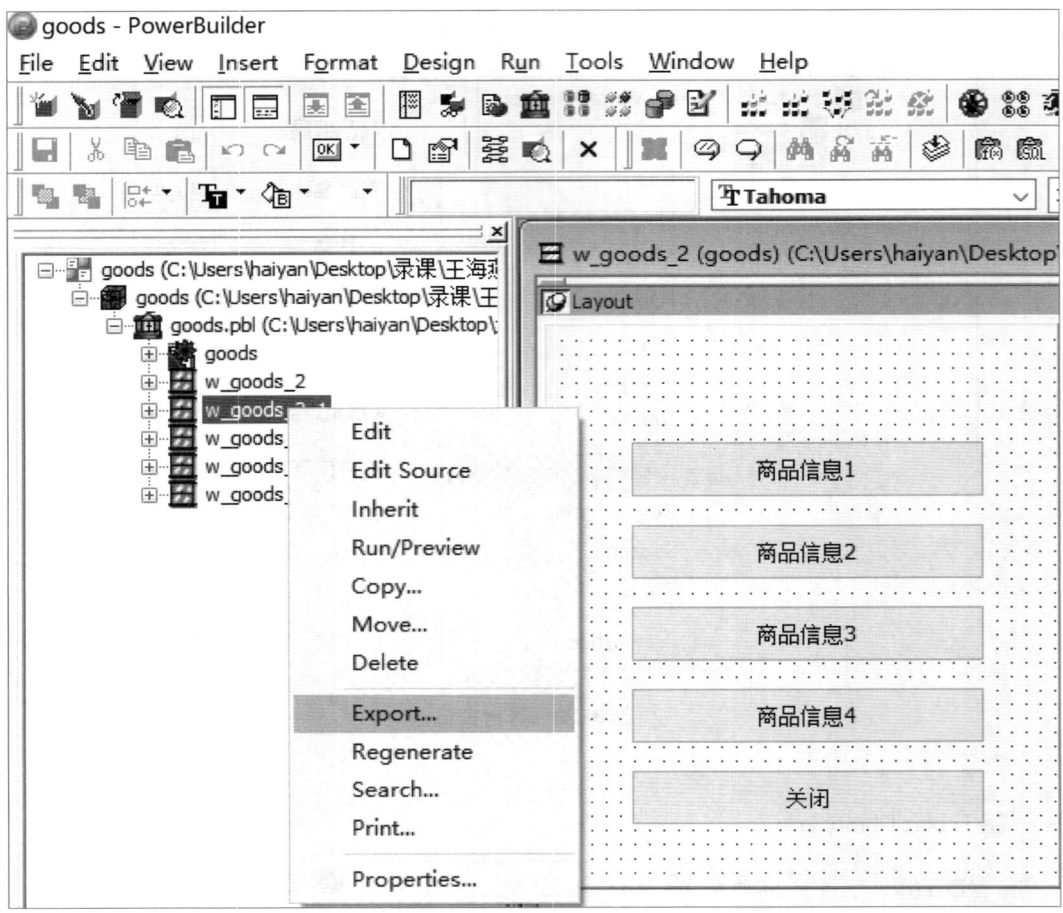

图 3-72　先导出子窗口

picture	2021/8/22 22:12	文件夹	
案例8 商品信息管理（方案1）	2021/8/22 22:12	文件夹	
案例9 商品信息管理（方案2）	2021/8/22 22:12	文件夹	
案例10 商品信息管理（方案3）	2021/8/22 22:12	文件夹	
案例11 商品信息管理（方案4）	2021/8/22 22:12	文件夹	
案例15 商品信息管理（方案5）	2021/8/22 22:12	文件夹	
menu.pbl	2021/8/22 22:23	PBL 文件	27 KB
menu.pbt	2021/8/22 22:19	PBT 文件	1 KB
menu.pbw	2021/8/22 22:19	PowerBuilder Work...	1 KB
w_goods_1.srw	2021/8/22 22:26	SRW 文件	46 KB
w_goods_2.srw	2021/8/22 22:29	SRW 文件	7 KB
w_goods_2_1.srw	2021/8/22 22:29	SRW 文件	20 KB
w_goods_2_2.srw	2021/8/22 22:29	SRW 文件	20 KB
w_goods_2_3.srw	2021/8/22 22:29	SRW 文件	20 KB
w_goods_2_4.srw	2021/8/22 22:29	SRW 文件	20 KB
w_goods_3.srw	2021/8/22 22:30	SRW 文件	52 KB
w_goods_4.srw	2021/8/22 22:30	SRW 文件	26 KB
w_goods_5.srw	2021/8/22 22:30	SRW 文件	28 KB

图 3-73　导出结果

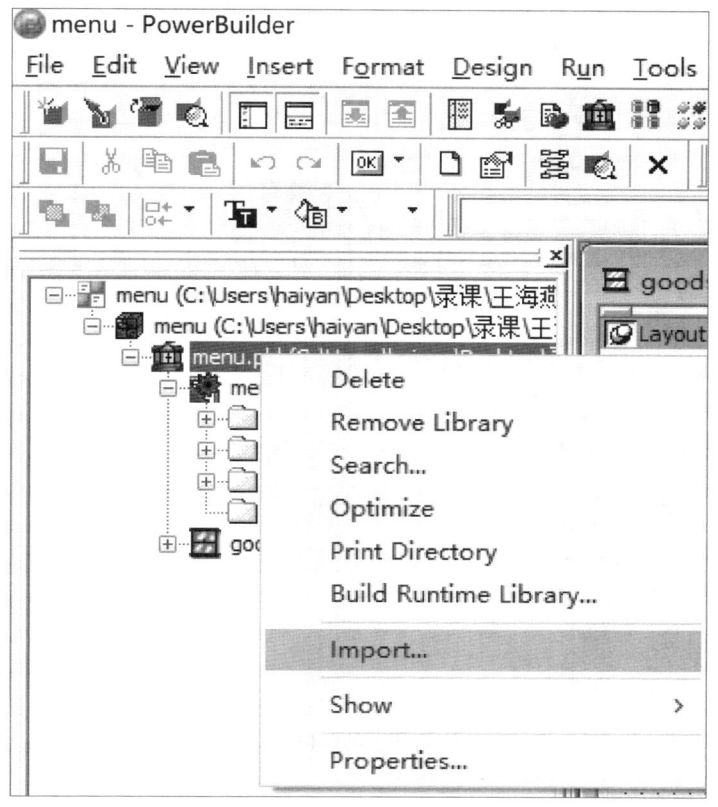

图 3-74 导入对象

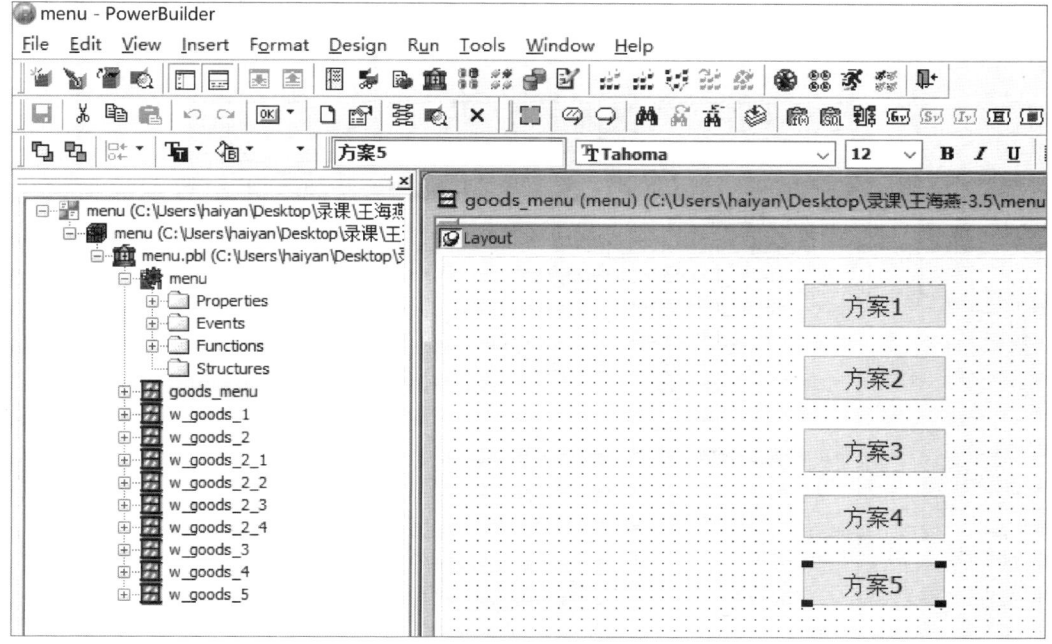

图 3-75 导入结果

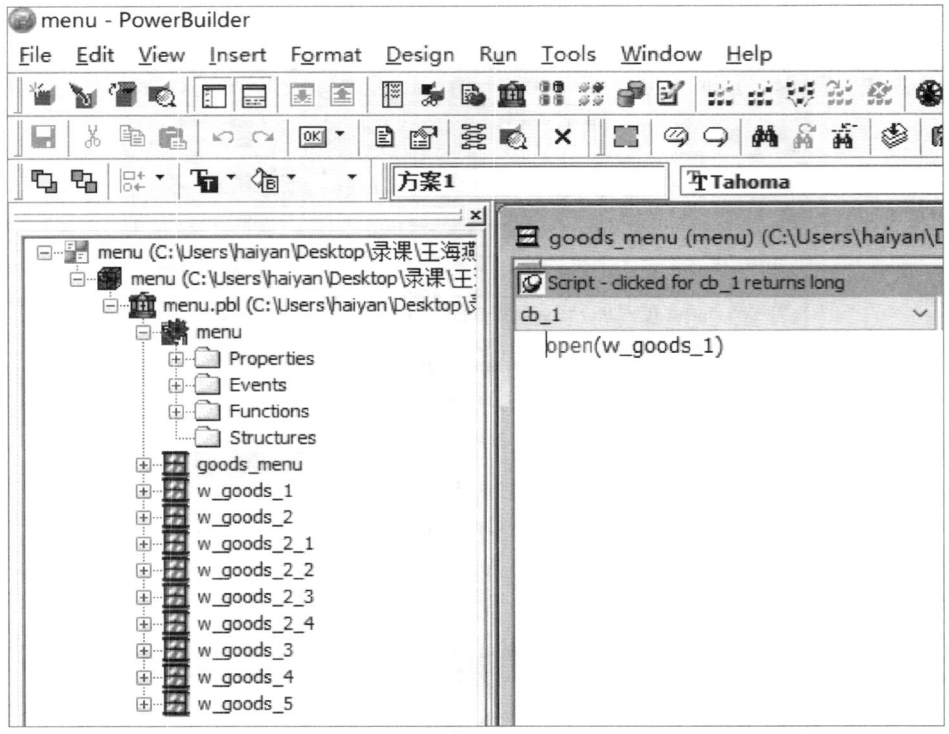

图 3-76　open( )函数

（3）系统集成完毕后，原文件可以删除。

2. 集成方案 2——利用库管理器直接拷贝

（1）打开 Library 库画笔，找到需要导入对象所在的文件夹，单击.pbl 文件，如图 3-77、图 3-78 所示。

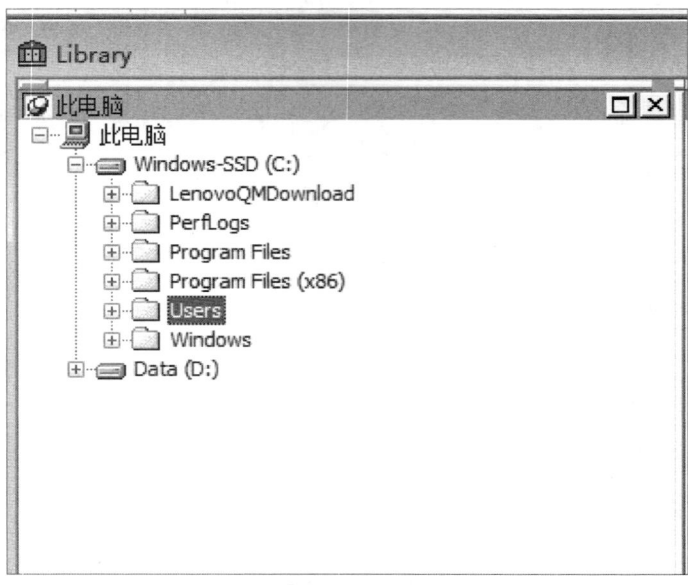

图 3-77　找到需要导入对象位置

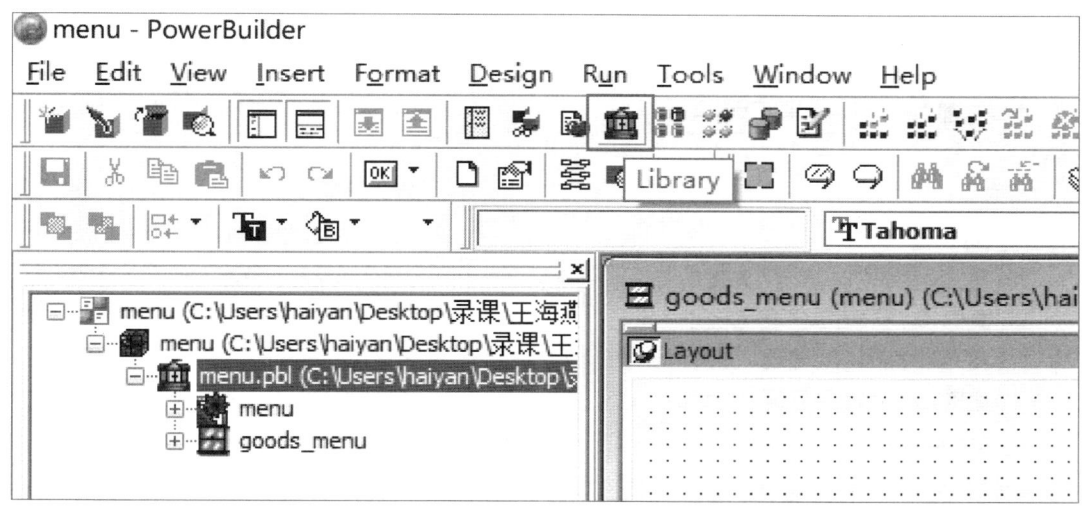

图 3-78　单击 .pbl 文件

（2）复制所有对应的窗口，如图 3-79、图 3-80 所示。结果如表 3-81 所示。

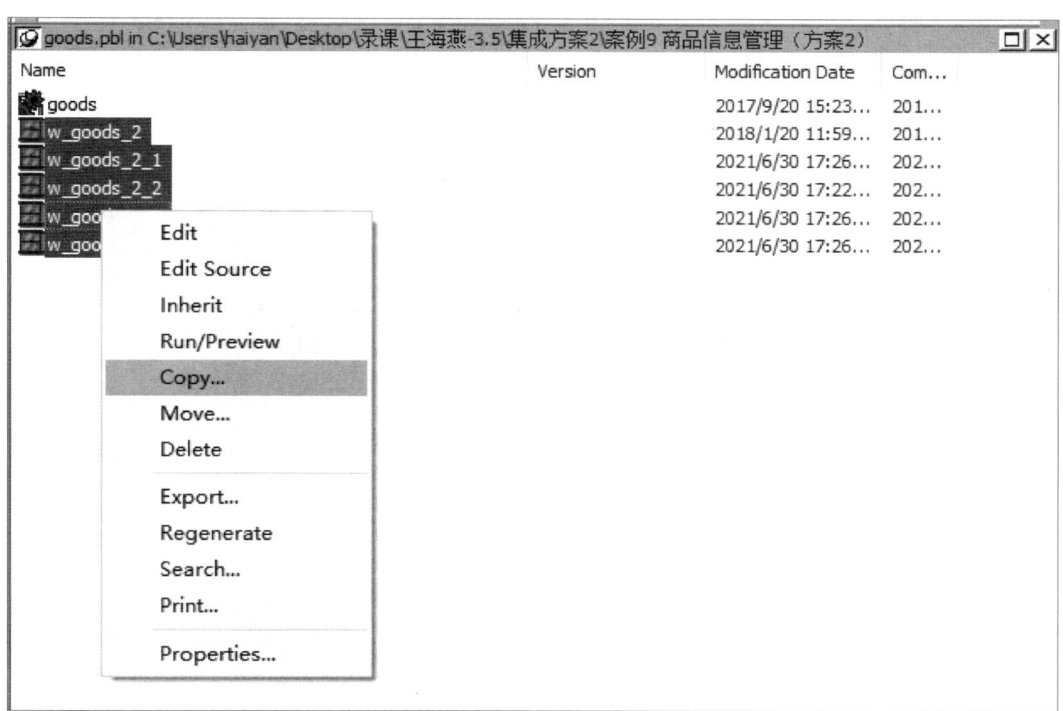

图 3-79　复制所有对应的窗口

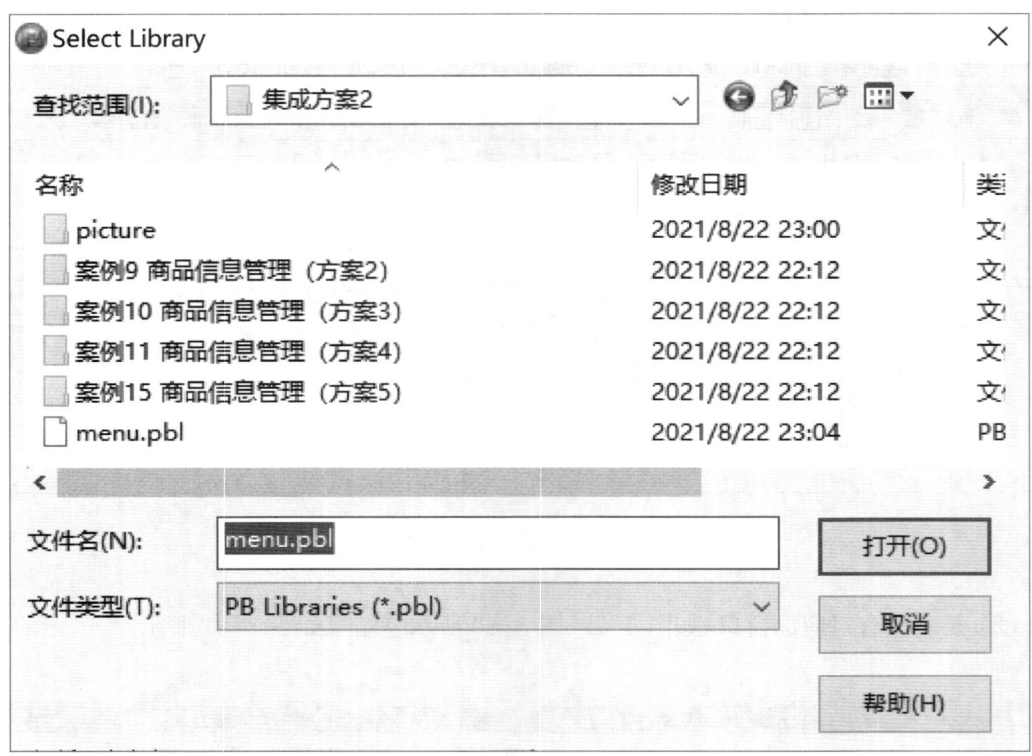

图 3-80 选择目标.pbl 文件

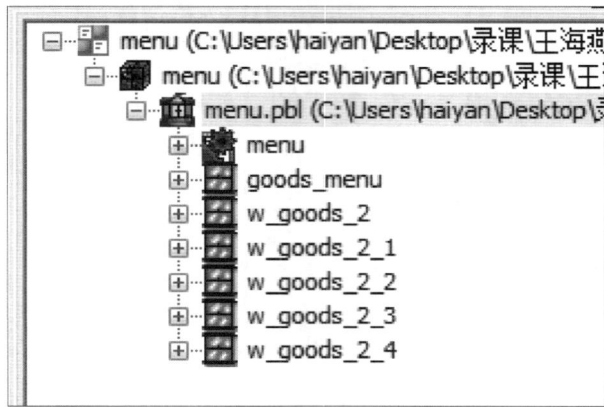

图 3-81 复制结果

（3）依次完成其他文件的操作，结果如图 3-82 所示。

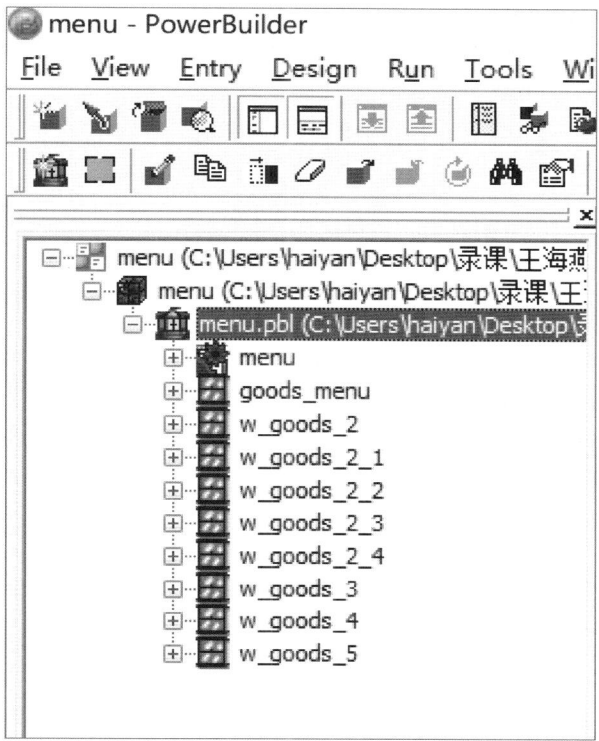

图 3-82 完成所有对象集成

本章思考题

1. 分析、开发一个简单的员工个人自我介绍应用程序。
2. 分析、开发一个简单的某企业介绍应用程序。
3. 分析、开发一个显示固定资产卡片的应用程序。
4. 分析、开发一个显示账套信息的应用程序。

第 4 章

数据库管理：玩转表和数据

 知识目标

了解数据库管理器

理解 ODBC 的概念与配置

熟悉 DB Profile 的配置流程

掌握对数据库、表及数据的基本操作

 能力目标

利用 PowerBuilder 中的数据库管理工具，创建商品信息数据库，实现对商品信息管理（查询、增加、删除、修改、排序、筛选、导入与导出）

4.1　数据库管理：数据的容器

 引入案例

案例 12　商品信息管理(方案 7)

利用 PowerBuilder 中的数据库管理工具，创建商品信息数据库，实现对商品信息的查询、增加、删除、修改、排序、筛选、导入与导出等操作。

 知识清单

4.1.1　数据库管理器画板

PowerBuilder 中的数据库管理器使用非常方便，数据库的很多操作都可以通过数据库管理器来完成。选择菜单【Tools】|【Database Painter】即可进入数据库管理器画板，如图 4-1 所示。

4.1.2　数据库管理器视图

数据库管理器窗体中包括很多视图，不同视图的功能也不同。

1. Objects 视图

Objects 视图列出了数据库概要、结构信息以及 ODBC 工具。对于活动的数据库连接，

该视图还列出了同数据库关联的对象，显示的信息由数据库和用户权限决定，如图 4-2 所示。

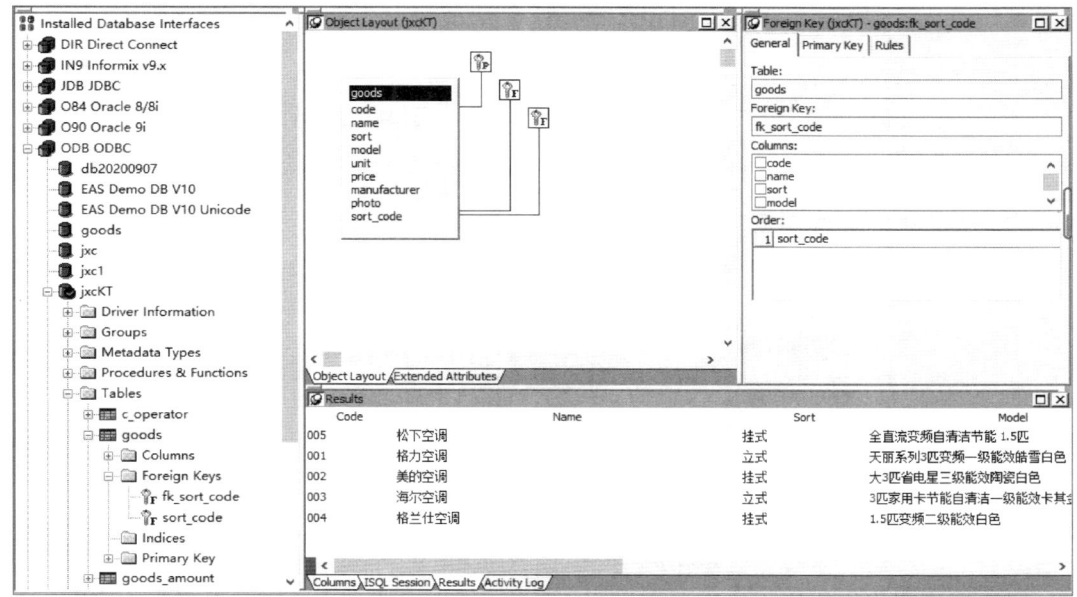

图 4-1　数据库管理器

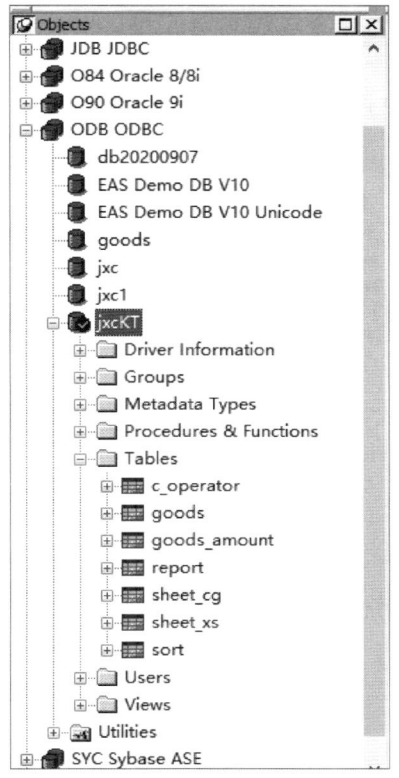

图 4-2　数据库管理器视图

2. Object Layout 视图

Object Layout 视图用于显示表的图形外观,如图 4-3 所示。

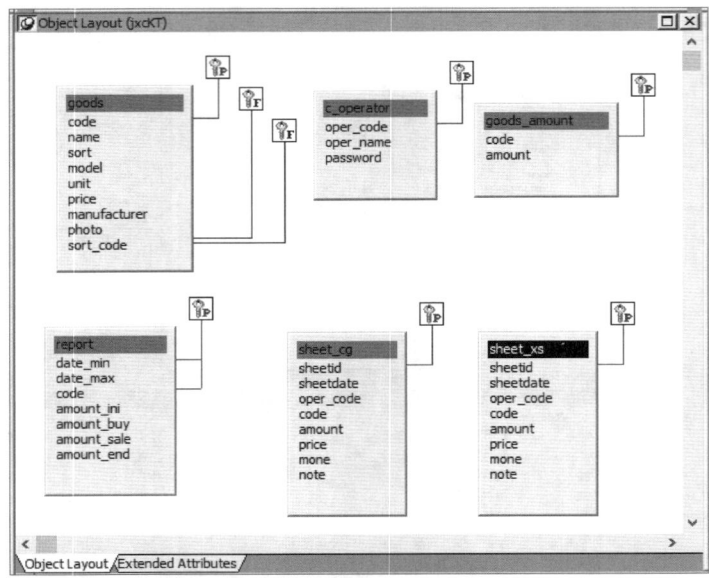

图 4-3　Object Layout 视图

3. Extended Attributes 视图

Extended Attributes 视图显示连接数据库中定义的显示格式、编辑风格以及有效理性规则,如图 4-4 所示。

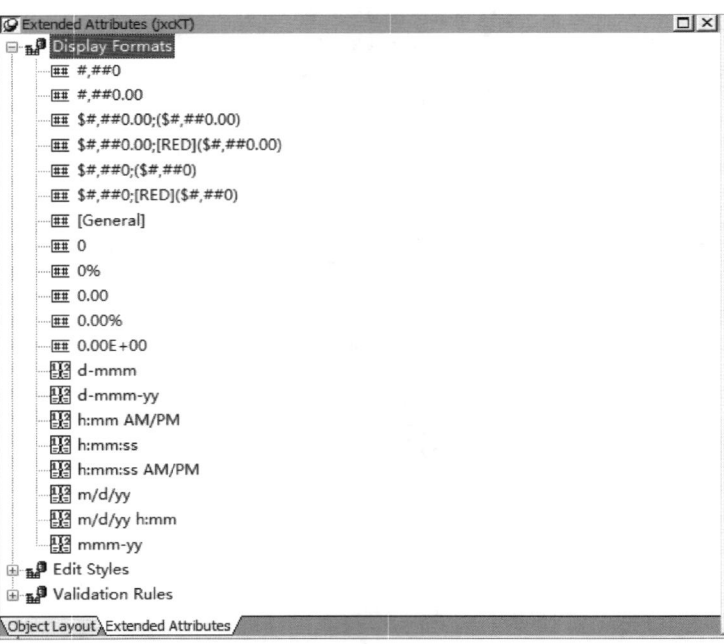

图 4-4　Extended Attributes 视图

4. Columns 视图

Columns 视图用于创建或者修改数据表的列，如图 4-5 所示。

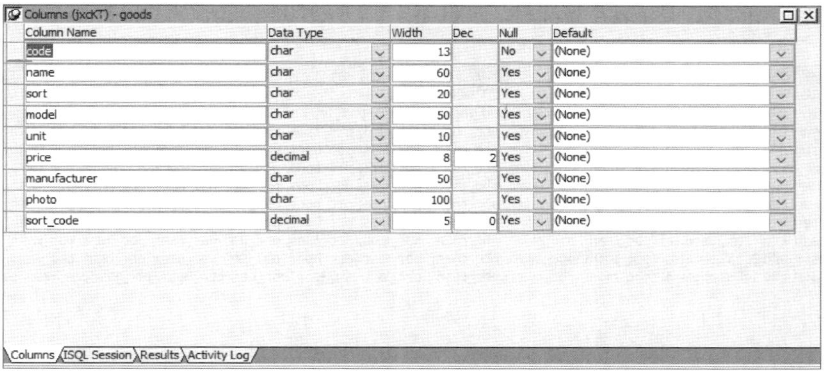

图 4-5　Columns 视图

5. ISQL Session 视图

ISQL Session 视图用于建立、执行和解释 SQL 语句，如图 4-6 所示。

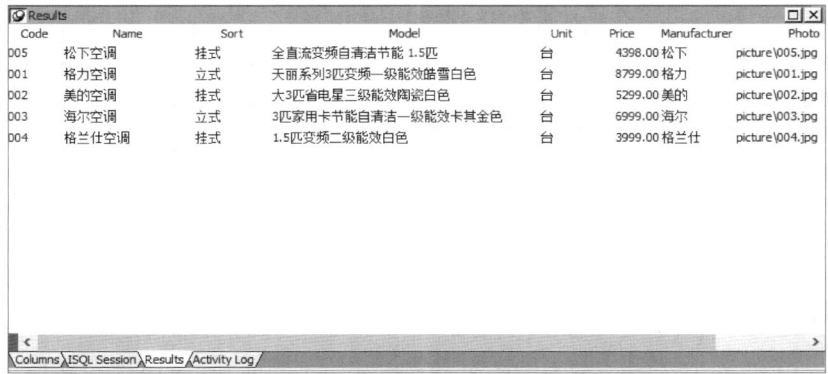

图 4-6　ISQL Session 视图

6. Results 视图

Results 视图用网格、表或自由表单等形式显示数据，如图 4-7 所示。

图 4-7　Results 视图

7. Activity Log 视图

Activity Log 视图显示需要执行的活动生成的 SQL 语法。例如，选择对 goods 表"Export Syntax"的导出语法操作，将显示如图 4-8 所示的语法。

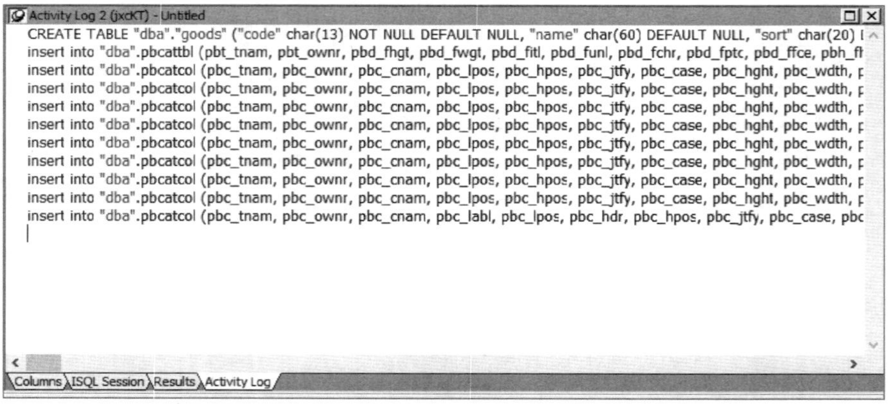

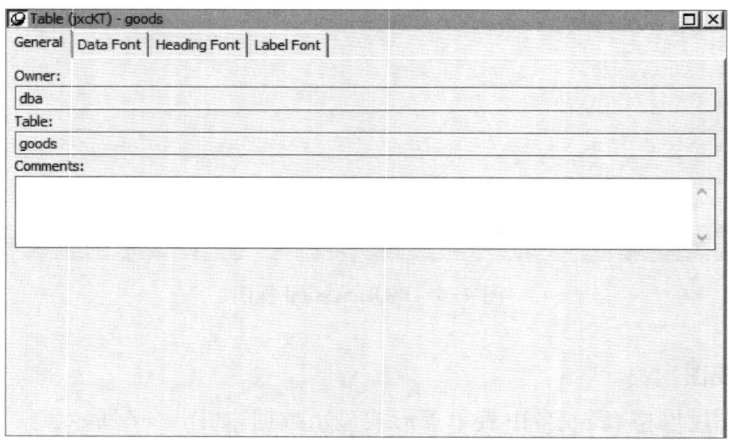

图 4-8   Activity Log 视图

8. Object Details 视图

Object Details 视图用于显示表对象的属性，如图 4-9 所示。

图 4-9   Object Details 视图

4.2   ODBC：数据连接的桥梁

4.2.1   数据库接口

PowerBuilder 可以和多个数据库管理系统相连，也可以同时使用这些数据库管理系统。

根据操作系统的不同，在 PowerBuilder 开发环境中与数据库连接可分为标准数据库接口（如 ODBC）和专用数据库接口两种方式。

1. 标准数据库接口

开放数据库连接（Open Database Connectivity，ODBC）是微软公司提出的数据库访问接口标准，是开放服务结构（Windows Open Services Architecture，WOSA）中有关数据库的一个组成部分。ODBC 建立了一组规范，并提供了一组对数据库访问的标准应用程序编程接口（Application Programming Interface，API）。这些 API 利用 SQL（Structured Query Language，结构化查询语言）来完成其大部分任务。ODBC 本身也提供了对 SQL 语言的支持，用户可以直接将 SQL 语句送给 ODBC。

ODBC 能以统一的方式处理所有的数据库。基于 ODBC 的应用程序对数据库的操作不依赖任何 DBMS，所有的数据库操作由对应的 DBMS 的 ODBC 驱动程序完成。ODBC 使应用程序具有良好的互用性和可移植性，并且具备同时访问多种 DBMS 的能力。ODBC 数据源管理器如图 4-10 所示。

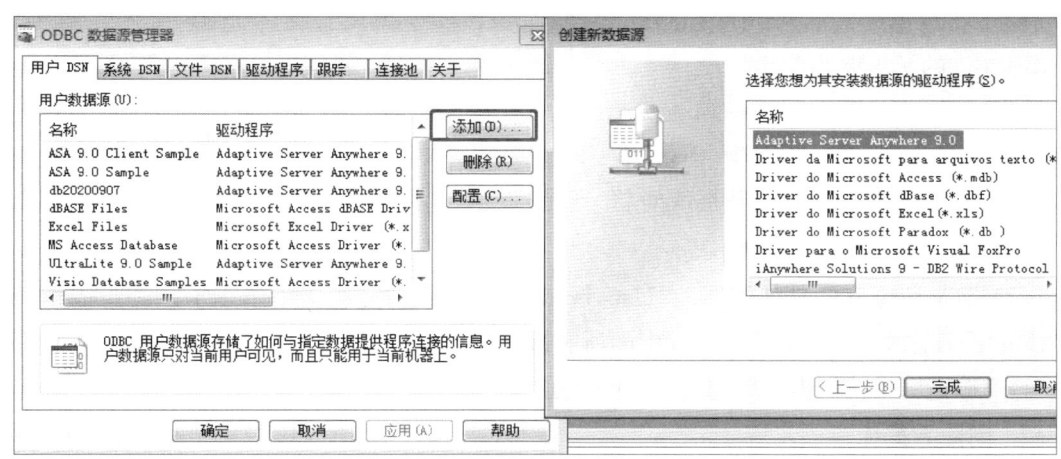

图 4-10　ODBC 数据源管理器

PowerBuilder 应用程序提供了 ODBC 接口，它可以访问有 ODBC 驱动程序的数据源。

2. 专用数据库接口

专用数据库接口是指 PowerBuilder 中直接与数据库连接的接口。每个专用数据库接口使用它自己的接口或共享库，通过厂家指定的数据库 API 与指定数据库连接。专用数据库接口提供了多种数据库和 DBMS 的专用连接。

4.2.2　数据库管理

数据库是数据表、索引、视图及数据的集合。数据库管理主要是对数据表、索引、视图和数据的管理。

1. 创建数据库

创建本地 ASA（Adaptive Server Anywhere）数据库的操作步骤如下：

（1）选择【Tools】|【Database Painter】，或单击 PowerBar 工具栏中的 (Database)图标，进入数据库管理器界面。

（2）双击【ODB ODBC】|【Utilities】|【Create ASA Database】选项，弹出"Create Adaptive Server Anywhere Database"对话框，如图 4-11 所示。

（3）在"User ID"编辑框中输入数据库用户名，默认值为 DBA。

（4）在"Password"编辑框中输入密码，默认值为 sql。

（5）在"Database Name"编辑框中定义新建的数据库的名称和所在路径。数据库文件的扩展名为".db"。

（6）选中"Prompt For Password During Connect"复选框，在 PowerBuilder 连接到新建的数据库时将提示输入用户名和密码，否则不提示。

图 4-11 "Create Adaptive Server Anywhere Database"对话框

（7）定义数据库的其他属性。"Use Transaction Log"复选框用于指示是否生成扩展名为".log"的日志文件，以记录对数据库的所有操作，日志文件主要用于数据库备份与恢复。

（8）单击"OK"按钮结束，数据库创建完成。

2. 删除数据库

删除 ASA 数据库的操作步骤如下：

（1）选择【Tools】|【Database Painter】，进入数据库管理器界面。

（2）双击【ODB ODBC】|【Utilities】|【Delete ASA Database】选项，弹出"Delete Local Database"对话框，选择需要删除的 ASA 数据库文件，如图 4-12 所示。

（3）选择要删除的数据库并单击"打开"按钮。

（4）弹出提示是否删除对话框，单击"是"按钮后删除指定的数据库，同时还将删除该数据库相关描述文件。

3. 连接数据库

连接已有的数据库需要通过配置对应的 ODBC 与 DB Profile 才能实现。

1）配置 ODBC

ODBC 配置就是连接数据库的配置。ODBC 配置的基本步骤如下：

（1）单击 PowerBar 工具栏中的 (Database)图标，进入数据库管理器界面。

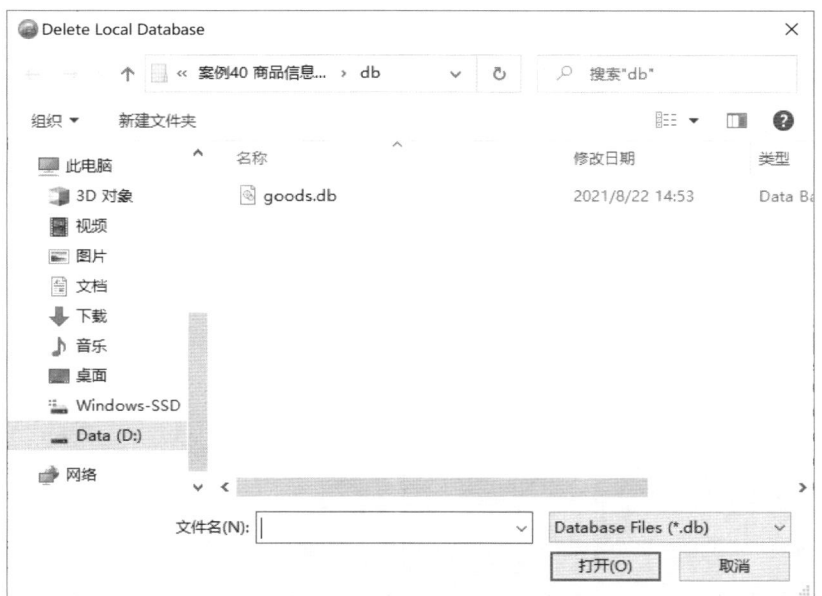

图 4-12　选择需要删除的 ASA 数据库文件

（2）双击【ODB ODBC】|【Utilities】|【ODBC Administrator】选项，弹出"ODBC 数据源管理器"窗口界面，如图 4-13 所示。

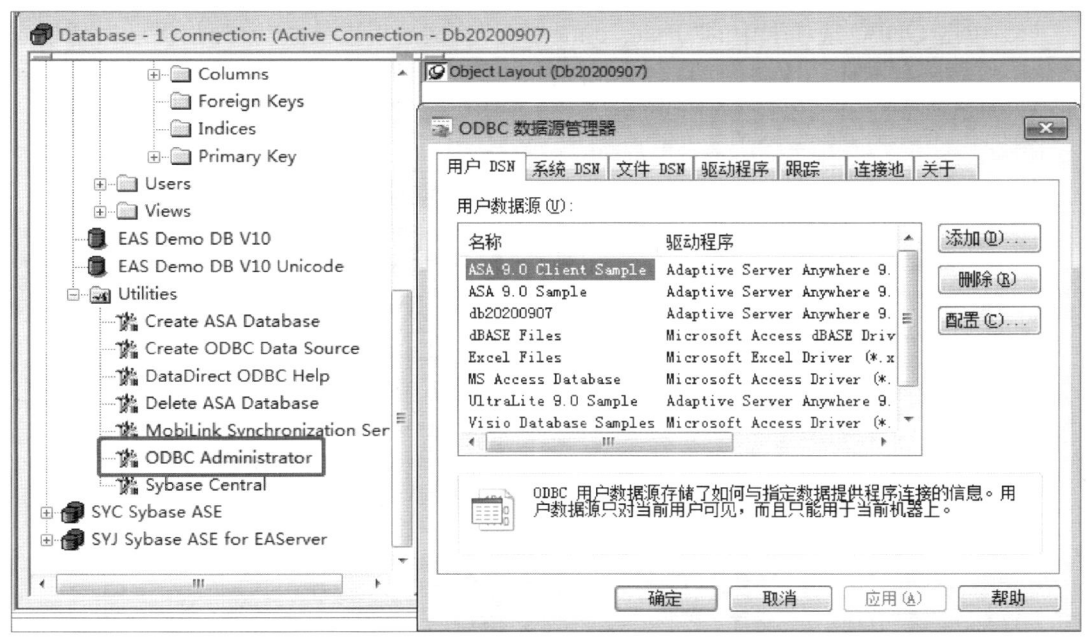

图 4-13　ODBC 数据源管理器

（3）单击【用户 DSN】|【添加】，添加用户数据，弹出创建新数据源窗口，如图 4-14 所示。

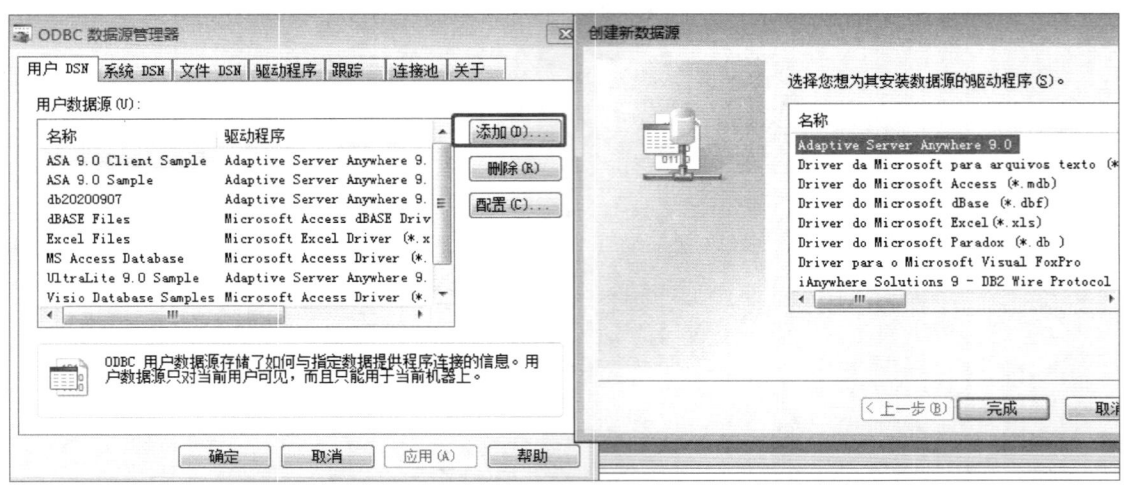

图 4-14　创建新数据源

（4）选择驱动程序，PowerBuilder 10.0 的驱动程序为 Adaptive Server Anywhere 9.0。单击"完成"进入 ODBC 配置界面，在 ODBC 选项卡中设置数据库名称"jxcKT"，如图 4-15 所示。

（5）在"Database"选项卡中选择需要配置的数据库文件，在"Login"选项卡中输入 User ID（默认"dba"）和 Password（默认"sql"），如图 4-16 和图 4-17 所示。

（6）单击 ODBC 选项卡中的"Test Connection"测试是否连接成功，弹出提示对话框，单击"确定"，则数据库成功连接，如图 4-18 所示。

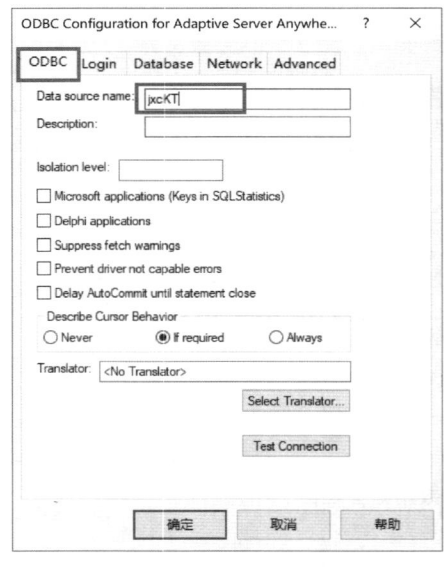

图 4-15　ODBC 配置界面

图 4-16　ODBC 的 Database 配置界面

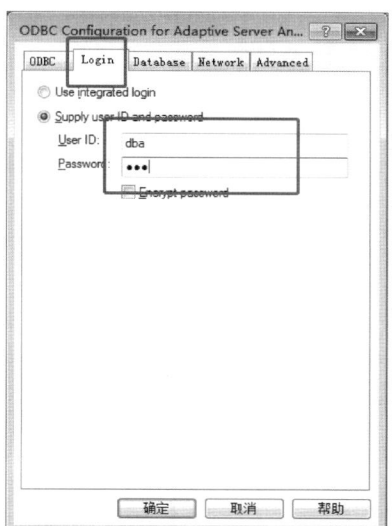

图 4-17 ODBC 的 Login 配置界面

图 4-18 ODBC 连接测试

2）配置 DB Profile

DB Profile 是建立 ODBC 方式的数据库连接所需要的接口配置文件。其配置的基本步骤如下：

（1）右键选择【ODB ODBC】|【New Profile …】，弹出 DB Profile 配置窗口。

（2）在"Connection"选项卡中输入需要保存的数据库名称，并选择创建好的 ODBC 数据源，输入 User ID（默认"dba"）和 Password（默认"sql"），单击"OK"完成配置，如图 4-19 所示。

3）连接数据库

数据库是独立于 PowerBuilder 开发的应用程序的，所以要通过应用程序访问并操作数据库必须以连接成功为前提。数据库连接的方法为：

选择创建好的 DB Profile，单击右键选择【Connect】完成数据库连接操作，也可以直接双击需要连接的 DB Profile 进行数据库连接。单击右键选择【Disconnect】取消，如图 4-20 所示。

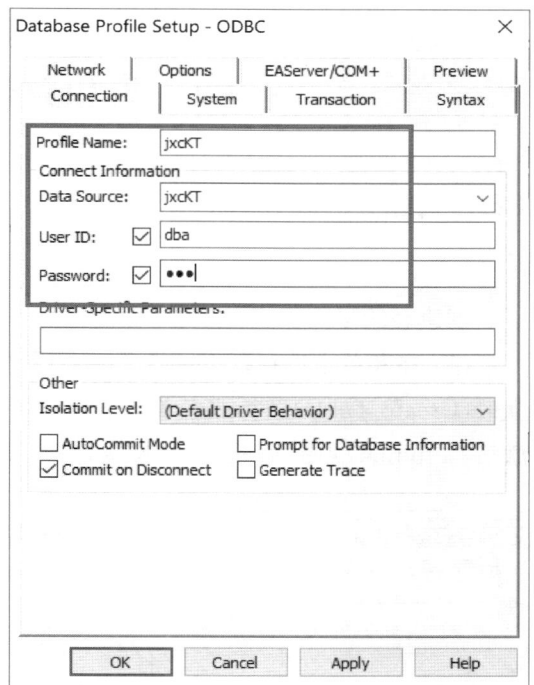

图 4-19 配置 DB Profile 窗口

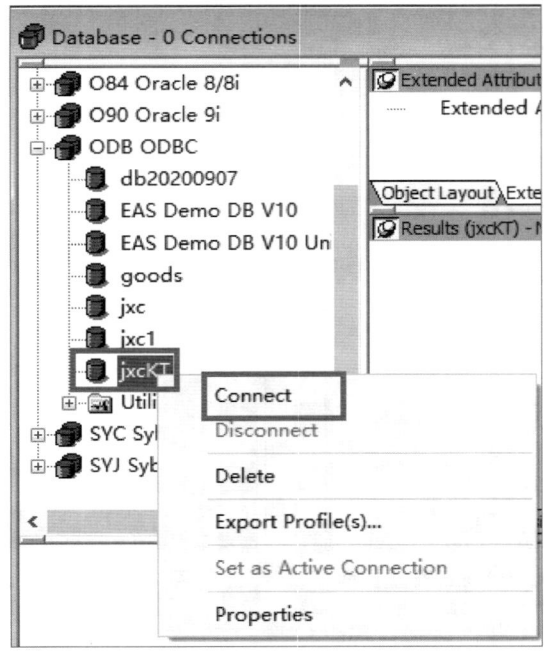

图 4-20 连接数据库

4.3 表和数据: 数据的处理

4.3.1 表的创建与删除

1. 表的创建

创建表的步骤如下:

(1) 在菜单中选择【Object】|【Insert】|【Table】命令或者直接单击数据库管理器工具栏上的(Create Table)图标或者单击右键选择所连接数据库对象的【Table】|【New Table...】,激活 Columns 视图,如图 4-21 所示。

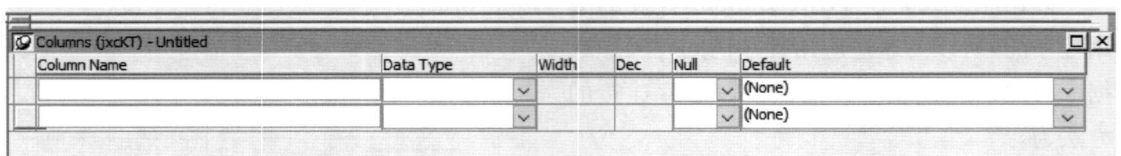

图 4-21 Columns 视图

(2) 在 Columns 视图中定义相应的列属性,包括列名、数据类型、长度、小数点位数、是否为 Null 等。在定义数据列属性时可使用 Tab 键来切换输入焦点。如要删除多余的列,可选中需要删除的列,单击右键选择【Cut Column】进行删除。

（3）输入完成以后，在菜单中选择【File】|【Save】，然后在"Create New Table"对话框中输入新表的名称。

2. 删除表

删除表的步骤如下：

（1）在 Object 视图或者在 Objects Layout 视图中选中要删除的表，单击右键选择【Drop Table】，或者在菜单中执行【Object】|【Delete】命令。

（2）在弹出的提示框中，单击"Yes"，删除该表。

4.3.2　定义相关属性

1. 定义表的属性

表的属性包括标题、标签和数据的字体以及与该表相关的注释。定义表的属性的步骤如下：

（1）在 Object 视图或者在 Objects Layout 视图里选择该表，单击右键选择【Properties】，出现如图 4-22 所示的对话框。各选项卡及其属性如表 4-1 所示。

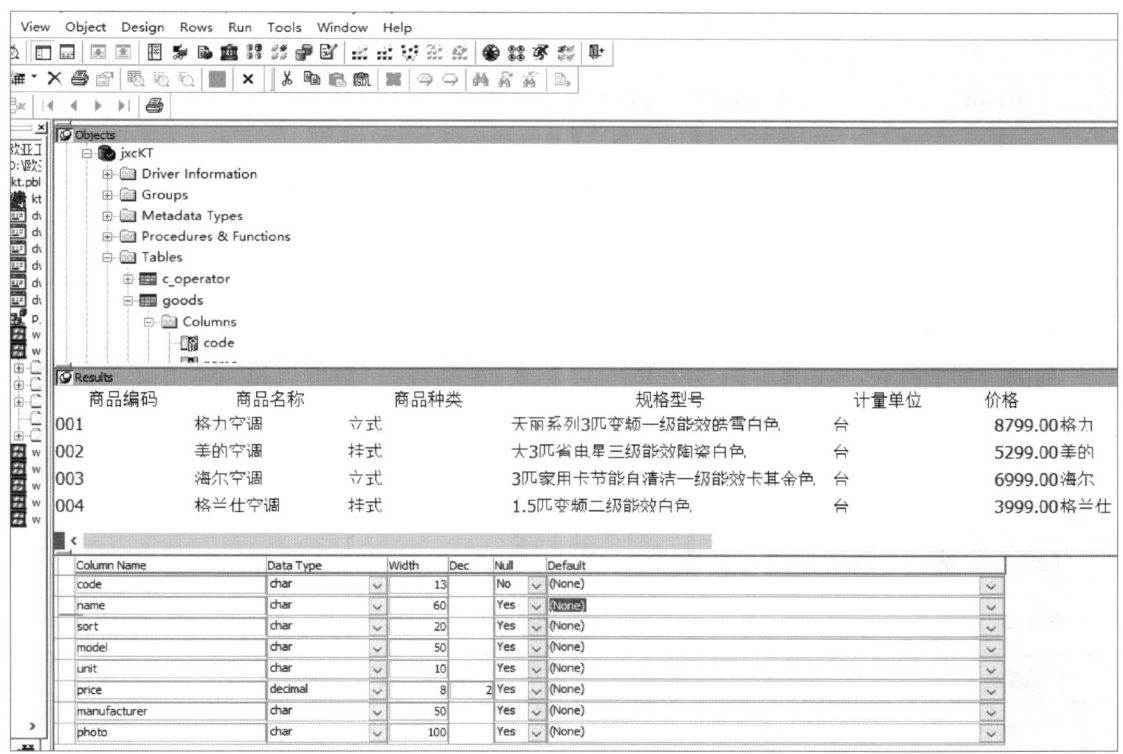

图 4-22　Table Properties 选项卡

（2）在各个选项卡中定义表的相关注释、标题、标签和数据字体等属性，保存所做的修改。

表 4-1   **Table 的选项卡以及属性**

选项卡	属性
General	显示所定义表的所有者、表名及注释
Data Font	从数据库中检索到并显示在数据窗口对象里的数据字体设置
Heading Font	Grid、Tabular 和 N-Up 风格的数据窗口对象显示在数据操作窗口的列标识的字体设置
Label Font	Freeform 风格的数据窗口对象显示在数据操作窗口中的列标识的字体设置

2. 定义列的属性

在创建新表时必须定义每个列的名称、数据类型等基本属性。在 Columns 视图中显示的每个列的域与具体的 DBMS 有关，列的属性说明如表 4-2 所示。

表 4-2   **列的属性**

域	说明
Columns Name	列的名称
Data Type	从下拉列表框中选择一种数据类型，当前 DBMS 支持的所有数据类型都列在此列表框中
Width	对可变长度的数据类型，指定字段中字符串的最大长度
Dec	对于数字型数据类型，指定小数点后保留的位数
Null	从 NULL 下拉列表框里选择 Yes 或者 No 来定义该列是否允许空值
Default	在数据窗口对象中插入一行时，如果没有为该行提供一个值，则使用这个值，下拉列表框中列出了内置的选择，也可以自己输入一个值

3. 定义列的扩展属性

列的扩展属性包括标题与标签文本、显示格式、校验规则、数据编辑风格以及与该列相关的注释。列扩展属性的定义步骤如下：

（1）在 Object 视图或者在 Object Layout 视图里选择该列，单击右键选择【Properties】出现如图 4-23 所示的对话框。

Column 选项卡说明如表 4-3 所示。

表 4-3   **Column 选项卡说明**

选项卡	说明
General	列声明，显示列的基本属性
Headers	为 Freeform 风格数据窗口对象定义标签文本，为 Grid、Tabular 和 N-Up 风格数据窗口对象定义标题文本
Display	数据窗口对象列数据显示时的高度、宽度和位置等数据格式信息
Validation	在数据窗口对象中，列数据必须通过的校验标准
Edit Type	列数据在数据窗口中的显示格式

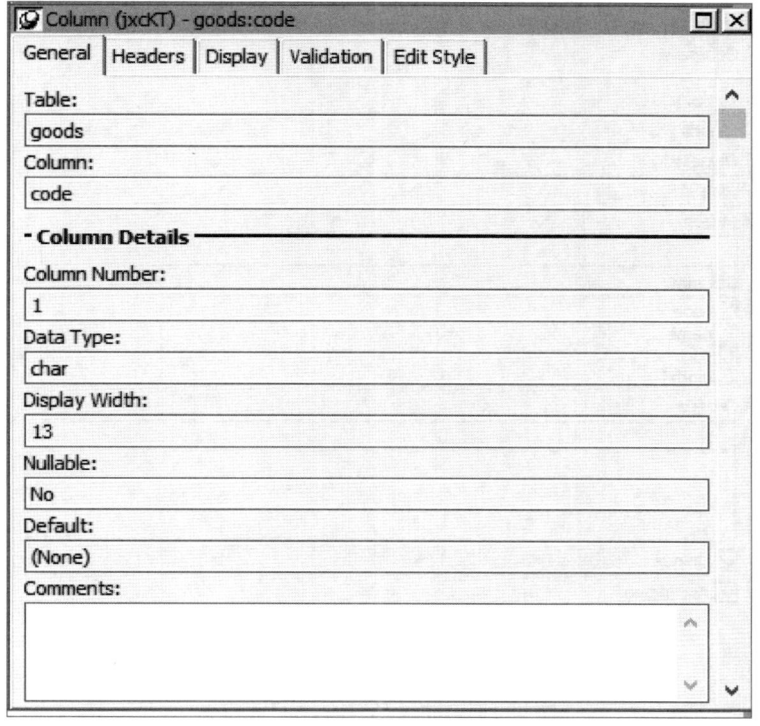

图 4-23　Column Properties 选项卡

（2）在各个选项卡中定义表的相关注释、标题、标签和数据字体等扩展属性,保存所做的修改。

4.3.3　表的索引

索引是表的一个重要概念,在进行表的搜索和排序时,索引起着关键性的作用。索引与主键不同,索引既可以重复也可以为空值。

1. 创建索引

在 ASA 数据库里,不能把一个已定义为外键的列作为索引列,因为这个列已经作为外部参照进行了优化。创建索引的步骤如下:

（1）在 Object Layout 视图中选择要创建索引的表,右击选择【New】|【Index】选项,或者在菜单中选择【Objects】|【Insert】|【Index】命令,打开 Index 的"General"选项卡,如图 4-24 所示。

（2）在"Index"编辑框中输入索引名称。

（3）选择是否允许多值索引。

（4）定义数据库需要的其他信息。

（5）选择组成索引的列。

（6）保存设置的索引信息。

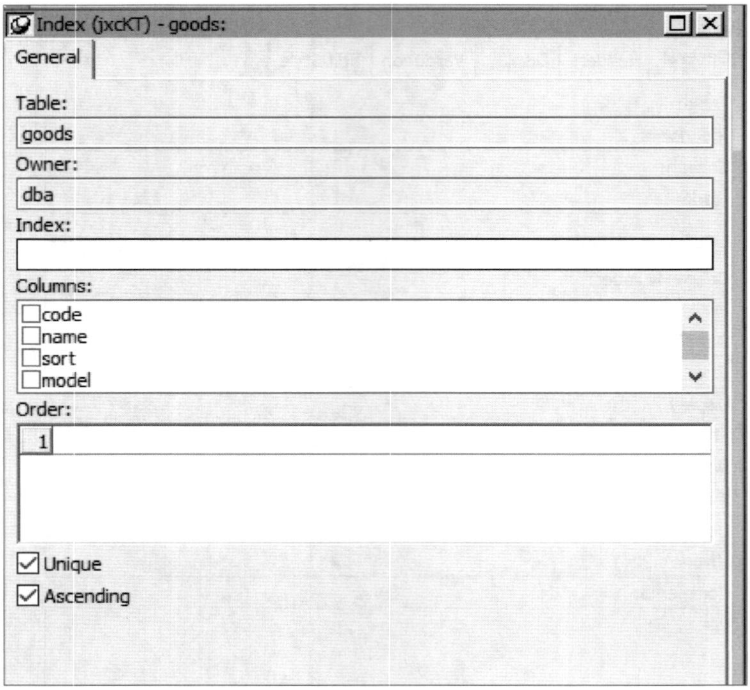

图 4-24   Index 的"General"选项卡

2. 修改索引

在 PowerBuilder 中,可以修改已定义的索引,操作如下:

(1) 选中 Object 视图中表的展开树,右击选择"Properties"选项,出现 Index 编辑框。

(2) 在"Index"编辑框中按照需要对 Index 进行修改,然后保存对索引的修改。

3. 删除索引

在 Power Builder 中,可以删除已定义的索引,操作如下:

(1) 在 Objects 视图中选择要删除的索引,在该索引上单击鼠标右键。

(2) 在弹出的快捷菜单中选择"Drop Index"命令,在打开的对话框中选择"Yes",完成对索引的删除。

4.3.4   表的主键、外键

在数据库应用中,使用主键和外键可以加强数据库的参照完整性。通过这些键,我们可以使 DBMS 确保只有符合主键和外键相关规则的数据才能进入数据库系统。

1. 创建主键

(1) 选择要创建主键的表,在菜单中执行【Objects】|【Insert】|【Primary Key】命令,或者在数据表上单击鼠标右键,在弹出的快捷菜单中执行【New】|【Primary Key】命令,打开 Primary Key 的"General"选项卡,如图 4-25 所示。

(2) 选择一列或者多列作为主键,只有不允许为 NULL 的列才可以作为主键,否则将显

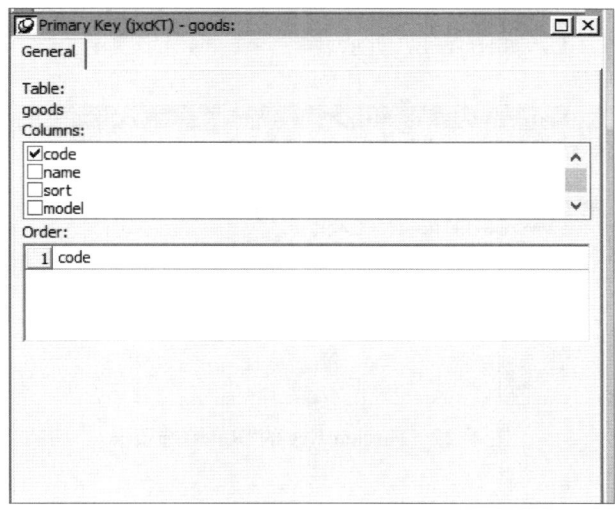

图 4-25　Primary Key 的"General"选项卡

示关于 DBMS 的警告。

（3）定义 DBMS 需要的其他信息，保存操作。

2.　创建外键

（1）在菜单中执行【Objects】|【Insert】|【Foreign Key】命令，或者在数据表上单击鼠标右键，在弹出的快捷菜单中执行【New】|【Foreign Key】命令，打开 Foreign Key 的"General"选项卡，如图 4-26 所示。

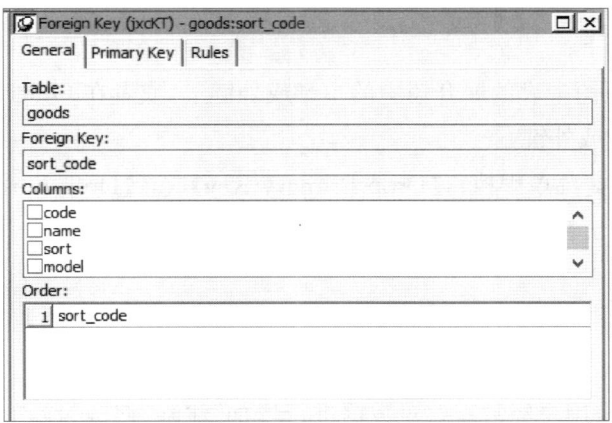

图 4-26　Foreign Key 的"General"选项卡

（2）在"Foreign Key"编辑框中命名外键。

（3）选择一列或多列为外键。

（4）在"Primary Key"选项卡中选择外键所参照的表以及其列的主键。

（5）在"Rules"选项卡中，设置当删除主表的数据行时所对应的从表数据行的操作选择

（RESTRICT，表示不允许删除；CASCADE，表示删除从表对应的数据行；SETNULL，表示从表数据行设置为 NULL），如图 4-27 所示。

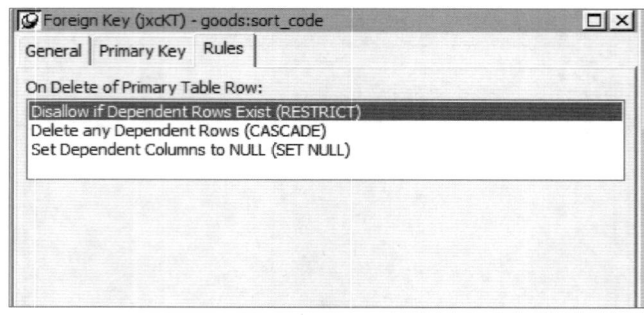

图 4-27　Foreign Key 的"Rules"选项卡

（6）保存操作。

3. 修改键

修改键的步骤如下：

（1）选择在 Object 视图中表的展开树中的主键或外键：选择【数据库名】|【Tables】|【表名】|【Primary Key】或【Foreign Key】，单击右键选择【Properties】或者在菜单中执行【Objects】|【Properties】命令。

（2）对主键或外键的信息进行修改。

（3）保存修改。

4. 删除键

删除键的步骤如下：

（1）在 Object 视图中表的展开树中的主键或外键上，或者在 Object Layout 视图中的表上右击要删除的主键或外键。

（2）在弹出的快捷菜单中执行【Drop Primary Key】或者【Drop Foreign Key】命令。

（3）在弹出的确认对话框中，单击"Yes"。

（4）保存修改。

4.3.5　操作数据

在使用数据库时，用户经常需要对数据进行增加、删除、修改、检索、排序、筛选以及导入与导出操作。

1. 打开数据操作窗口

打开数据操作窗口的具体步骤如下：

（1）在数据库管理器中，选择需要进行数据操作的表。

（2）在工具栏里单击（Grid、Tabular 或 Freeform）按钮，然后从 Object 菜单或者右击选择的表弹出的快捷菜单中执行【Edit Data】命令，单击"Grid"，显示 Grid 表，如图 4-28 所示。

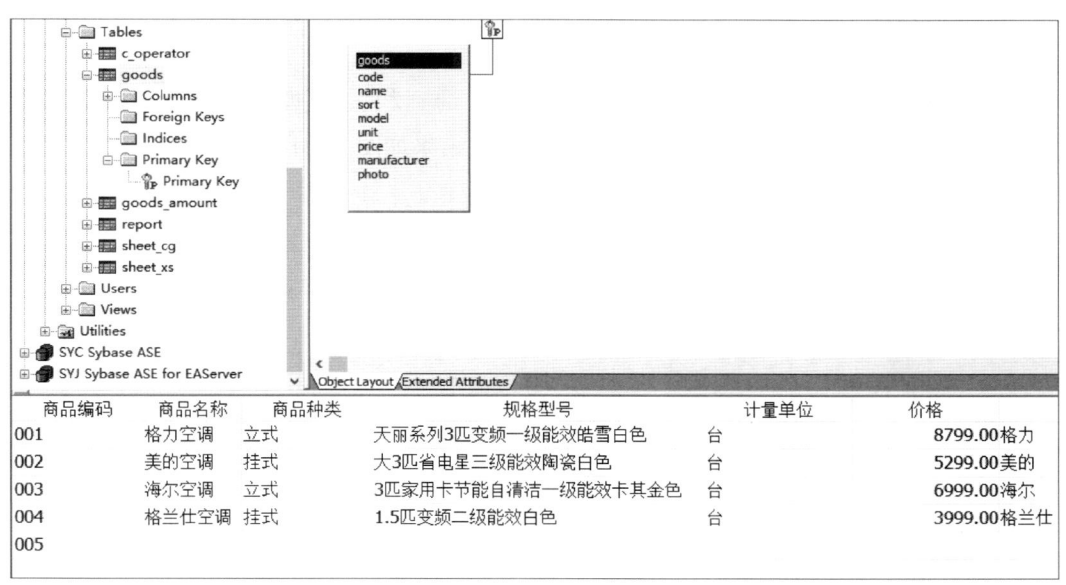

图 4-28　商品信息 Grid 表

2. 检索数据

1）无条件检索

在工具栏中单击【Retrieve】按钮，或者在菜单中执行【Rows】|【Retrieve】命令可以检索数据库中该表的所有数据。检索数据时，Retrieve 按钮的标题将变为 Cancel，这时单击该按钮可以中断对数据的检索。

2）条件检索数据

进行条件检索的操作步骤如下：

（1）选择要进行条件检索的表，右键选择【Editdata】|【grid】。

（2）在菜单中选择【Rows】|【Filter...】，弹出"Specify Filter"对话框，如图 4-29 所示。

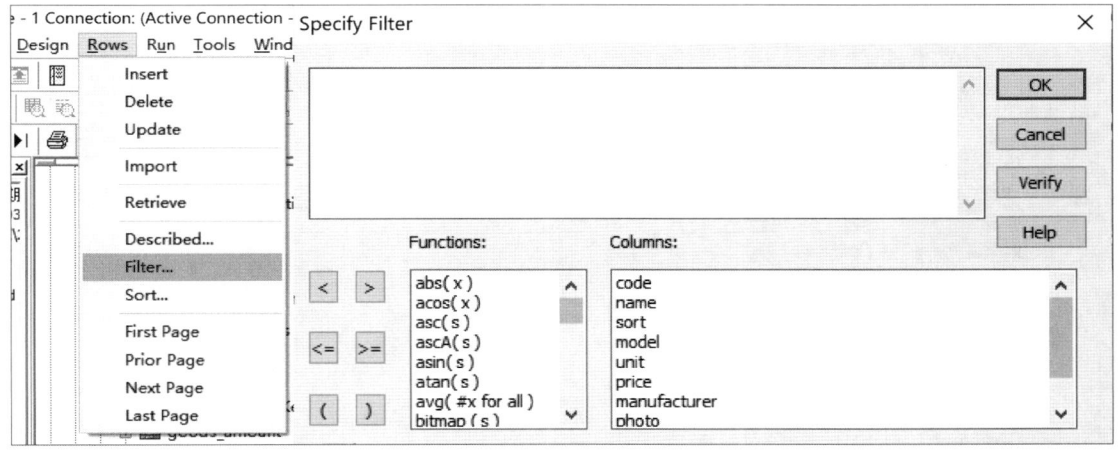

图 4-29　Specify Filter 对话框

（3）在对话框中输入要检索的条件，对话框下面提供了相关函数、运算符及表列名，用户可以直接单击相关选项完成条件输入。

（4）查询条件输入完毕后单击"OK"，即可查询到相关数据。如查询商品价格大于5 000 元的商品信息，输入条件如图 4-30 所示，查询结果如图 4-31 所示。

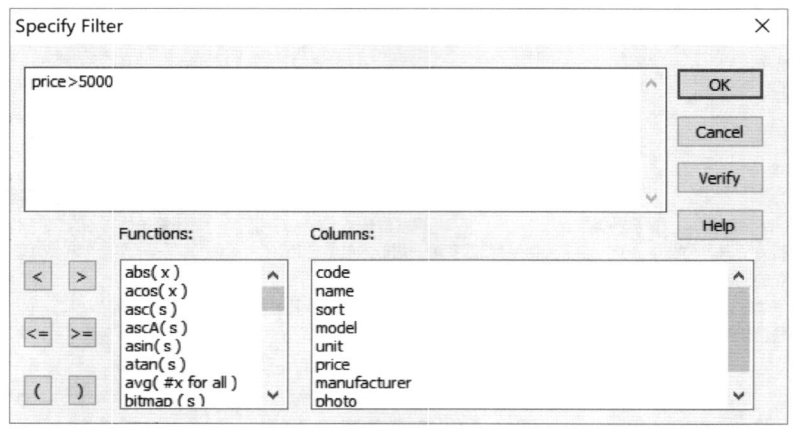

图 4-30　输入查询条件

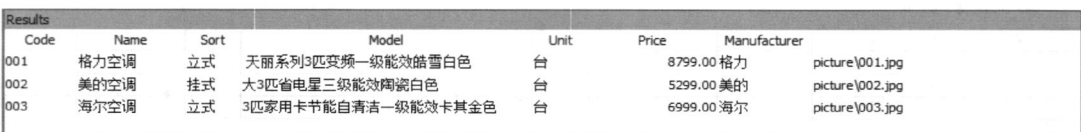

图 4-31　价格大于 5 000 元的查询结果

3）排序

数据进行排序检索的操作步骤如下：

（1）选择要进行排序检索的表，右键选择【Edit data】|【grid】。

（2）在菜单中选择【Rows】|【Sort...】命令，弹出"Specify Sort Columns"对话框，如图 4-32 所示。

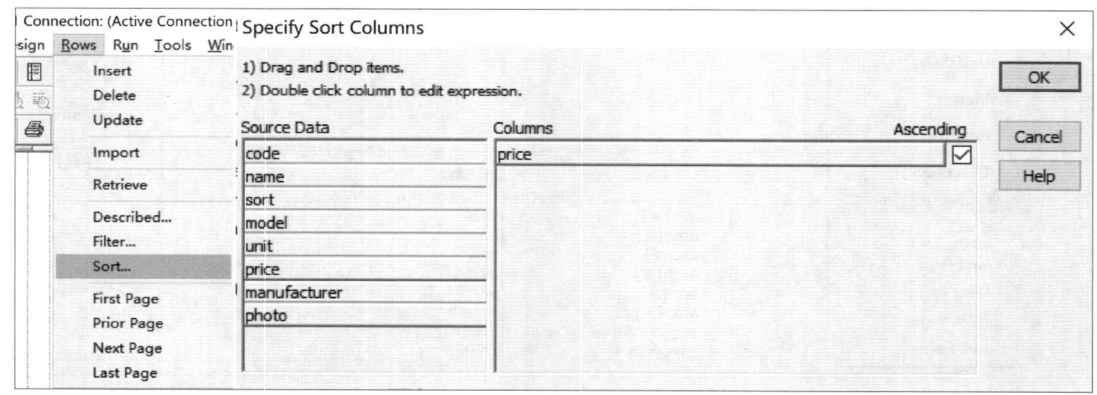

图 4-32　Specify Sort Columns 对话框

（3）在"Source Data"中，按住鼠标左键将排序的列选中拖至"Columns"板块中，最右边的复选框可以选择排序方式，默认是升序（Ascending）。

（4）设置好分组后单击"OK"完成排序查询。

3. 增加、修改、删除、保存数据

1）增加数据

添加一行，将鼠标指针定位在要插入行的位置，在菜单中选择【Rows】|【Insert】或者右键选择【Insert Row】即可增加一行，然后输入相应的数据。

2）修改数据

修改存在的数据，只需将鼠标指针定位在要修改的字段上，并输入一个新值即可。

3）删除数据

删除一行，将鼠标指针定位在要删除的行，在菜单中选择【Rows】|【Delete】或者右键选择【Delete Row】即可删除该行。

4）保存数据

完成对数据的增加、删除、修改操作后，在菜单中选择【Rows】|【Update】即可保存所做的修改。

4. 导出数据

数据的导出功能，可以将检索出来的数据保存到外部文件中。操作步骤如下：

（1）选择需要导出数据的表，并将其检索打开。

（2）在菜单中选择【File】|【Save Rows As...】命令或者单击右键选择【Save Rows As...】，将弹出"Save Rows As"对话框。

（3）选择要导出的文件格式，PowerBuilder 支持多种格式的导出文件，包括 Excel、Text、SQL、XML、Dbase、CSV、PDF 和 HTML Table 等。

（4）选择保存的路径并输入文件名，即可保存文件。

5. 导入数据

数据的导入功能，可以将指定格式的外部文件中的数据导入到数据库的数据显示窗口中。操作步骤如下：

（1）选择需要导入数据的表，并将其检索打开。

（2）在菜单中选择【Rows】|【Import】命令，将显示"Select Import File"对话框。

（3）选择导入数据文件的类型，支持.txt、.csv、.dbf、.xml 等文件类型。

（4）输入需要导入的数据文件后，单击"打开"即可开始导入数据。

⏳ **案例解析**

案例 12　商品信息管理（方案 7）

（1）根据上述内容，创建数据库，如图 4-33 所示。数据库命名可以根据实际情况进行，一般用相关缩写表示，要求简洁清晰，且不易混淆。例如，将空调商品进销存数据库命名为 jxcKT。

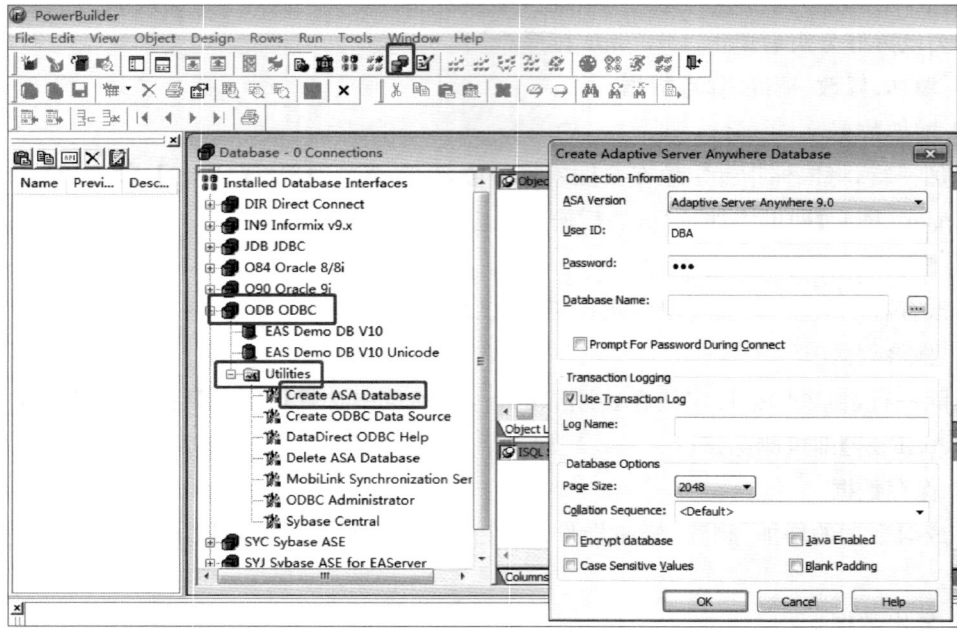

图 4-33(a)　新建数据库

图 4-33(b)　选择保存路并命名

图 4-33(c)　创建成功

（2）数据库的配置与连接。根据上述内容完成 jxcKT 数据库的配置与连接，如图 4-34 所示。

（3）根据上述内容创建商品信息表"goods"，并插入相关数据，如图 4-35 所示。

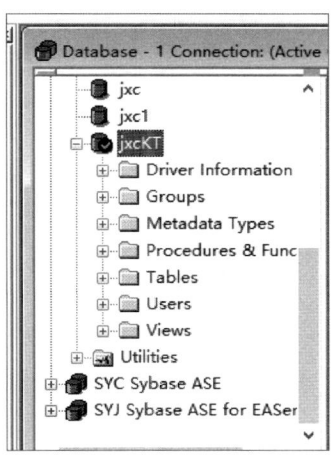

图 4-34　数据库"jxcKT"连接成功

Code	Name	Sort	Model	Unit	Price	Manufacturer	Photo	
001	格力空调	立式	天丽系列3匹变频一级能效皓雪白色	台	8799.00	格力	picture\001.jpg	
002	美的空调	挂式	大3匹省电星三级能效陶瓷白色	台	5299.00	美的	picture\002.jpg	
003	海尔空调	立式	3匹家用卡节能自清洁一级能效卡其金色色	台	6999.00	海尔	picture\003.jpg	
004	格兰仕空调	挂式	1.5匹变频二级能效白色	台	3999.00	格兰仕	picture\004.jpg	

图 4-35　商品信息表

（4）根据上述内容进行条件检索、排序，如图 4-36、图 4-37 所示。

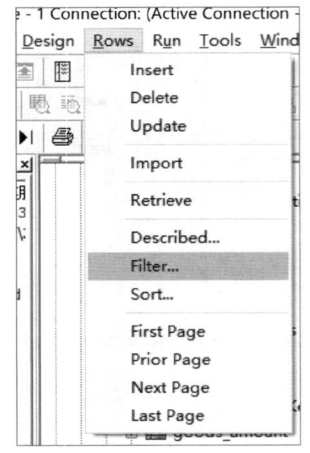

图 4-36　条件检索

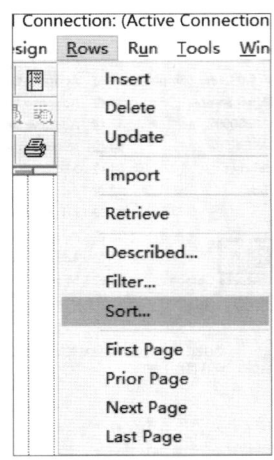

图 4-37(a)　排序

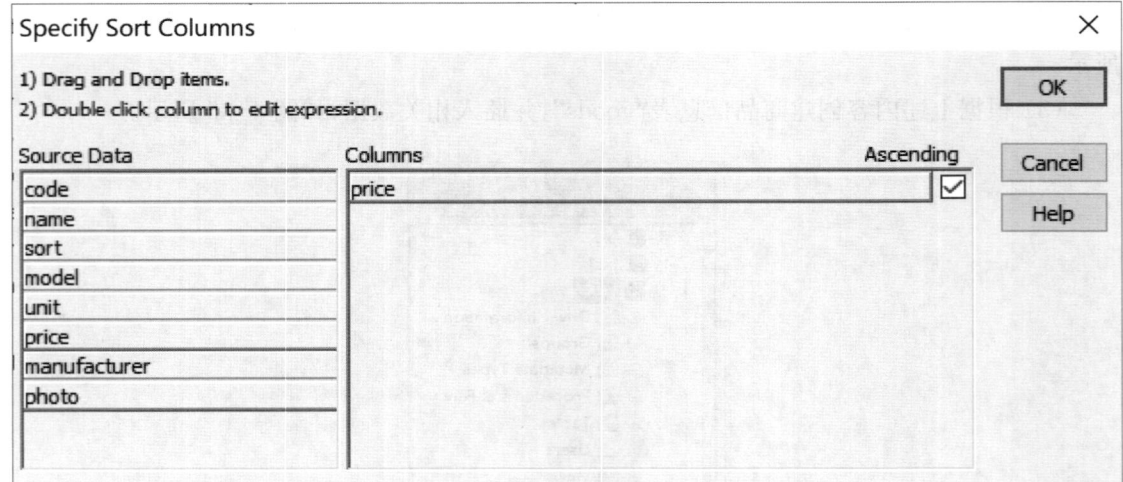

图 4-37(b)　排序

商品编码	商品名称	商品种类	规格型号	计量单位	价格	
004	格兰仕空调	挂式	1.5匹变频二级能效白色	台	3999.00	格兰仕
002	美的空调	挂式	大3匹省电星三级能效陶瓷白色	台	5299.00	美的
003	海尔空调	立式	3匹家用卡节能自清洁一级能效卡其金色	台	6999.00	海尔
001	格力空调	立式	天丽系列3匹变频一级能效皓雪白色	台	8799.00	格力

图 4-37(c)　排序

（5）根据上述内容进行增加、删除、修改、导入等，如图 4-38 所示。

图 4-38　数据操作

（6）在数据表界面右键可以进行文件的导出，也可以插入行和删除行，如图 4-39 所示。导出文件格式可按需要选择，如图 4-40 所示。

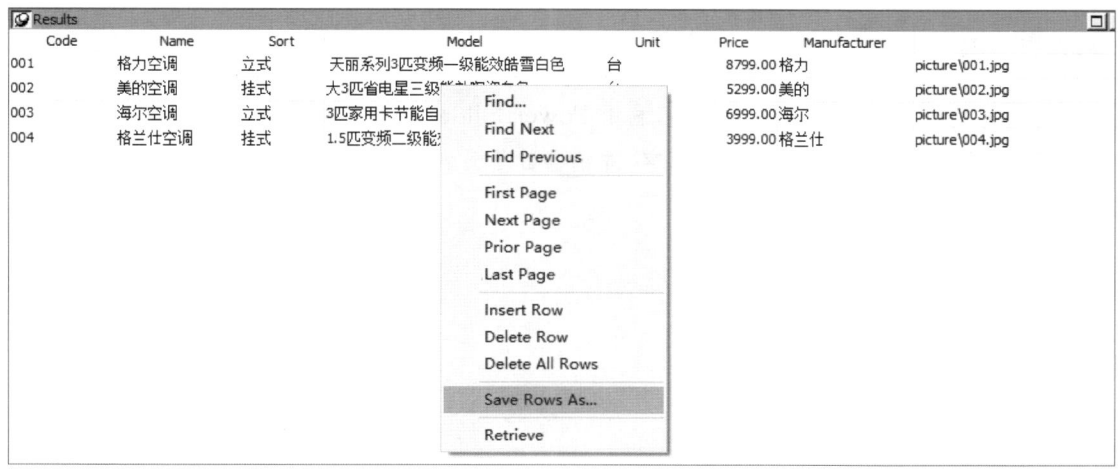

图 4-39　导出数据

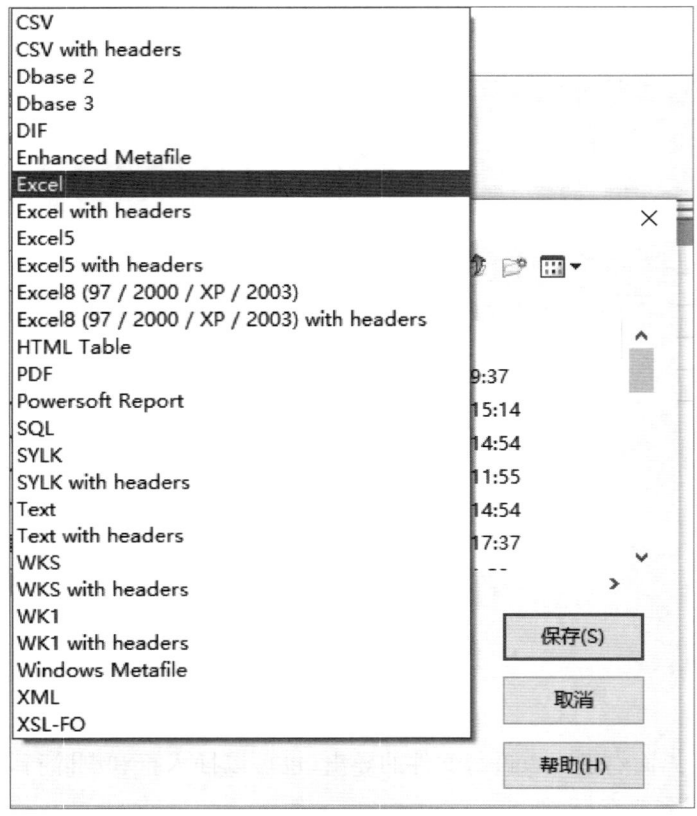

图 4-40 多种文件格式选择

本章思考题

创建进销存系统原型案例数据库,利用 PowerBuilder 中的数据库管理工具,实现对商品信息、操作员信息、采购单、销售单、库存、进销存数量月报表等相关数据的处理。

第 5 章

SQL 语言：数据处理的利器

⊕ 知识目标

了解 SQL 基本功能

掌握创建表语句（CREATE TABLE），删除表语句（DROP TABLE），插入语句（INSERT INTO），查询语句（SELECT FROM），删除语句（DELETE FROM），更新语句（UPDATE）

掌握创建视图和外键的方法

了解游标的使用

掌握账表的计算

⧗ 能力目标

能利用 SQL 语句实现对商品信息管理（查询、增加、删除、修改）

能通过码表创建商品信息表的外键

能通过码表、商品信息表创建商品信息视图

能通过 SQL 语句实现对进销存系统的简单管理

能通过 SQL 语句实现对进销存系统的数据稽核审计

5.1 SQL 简介

自关系模型被提出并广泛应用后，各厂商分别开发出基于关系模型的关系数据库产品，如 ORACLE、DB2、SYBASE 等。关系数据库中的关系就是一张表，表中的每行（即数据库中的每条记录）就是一个元组，每列就是一个属性。

结构化查询语言作为一种关系数据库查询和程序设计的语言也被广泛应用和标准化，主要用于存取数据，以及查询、更新和管理关系数据库系统。

SQL 的主要功能包括数据定义（Data Definition）、数据操纵（Data Manipulation）、数据查询（Data Query）和数据控制（Data Control），完成这些功能只用了 9 个动作，如表 5—1 所示。

SQL 功能	说明	动词
数据定义	创建、删除、修改数据库对象（表、视图、索引等）	CREATE,DROP,ALTER
数据操纵	实现对数据的插入、更新、删除等操作	INSERT,UPDATE,DELETE
数据查询	实现对数据进行查询、统计、排序、分组、检索等操作	SELECT
数据控制	更改数据库用户或角色权限，用于保证数据的安全性和完整性	GRANT,REVOKE

表 5-1   SQL 语言的动词

5.2 数据库和表的基本操作

案例 13 商品信息管理（方案 8）

利用 SQL 语句创建商品信息表 c_goods，并实现对商品信息管理（查询、增加、删除、修改）。

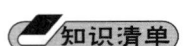

5.2.1 数据库操作

1. 创建数据库

使用 CREATE DATABASE 语句，可以创建一个新数据库。其简明语法格式如下：

```
CREATE DATABASE 数据库名
```

例如，创建商品信息数据库 goods.db，其 SQL 语句如下：

```
CREATE DATABASE goods
```

2. 修改数据库

使用 ALTER DATABASE 语句，可以修改数据库。其简明语法格式如下：

```
ALTER DATABASE 原数据库名 MODIFY name＝新数据库名
```

例如，将数据库 goods 更名为 goods_info，其 SQL 语句如下：

```
ALTER DATABASE goods MODIFY name＝goods_info
```

3. 关闭数据库

使用 CLOSE DATABASE 语句，可以关闭数据库。其语法格式如下：

```
CLOSE DATABASE
```

在删除数据库前，必须先使用此命令。

4. 删除数据库

使用 DROP DATABASE 语句，可以实现删除数据库其语法格式如下：

```
DROP DATABASE 数据库名
```

注意被删除的数据库不能是当前正在使用的数据库。数据库一旦删除，如果没有备份，就不能再恢复。

例如，删除数据库 goods，其 SQL 语句如下：

```
CLOSE DATABASE goods
DROP DATABASE goods
```

5.2.2　表的基本操作

表是构成关系数据库的基本元素，包含表头和表体。其中，表头定义各个列的列名、顺序、数据类型和长度等属性，确定了数据库表的结构；表体包含数据行，是数据的内容部分。表中的列也被称为字段，包含某特定的信息；表中的行（元组）被看作文件中的记录，包含每个字段对应的值。数据库中商品信息表的构成如表 5-2 所示。

表 5-2　　　　　　　　　　　商品信息表的构成

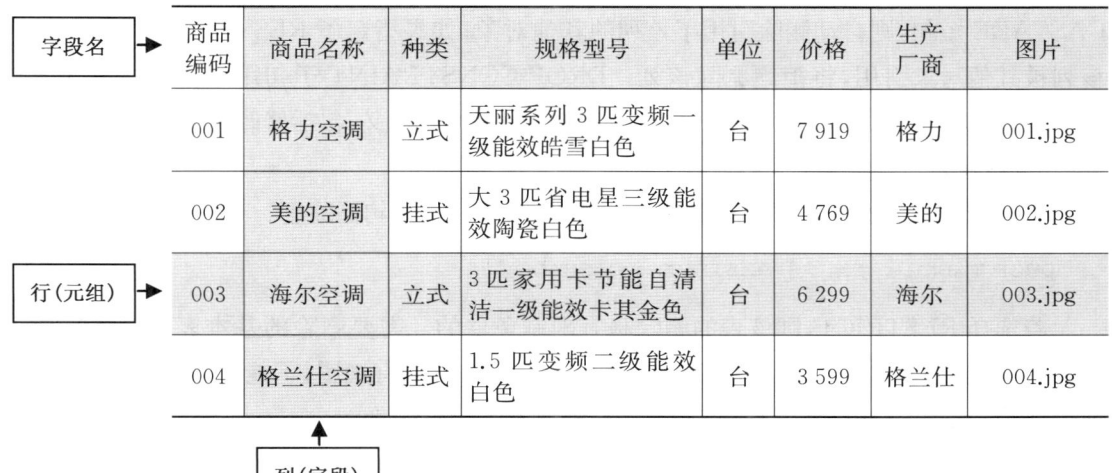

字段名	商品编码	商品名称	种类	规格型号	单位	价格	生产厂商	图片
	001	格力空调	立式	天丽系列 3 匹变频一级能效皓雪白色	台	7 919	格力	001.jpg
	002	美的空调	挂式	大 3 匹省电星三级能效陶瓷白色	台	4 769	美的	002.jpg
行（元组）	003	海尔空调	立式	3 匹家用卡节能自清洁一级能效卡其金色	台	6 299	海尔	003.jpg
	004	格兰仕空调	挂式	1.5 匹变频二级能效白色	台	3 599	格兰仕	004.jpg

列（字段）

1. 创建表

SQL 语言使用 CREATE TABLE 语句定义基本表，其基本格式如下：

```
CREATE TABLE  <表名> ( <列名> <数据类型> ［列级完整性约束条件］
［,<列名> <数据类型> ［列级完整性约束条件］］
…
［,<表级完整性约束条件>］);
```

建表的同时通常还可以定义与该表相关的完整性约束条件,这些完整性约束条件被存入系统的数据字典。当用户操作表中数据时,由关系数据库管理系统自动检测该操作是否违背这些完整性约束条件。如果完整性约束条件涉及该表的多个属性列,则必须定义在表级上,否则既可以定义在列级也可以定义在表级。

为了维护关系数据表的完整性,通常为其创建一个标识以唯一地确定一条记录,这个标识即为主键。一个表只有一个主键,且主键不能重复,不能为空。在创建表时就可以对字段添加主键约束(PRIMARY KEY)。

2. 修改表

随着应用环境和应用需求的变化,有时需要修改已建好的表。SQL 语言用 ALTER TABLE 语句修改基本表,其一般格式为:

```
ALTER TABLE  <表名>
[ ADD [ COLUMN ]<新列名> <数据类型>[完整性约束]]
[ ADD <表级完整性约束> ]
[ DROP [ COLUMN ]<列名>[ CASCADE | RESTRICT ] ]
[ DROP CONSTRAINT <完整性约束名>[ RESTRICT | CASCADE ] ]
[ ALTER COLUMN <列名> <数据类型> ];
```

其中<表名>是要修改的基本表,ADD 子句用于增加新列、新的列级完整性约束条件和新的表级完整性约束条件。DROP COLUMN 子句用于删除表中的列,如果指定了CASCADE 短句,则自动删除引用了该列的其他对象;如果指定了 RESTRICT 短语,则如果该列被其他对象引用,将拒绝删除该列。DROP CONSTRAINT 子句用于删除指定的完整性约束条件。ALTER COLUMN 子句用于修改原有的列定义,包括修改列名和数据类型。

3. 删除表

当某个基本表不再需要时,可以使用 DROP TABLE 语句删除它。其一般格式为:

```
DROP TABLE <表名>[ RESTRICT | CASCADE ];
```

若选择 RESTRICT,则该表的删除是有限制条件的。需要删除的基本表不能被其他表的约束所使用(如 CHECK,FOREIGN KEY 等约束),不能有视图,不能有触发器、存储过程或函数等。如果存在这些依赖该表的对象,则此表不能被删除。

若选择 CASCADE,则该表的删除没有限制条件。在删除基本表的同时,相关的依赖对象(如视图)都将被一起删除。

默认选项是 RESTRICT。

4. 插入数据

SQL 的数据插入语句 INSERT 通常有两种形式,一种是插入一个元组,另一种是子查询结果,后者可以一次插入多个元组。

1)插入元组

插入元组的 INSERT 语句的格式为:

INSERT INTO ＜表名＞ [(＜属性列 1＞ [,＜属性列 2＞]…)]

VALUES (＜常量 1＞ [,＜常量 2＞…);

其功能是将新元组插入到指定的表中。其中,新元组的＜属性列 1＞的值为＜常量 1＞,＜属性列 2＞的值为＜常量 2＞,以此类推。INTO 子句中没有出现的属性列,新元组在这些列上将取空值。但必须注意的是,在表定义时说明了 NOT NULL 的属性列不能取空值,否则会出错。如果 INTO 子句中没有指明任何属性列名,则新插入的元组必须在每个属性列上均有值。字符串常数要用单引号(英文符号)括起来。

2) 插入子查询结果

子查询不仅可以嵌套在 SELECT 语句中用以构造查询的条件,也可以嵌套在 INSERT 语句中用以生成要插入的批量数据。

插入子查询结果的 INSERT 语句结构为:

INSERT INTO ＜表名＞ [(＜属性列 1＞ [,＜属性列 2＞]…)]

子查询;

5. 修改数据

修改语句又称为更新语句,其语句的一般格式为:

UPDATE ＜表名＞

SET ＜列名＞ = ＜表达式＞ [,＜列名＞ = ＜表达式＞]…

[WHERE ＜条件＞];

其功能是修改指定表中满足 WHERE 子句条件的元组。其中,SET 子句给出＜表达式＞的值用于取代相应的属性列值。如果省略 WHERE 子句,则表示要更新表中的所有元组。子查询也可以嵌套在 UPDATE 语句中,用以构造更新条件。

6. 删除数据

删除语句的一般格式为:

DELETE FROM ＜表名＞

[WHERE ＜条件＞];

DELETE 语句的功能是从指定表中删除满足 WHERE 子句条件的所有元组。如果省略 WHERE 子句则表示删除表中的全部元组,但表的定义仍在字典中。也就是说,DELETE 语句删除的是表中的数据,而不是关于表的定义。子查询同样也可以嵌套在 DELETE 语句中,用以构造执行删除操作的条件。

⏳ **案例解析**

案例 13　商品信息管理(方案 8)

1. 创建数据库 goods.db

(1) 单击 Power Bar 工具栏中的 📇 (Database)图标,进入数据库管理器界面。

（2）双击【ODB ODBC】|【Utilities】|【Create ASA Database】选项，弹出"Create Adaptive Server Anywhere Database"对话框，如图 5-1 所示。

（3）在"User ID"编辑框中输入数据库用户名，默认值为 DBA。

（4）在"Password"编辑框中输入密码，默认值为 sql。

（5）在"Database Name"编辑框中定义新建的数据库的名称和所在路径。数据库文件的扩展名为".db"。

（6）选中"Prompt For Password During Connect"复选框，在 Powerbuilder 连接到新建的数据库时提示输入用户名和密码，否则不提示。

（7）定义数据库的其他属性。"Use Transaction Log"复选框用于指示是否生成扩展名为".log"的日志文件，以记录对数据库的所有操作，日志文件主要用于数据库备份与恢复。

（8）单击"OK"按钮结束。goods 数据库创建完成，如图 5-2 所示。

图 5-1　"Create Adaptive Server Anywhere Database"对话框

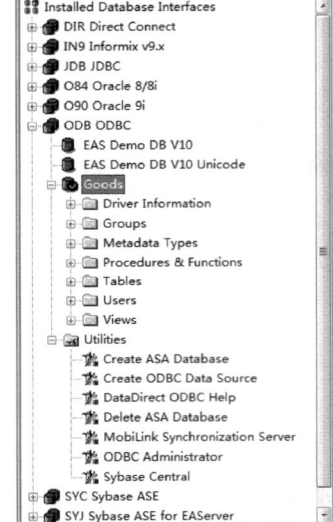

图 5-2　创建 goods 数据库

2. 利用 SQL 语句创建 c_goods 商品信息表

（1）在 ISQL Session 窗格中输入创建表 c_goods 的 SQL 代码。

```
CREATE TABLE c_goods
(code char(13) not null,
name char(60),
sort char(20),
model char(50),
unit char(10),
price decimal(8,2),
manufacturer char(10),
photo char(100),
PRIMARY KEY (code));
```

（2）单击 Painter Bar 工具栏的 🖳（Execute）图标运行该段 SQL 代码，在 Objects 窗格中可以看到 goods 数据库的 Tables 文件夹中生成了一张 c_goods 表，如图 5-3 所示。

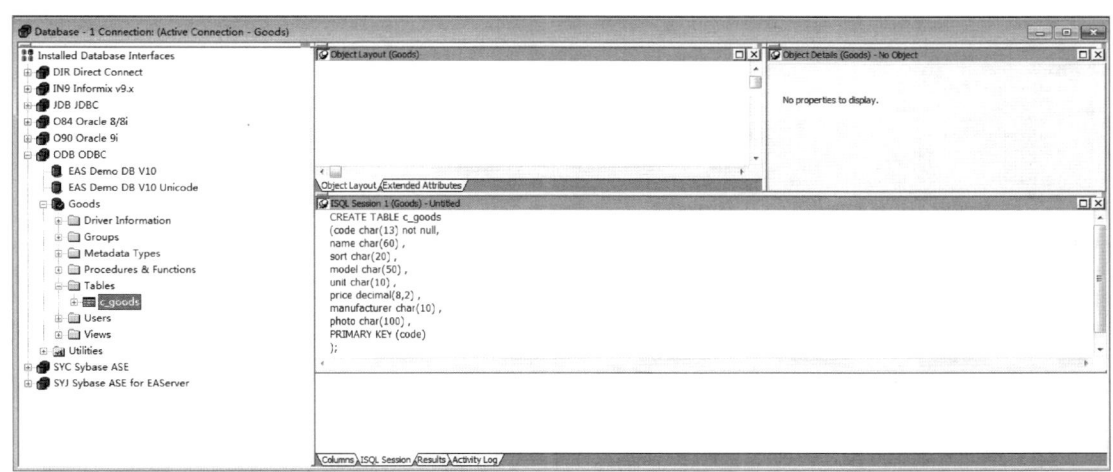

图 5-3　创建 c_goods 表

3. 利用 SQL 语句插入 c_goods 表里的数据

（1）在 ISQL Session 窗格中输入如下的 SQL 代码。

INSERT INTO　c_goods（code, name, sort, model, unit, price, manufacturer, photo）

VALUES（'001', '格力空调', '立式', '天丽系列 3 匹变频一级能效皓雪白色', '台', '8799', '格力', 'picture\001.jpg'）；

INSERT INTO　c_goods（code, name, sort, model, unit, price, manufacturer, photo）

VALUES（'002', '美的空调', '挂式', '大 3 匹省电星三级能效陶瓷白色', '台', '5299', '美的', 'picture\002.jpg'）；

INSERT INTO　c_goods（code, name, sort, model, unit, price, manufacturer, photo）

VALUES（'003', '海尔空调', '立式', '3 匹家用卡节能自清洁一级能效卡其金色', '台', '6999', '海尔', 'picture\003.jpg'）；

INSERT INTO　c_goods（code, name, sort, model, unit, price, manufacturer, photo）

VALUES（'004', '格兰仕空调', '挂式', '1.5 匹变频二级能效白色', '台', '3999', '格兰仕', 'picture\004.jpg'）；

（2）单击 Painter Bar 工具栏的 🖳（Execute）图标运行该段 SQL 代码，在 Results 窗格中可以查看到 c_goods 表里的数据，如图 5-4 所示。

4. 利用 SQL 语句实现 c_goods 表数据的增删改查

（1）删除 c_goods 表里的格力空调的数据，在 ISQL Session 窗格中输入 SQL 代码 Delete From c_goods where code＝'001'。如果要删除 c_goods 表的全部数据，则需要输入 SQL 代码 Delete From c_goods。

图 5-4　插入数据

（2）增加一条元组（'005'，'大金空调'，'挂式'，'E—MAX5 J 系列 1.5 匹白色'，'台'，'4389'，'大金'，'picture\005.jpg'）。在 ISQL Session 窗格中输入 SQL 代码 INSERT INTO c_goods（code，name，sort，model，unit，price，manufacturer，photo）VALUES（'005'，'大金空调'，'挂式'，'E—MAX5 J 系列 1.5 匹白色'，'台'，'4389'，'大金'，'picture\005.jpg'）。

（3）修改所有商品价格为原价的 9 折。在 ISQL Session 窗格中输入 SQL 代码 Update c_goods Set price＝price * 0.9。

（4）查看所有商品信息。在 ISQL Session 窗格中输入 SQL 代码 Select * From c_goods。

5.3　数据的索引与约束

案例 14　通过码表创建商品信息表的外键

通过商品种类码表 C_sort、商品计量单位码表 C_unit、商品产地码表 C_aero、往来单位码表 C_supp 等码表创建商品信息表 c_goods 的外键。

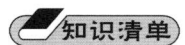

5.3.1　索引

对于数据表中指定的（若干）列，索引提供指向其中数据值的指针，然后根据指定的排序顺序对这些指针排序。索引的作用相当于图书的目录，用户可以根据目录中的页码快速找到所需的内容。因此，合理的索引可以加速数据的检索过程。索引所在的字段不允许重复，可以为空。一个表可以建立多个索引。

1. 建立索引

在 SQL 语言中，建立索引使用 CREATE INDEX 语句，其一般格式为：

```
CREATE [ UNIQUE ] [ CLUSTER ] [ INDEX ] <索引名>
ON <表名> ( <列名> [ <次序> ][ , <列名> [ <次序> ] ] …);
```

其中，<表名>是要建索引的基本表的名字。索引可以建立在该表的一列或多列上，各列名之间用逗号分隔。每个<列名>后面还可以用<次序>指定索引值的排列次序，可选 ASC(升序)或 DESC(降序)，默认值为 ASC。

UNIQUE 表明此索引的每一个索引值只对应唯一的数据记录。

CLUSTER 表示要建立的索引是聚簇索引(聚簇索引是一种对磁盘上实际数据重新组织以按指定的一个或多个列的值排序，它确定了表中数据的物理顺序，每张表只能建一个聚簇索引)。

2. 修改索引

对于已经建立的索引，如果需要对其重新命名，可以使用 ALTER INDEX 语句。其一般格式为：

```
ALTER INDEX  <旧索引名>  RENAME TO <新索引名>;
```

3. 删除索引

索引一经建立就由系统使用和维护，不需用户干预。建立索引是为了减少查询操作的时间，但如果数据增、删、改频繁，系统会花很多时间来维护索引，从而降低了查询效率。这时可以删除一些不必要的索引。

删除索引使用 DROP INDEX 语句，其一般格式为：

```
DROP INDEX <索引名>;
```

删除索引时，系统会同时从数据字典中删去有关该索引的描述。

5.3.2　约束

数据库的约束是为了保证数据库的完整性而实现的一套机制。数据库的完整性是指数据的正确性、有效性和相容性，以防止错误的数据进入数据库。数据的正确性是指数据的合法性。例如，数值型数据中只能包含数字而不能包含字母。数据的有效性是指数据是否属于所定义的有效范围；而数据的相容性是指同一事实的两个数据应相同。

数据库的完整性约束可以通过定义表时进行定义，也可以通过规则、索引、触发器等进行定义。完整性约束是一种规则，不占用任何数据库空间，在执行 SQL 期间使用。用户可以指明约束是启用的还是禁用的。

完整性约束的五种类型包括唯一性和主键约束、检查约束、空值约束、默认值约束、外键约束，相应的五大关键词有 UNIQUE 和 PRIMARY KEY，CHECK，NOT NULL，DEFAULT，FOREIGN KEY。

1. 唯一性和主键约束

建立唯一性和主键约束时，数据库会根据约束列自动建立唯一索引。因此，被约束的列不允许有重复的值。唯一性约束允许存在 NULL，而主键约束不允许存在 NULL。一个表只有一个主键，但是可以定义多个唯一性约束。

用户可以在 CREATE TABLE 时创建唯一性和主键约束，也可以在 ALTER TABLE 时创建约束。已经建立的约束可通过 DROP CONSTRAINT 语句删除。

第一种常见格式如下：

```
CREATE TABLE <表名>（
…
<列名> <数据类型>   NOT NULL  PRIMARY KEY
[ , …]
）;
```

第二种常见格式如下：

```
CREATE TABLE <表名>（
…
<列名> <数据类型>   NOT NULL CONSTRAINT  <约束名>
PRIMARY KEY
[ , …]
）;
）;
```

第三种常见格式如下：

```
CREATE TABLE <表名>（
…
<列名 1> <数据类型>   NOT NULL
[ , <列名 2> <数据类型>   NOT NULL / NULL ]
, CONSTRAINT  <主键名>   PRIMARY   KEY（<列名 1>）
[ , CONSTRAINT  <约束名>   UNIQUE（<列名 2>）]
…
）;
```

第四种常见格式如下：

```
ALTER TABLE  <表名>
```

```
CONSTRAINT  <约束名>  UNIQUE（<列名>）；
```

2. 检查约束

检查列是否满足某个条件。语法结构为：

```
ALTER TABLE  <表名>
ADD  CONSTRAINT  <约束名>  CHECK（<条件表达式>）；
```

3. 空值约束

限制列级别为非空。语法结构为：

```
MODIFY  <表名>  NOT  NULL；
```

4. 默认值约束

约束默认值为一定的数据。语法结构为：

```
ALTER TABLE  <表名>
ADD  CONSTRAINT  <约束名>  DEFAULT  <默认值>  FOR <列名>；
```

创建约束之后可以删除约束、禁用约束、启用约束和修改约束名，对应的语法结构为：

1）删除约束

```
ALTER TABLE  <表名>
DROP  CONSTRAINT  <约束名>；
```

2）禁用约束

```
ALTER TABLE  <表名>
DISABLE  CONSTRAINT  <约束名>；
```

3）启用约束

```
ALTER TABLE  <表名>
ENABLE  CONSTRAINT  <约束名>；
```

4）修改约束名

```
ALTER TABLE  <表名>
RENAME CONSTRAINT  <约束名>  TO  <约束名 1>；
```

5. 外键约束

为了维护关系数据库的完整性，保持数据一致性，我们在数据表中通过对表建立外键以建立与其他表之间的联系。外键通常是其他表的主键，外键所在的字段可以重复，可以为空，如表 5-2 中的生产厂商字段为商品信息表的外键。一个表可以设置多个外键。

1）创建外键

在 CREAT TABLE 时可以直接定义外键。其一般格式为：

```
CREAT TABLE <表名 1>（
```

...

[＜列名 2＞ ＜数据类型＞ REFERENCES ＜表名 2＞（＜列名＞）]

[，＜列名 3＞ ＜数据类型＞[列级完整性约束条件]]

[，FOREIGN KEY（＜列名 3＞ REFERENCES ＜表名 3＞（＜列名＞）]

...

）；

其中，＜表名 1＞通过外键约束分别与＜表名 2＞和＜表名 3＞建立关联。REFERENCES 关键字指定与当前创建或修改的表相关联的表和列。FOREIGN KEY 关键字指定当前创建的约束类型为外键约束。

如果创建表的时候没有创建外键，也可以手动添加外键。其格式为：

ALTER TABLE ＜表名＞

ADD CONSTRAINT ＜外键约束名＞ FOREIGN KEY（＜列名＞）

REFERENCES ＜表名 1＞（＜列名 1＞）；

其中，＜表名＞通过外键约束与＜表名 1＞建立关联。

2）删除外键

SQL 语言采用基于 ALTER TABLE 的语句来删除外键，其基本格式为：

ALTER TABLE ＜表名＞

DROP CONSTRAINT ＜外键约束名＞；

其中，＜外键约束名＞可以在表的约束属性中找到，默认以 FK_ 开头。

案例解析

案例 14　通过码表创建商品信息表的外键

1. 表结构

各个表的结构如下。

（1）商品信息表，如表 5-3 所示。表名为 c_goods，关键词为 goods_code。

表 5-3　　　　　　　　　　　　商品信息表

列名	中文名称	类型与长度	空否	说明
goods_code	商品编码	char(13)	否	商品的唯一编码
goods_name	商品名称	char(60)	是	商品的名称
sort_code	商品种类	char(2)	是	商品的种类，与商品种类码表 c_sort 建立外关联
model	规格型号	char(50)	是	商品的规格型号

（续表）

列名	中文名称	类型与长度	空否	说明
unit_code	计量单位	char(2)	是	商品的计量单位，与商品计量单位码表 c_unit 建立外关联
price	价格	decimal(8,2)	是	商品的价格，大于 0
aero_code	产地	char(10)	是	商品的产地，与商品产地码表 c_aero 建立外关联
supp_code	供应商	char(10)	是	商品的供应商，与往来单位码表 c_supp 建立外关联
note	备注	char(200)	是	备注
photofile	图片	char(100)	是	图片文件的文件名为商品编码，格式.bmp，由系统自动写入

（2）商品种类码表，如表 5-4 所示。表名为 c_sort，关键词为 sort_code。备注：确定系统所涉及的商品种类。

表 5-4　　　　　　　　　　　　　商品种类码表

列名	中文名称	类型与长度	空否	说明
sort_code	商品种类编码	char(2)	否	默认取值为："01"手机，"02"计算机
sort_name	商品种类名称	char(50)	是	

（3）商品计量单位码表，如表 5-5 所示。表名为 c_unit，关键词为 unit_code。备注：确定系统所应用的商品计量单位。

（4）商品产地码表，如表 5-6 所示。表名为 c_aero，关键词为 aero_code。备注：定义系统所涉及的商品产地。

表 5-5　　　　　　　　　　　　　商品计量单位码表

列名	中文名称	类型与长度	空否	说明
unit_code	商品计量单位编码	char(2)	否	默认取值为："01"部，"02"台
unit_name	商品计量单位名称	char(10)	是	

表 5-6　　　　　　　　　　　　　商品产地码表

列名	中文名称	类型与长度	空否	说明
aero_code	商品产地编码	char(10)	否	默认取值为："01"北京，"02"深圳，"03"中国台湾
aero_name	商品产地名称	char(100)	是	

（5）往来单位码表，如表 5-7 所示。表名为 c_supp，关键词为 supp_code。备注：设定提供商品的供货单位。

表 5-7　　　　　　　　　　　　　　往来单位码表

列名	中文名称	类型与长度	空否	说明
supp_code	往来单位编码	char(10)	否	往来单位的唯一编码
supp_name	往来单位名称	char(100)	是	往来单位的名称
note	备注	char(200)	是	往来单位的其他信息

2. 用 SQL 语句创建表及外键

（1）用 SQL 语句创建表。在 ISQL Session 窗格中输入创建表 c_sort、c_unit、c_aero、c_supp 和 c_goods 的 SQL 代码：

```
CREATE TABLE c_sort
 (sort_code char(2) not null,
sort_name char(50) ,
primary key (sort_code));


CREATE TABLE c_unit
 (unit_code char(2) not null,
unit_name char(10) ,
primary key (unit_code));


CREATE TABLE c_aero
 (aero_code char(10) not null,
aero_name char(100) ,
primary key (aero_code));


CREATE TABLE c_supp
 (supp_code char(10) not null,
supp_name char(100),
note char(200),
primary key (supp_code));


CREATE TABLE c_goods (
goods_code char(13) not null,
goods_name char(60),
sort_code char(2),
```

```
model char(50),

unit_code char(2),

price decimal(16, 2),

aero_code char(10),

supp_code char(10),

note char(200),

photofile char(100),

primary key (goods_code));
```

（2）用 SQL 语句创建外键。在 ISQL Session 窗格中输入创建外键的 SQL 代码：

```
ALTER TABLE c_goods add constraint fk_sort_code foreign key(sort_code) references c
_sort(sort_code);

ALTER TABLE c_goods add constraint fk_unit_code foreign key(unit_code) references c
_unit (unit_code);

ALTER TABLE c_goods add constraint fk_areo_code foreign key(aero_code) references
c_aero(aero_code);

ALTER TABLE c_goods add constraint fk_supp_code foreign key(supp_code) references
c_supp (supp_code);
```

用 SQL 语句创建表及外键的结果如图 5-5 所示。

（3）用 SQL 语句在表 c_sort、c_unit、c_aero、c_supp 和 c_goods 插入数据。在 ISQL Session 窗格中输入插入数据的 SQL 代码：

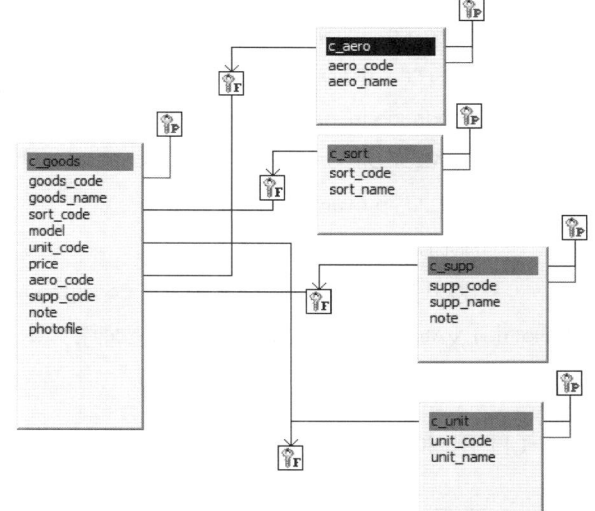

图 5-5　创建表及外键的结果

```
INSERT INTO C_SORT(sort_code,
sort_name)  VALUES ('01','挂式');

INSERT INTO C_SORT(sort_code,
sort_name) VALUES ('02','立式');


INSERT INTO C_UNIT(unit_code,
unit_name)  VALUES ('01','台');

INSERT INTO C_UNIT(unit_code,
unit_name)  VALUES ('02','套');


INSERT INTO C_AERO(aero_code, aero_name )  VALUES ('01','青岛');
INSERT INTO C_AERO(aero_code, aero_name )  VALUES ('02','佛山');
INSERT INTO C_AERO(aero_code, aero_name )  VALUES ('03','珠海');
```

```
INSERT INTO C_SUPP(supp_code,supp_name,note)  VALUES ('01','海尔','是一家全球领
```
先的美好生活解决方案服务商。在持续创业创新过程中,海尔集团始终坚持"人的价值第一"的发展主线。
');
```
INSERT INTO C_SUPP(supp_code,supp_name,note)  VALUES ('02','格力','成立于 1991
```
年,是一家集研发、生产、销售、服务于一体的国际化家电企业。');
```
INSERT INTO C_SUPP(supp_code,supp_name,note)  VALUES ('03','格兰仕','是一家全球
```
领先的综合性健康家电和智能家居解决方案供应商,是中国家电业具有广泛国际影响力的龙头企业之一。
');
```
INSERT INTO C_SUPP(supp_code,supp_name,note)  VALUES ('04','美的','是一家集消费
```
电器、暖通空调、机器人与自动化系统、智能供应链、芯片产业、电梯产业的科技集团。');
```
INSERT  INTO  C_GOODS

(goods_code,goods_name,sort_code,model,unit_code,price,aero_code,supp_code,note,
photofile) VALUES ('001','格力空调', '02','天丽系列3匹变频一级能效皓雪白色','01',8799.00,'03',
'02',NULL,'picture\001.jpg');

INSERT  INTO  C_GOODS

(goods_code,goods_name,sort_code,model,unit_code,price,aero_code,supp_code,note,
photofile) VALUES('002','美的空调','01','大3匹省电星三级能效陶瓷白色','01',5299.00,'02','04',
NULL,'picture\002.jpg');

INSERT  INTO  C_GOODS

(goods_code,goods_name,sort_code,model,unit_code,price,aero_code,supp_code,note,
photofile) VALUES('003','海尔空调','02','3匹家用卡节能自清洁一级能效卡其金色','01', 6999.00,
'01', '01', NULL,'picture\003.jpg');

INSERT  INTO  C_GOODS

(goods_code,goods_name,sort_code,model,unit_code,price,aero_code,supp_code,note,
photofile) VALUES('004','格兰仕空调', '01','1.5匹变频二级能效白色', '01', 3999.00, '02','03',
NULL,'picture\004.jpg');
```

(4) 用 SQL 语句实现多表查询。在 ISQL Session 窗格中输入查询的 SQL 代码:

```
Select  goods_code,goods_name,price,
C_GOODS.aero_code,C_AERO.aero_name,
C_GOODS.supp_code,C_SUPP.supp_name
from C_GOODS,C_AERO,C_supp
where C_GOODS.aero_code=C_AERO.aero_code
and C_GOODS.supp_code=C_SUPP.supp_code
order by goods_code ;
```

查询结果如图 5-6 所示。

C Goods Goods Code	C Goods Goods Name	C Goods Price	C Goods Aero Code	C Aero Aero Name	C Goods Supp Code	C Supp Supp Name
001	格力空调	8799.00	03	珠海	02	格力
002	美的空调	5299.00	02	佛山	04	美的
003	海尔空调	6999.00	01	青岛	01	海尔
004	格兰仕空调	3999.00	02	佛山	03	格兰仕

Select 1 Results (Goods) - ISQL Session 1

图 5-6　多表查询结果

（5）用 SQL 语句创建删除外键。在 ISQL Session 窗格中输入删除外键的 SQL 代码：

```
ALTER TABLE c_goods drop constraint fk_sort_code;
ALTER TABLE c_goods drop constraint fk_unit_code;
ALTER TABLE c_goods drop constraint fk_areo_code;
ALTER TABLE c_goods drop constraint fk_supp_code;
```

5.4　数据查询

引入案例

案例 15　利用 SQL 语句查询商品信息

利用 SQL 语句创建商品信息视图，并查询商品信息，比较不同 SQL 语句的运行结果。

知识清单

数据查询是数据库的核心操作。SQL 提供了 SELECT 语句进行数据查询，该语句具有灵活的使用方式和丰富的功能。其一般格式为：

```
SELECT [ ALL | DISTINCT ][ TOP n [ PERCENT ]
<目标列表达式> [ , <目标列表达式> ]…|[ <目标列表达式> AS <别名> ]
FROM <表名或视图名> [ , <表名或视图名> … ]
[ WHERE <条件表达式> ]
[ GROUP BY <列名 1> [ HAVING <条件表达式> ] ]
[ ORDER BY <列名 2> [ ASC | DESC ] ];
```

整个 SELECT 语句的含义是，根据 WHERE 子句的条件表达式，从 FROM 子句指定的基本表、视图或派生表中找出满足条件的元组，再按 SELECT 子句中的<目标列表达式>选出元组中的属性值形成结果表。

如果有 GROUP BY 子句，则将结果按<列名 1>的值进行分组，该属性列值相等的元组为一个组。通常，我们会在每组中使用聚集函数。如果 GROUP BY 子句带 HAVING 短语，则只有满足指定条件的组才予以输出。

如果有 ORDER BY 子句,则结果表还要按<列名 2>的值的升序或降序排序。

SELECT 语句既可以完成简单的单表查询,也可以完成复杂的连接查询和嵌套查询。

5.4.1 单表查询

单表查询是指仅涉及一个表的查询。

1. 选择表中的若干列

选择表中的全部列或部分列。

(1) 查询指定列。在很多情况下,用户只对表中的一部分属性列感兴趣,这时可以通过在 SELECT 子句的<目标列表达式>中指定要查询的属性列。

<目标列表达式>中各个列的先后顺序可以与表中的顺序不一致。用户可以根据应用的需要改变列的显示顺序。

(2) 查询全部列。将表中的所有属性列都选出来有两种方法,一种方法就是在 SELECT 关键字后列出所有列名;如果列的显示顺序与其在基表中的顺序相同,也可以简单地将<目标列表达式>指定为 * 。

(3) 查询经过计算的值。SELECT 子句的<目标列表达式>不仅可以是表中的属性列,也可以是表达式。

<目标列表达式>不仅可以是算术表达式,还可以是字符串常量、函数等。

用户可以通过指定别名来改变查询结果的列标题,这对于含算术表达式、常量、函数名的目标列表达式尤为有用。

(4) 查询结果改变显示列标题。

SELECT<目标列表达式>AS<别名>;

2. 选择表中的若干元组

(1) 取消取值重复的行。两个本来并不完全相同的元组在投影到指定的某些列上后,可能变成相同的行。此时,我们可以用 DISTINCT 取消重复的行。如果没有指定 DISTINCT 关键词,则默认为 ALL,即保留结果表中取值重复的行。

(2) 输出前几行。如果从查询结果集中输出前 n 行,可使用 TOP n。如果从查询结果集中输出前百分之 n 行,可使用 TOP n PERCENT。此时,n 是 0~100 的整数。

(3) 查询满足条件的元组。查询满足指定条件的元组可以通过 WHERE 子句实现。WHERE 子句常用的查询条件如表 5-8 所示。

表 5-8 常用的查询条件

查询条件	谓词
比较	=, <, >, > =, < =, ! =, <>, ! >, ! <, NOT+前述比较运算符
确定范围	BETWEEN AND, NOT BETWEEN AND
确定集合	IN, NOT IN

（续表）

查询条件	谓词
字符匹配	LIKE，NOT LIKE
空值	IS NULL，IS NOT UNLL
多重条件（逻辑运算）	AND，OR，NOT

① 比较大小。用于进行比较的运算符一般包括：＝（等于），＞（大于），＜（小于），＞＝（大于等于），＜＝（小于等于），！＝或＜＞（不等于），！＞（不大于），！＜（不小于）。

NOT 表示条件取反。

② 确定范围。谓词 BETWEEN … AND …和 NOT BETWEEN … AND …可以用来查找属性值在或不在指定范围内的元组，其中，BETWEEN 后是范围的下限值，AND 后是范围的上限值。

③ 确定集合。谓词 IN 可以用来查找属性值属于指定集合的元组。与 IN 相对的谓词是 NOT IN，用于查找属性值不属于指定集合的元组。

④ 字符匹配。谓词 LIKE 可以用来进行字符串的匹配。其一般语法格式如下：

```
[NOT]  LIKE  '<匹配串>'  ESCAPE '<换码字符>'
```

其含义是查找指定的属性列值与<匹配串>相匹配的元组。<匹配串>可以是一个完整的字符串，也可以是含有通配符％（百分号）和_（下横线）的串。其中，％代表任意长度（长度可以为 0）的字符串，_代表任意单个字符。例如，a％b 表示以 a 开头，以 b 结尾的任意长度的字符串，如 acb，adodb，ab 等都满足该匹配串；a_b 表示以 a 开头，以 b 结尾的长度为 3 的任意字符串，如 acb，afb 等都满足该匹配串。

如果 LIKE 后面的<匹配串>中不含通配符，则可以用＝（等于）运算符取代 LIKE 谓词，用！＝或＜＞（不等于）运算符取代 NOT LIKE 谓词。

如果用户要查询的字符串本身就含有通配符％或_，这时就要使用 ESCAPE '<换码字符>' 短语对通配符进行转义了。例如，' 联想 G40_70M' ESCAPE '\'；ESCAPE '\' 表示"\"为换码字符，这样<匹配串>中紧跟在"\"后面的字符"_"不再具有通配符的含义，转义为普通的"_"字符。

⑤ 涉及空值的查询。谓词… IS NULL 和… IS NOT NULL 可以用来查找属性值是空值或者非空值的元组。需要注意的是，这里的"IS"不能用等号（＝）代替。

⑥ 多重条件查询。逻辑运算符 AND 和 OR 可用来连接多个查询条件。AND 的优先级高于 OR，但用户可以应用括号来改变优先级。

3. ORDER BY 子句

用户可以用 ORDER BY 子句对查询结果按照一个或多个属性列的升序（ASC）或降序（DESC）排列，默认值为升序。

对于空值，排序时显示的次序由具体系统实现决定。例如，按升序排，含空值的元组最后显示;按降序排,含空值的元组则最先显示。各个系统的实现可以不同,只要保持一致就行。

4. 聚集函数

为了进一步方便用户并增强检索功能,SQL 提供了许多聚集函数,如表 5-9 所示。

表 5-9 聚集函数

聚集函数	说明
COUNT(*)	统计元组个数
COUNT([DISTINCT ｜ ALL]＜列名＞)	统计一列中值的个数
SUM([DISTINCT ｜ ALL]＜列名＞)	计算一列值的总和(此列必须是数值型)
AVG([DISTINCT ｜ ALL]＜列名＞)	计算一列值的平均值(此列必须是数值型)
MAX([DISTINCT ｜ ALL]＜列名＞)	求一列值中的最大值
MIN([DISTINCT ｜ ALL]＜列名＞)	求一列值中的最小值

如果指定 DISTINCT 短语,则表示在计算时要取消指定列中的重复值。如果不指定 DISTINCT 短语或指定 ALL 短语(ALL 为默认值),则表示不取消重复值。

在聚集函数遇到空值,除 COUNT(*)外,都跳过空值而只处理非空值。需要注意的是,WHERE 子句是不能用聚集函数作为条件表达式的。聚集函数只能用于 SELECT 子句和 GROUP BY 子句中的 HAVING 短语。

5. GROUP BY 子句

GROUP BY 子句将查询结果按某一列或多列的值分组,值相等的为一组。

对查询结果分组的目的是细化聚集函数的作用对象。如果未对查询结果分组,聚集函数将作用于整个查询结果。分组后聚集函数将作用于每一个组,即每一组都有一个函数值。

如果分组后还要求按一定的条件对这些组进行筛选,最终只输出满足指定条件的组,则可以使用 HAVING 短语指定筛选条件。

WHERE 子句与 HAVING 短语的区别在于作用对象不同。WHERE 子句作用于基本表或视图,从中选择满足条件的元组。HAVING 短语作用于组,从中选择满足条件的组。

5.4.2　连接查询

前面的查询都是针对一个表进行的。若一个查询同时涉及两个以上的表,则称为连接查询。连接查询是关系数据库中最主要的查询,包括等值连接查询、自然连接查询、非等值连接查询、自身连接查询、外连接查询和复合条件连接查询等。

1. 等值连接(包含自然连接)与非等值连接查询

连接查询的 WHERE 子句中用来连接两个表的条件称为连接条件或连接谓词,其一般格式为:

[＜表名 1＞.]＜列名 1＞ ＜比较运算符＞

其中,比较运算符主要有＝,＞,＜,＞＝,＜＝,!＝(或＜＞)等。此外连接谓词还可以使用下面形式：

［＜表名 1＞.］＜列名 1＞ BETWEEN ［＜表名 2＞. ］＜列名 2＞ AND ［＜表名 2＞.］＜列名 3＞

当连接运算符为"＝"时，我们称之为等值连接。当使用其他运算符时，我们称之为非等值连接。而把目标列中重复的属性列去掉的等值连接则被称作自然连接。

连接谓词中的列名称为连接字段。连接条件中的各连接字段类型必须是可比的，但名字不必相同。

2. 自身连接查询

自身连接是指同一个表自己与自己进行连接。连接时需要给表起别名以示区别。所有属性名都是同名属性，因此必须使用别名前缀。这种连接通常用于从自反关系中抽取数据。例如，查询所有员工的经理，而每一个经理自身是公司的员工，自身也是自己的经理，这时就可以通过自身连接的方式查询。

自身连接的语法结构为：

SELECT ＜投影的字段列表＞
FROM ＜表 3 别名 1＞,＜表 3 别名 2＞
ON ＜别名 1.列名＞ ＝ ＜别名 2.列名＞;

3. 外连接查询

在普通连接中，只有在两个表中匹配的行才能在结果集中出现。而在外连接中可以只限制一个表，而对另外一个表不加限制（即所有的行都出现在结果集中）。外连接分为左外连接、右外连接和全外连接。左外连接列出左边关系中的所有元组，对连接条件中左边的表不加限制，在右边增加全由空值组成的万能行。右外连接列出右边关系中的所有元组，对连接条件中右边的表不加限制，在左边增加全由空值组成的万能行。全外连接是对连接条件中的两个表都不加限制，在两边增加全由空值组成的万能行，所有两个表中的行都会包括在结果集中。

（1）左外连接的语法结构。

SELECT ＜投影的字段列表＞
FROM ＜表 3＞ LEFT OUTER JOIN ＜表 4＞
ON ＜表 3.列名＞ ＝ ＜表 4.列名＞;

（2）右外连接的语法结构。

SELECT ＜投影的字段列表＞
FROM ＜表 3＞ RIGHT OUTER JOIN ＜表 4＞
ON ＜表 3.列名＞ ＝ ＜表 4.列名＞;

（3）全连接的语法结构。

SELECT ＜投影的字段列表＞
FROM ＜表 3＞ FULL OUTER JOIN ＜表 4＞

```
ON <表 3.列名> = <表 4.列名>;
```

4. 符合条件连接查询

WHERE 子句中含有多个连接条件时,称为符合条件连接查询。

5.4.3 嵌套查询

在 SQL 语言中,一个 SELECT-FROM-WHERE 语句称为一个查询块。我们将一个查询块嵌套在另一个查询块的 WHERE 子句或 HAVING 短语的条件中的查询称为嵌套查询。例如:

```
SELECT name    / *外层查询或父查询 * /
FROM goods
WHERE code NOT IN
( SELECT code    / *内层查询或子查询 * /
FROM sheet_cg );
```

SQL 语言允许多层嵌套查询,即一个子查询中还可以嵌套其他子查询。需要特别指出的是,子查询的 SELECT 语句中不能使用 ORDER BY 子句,ORDER BY 子句只能对最终查询结果排序。

嵌套查询使用户可以用多个简单查询构成复杂的查询,从而增强 SQL 的查询能力。以层层嵌套的方式来构造程序正是 SQL 中结构化的含义所在。

1. 带有 IN 谓语的子查询

在嵌套查询中,子查询的结果往往是一个集合,所以谓语 IN 是嵌套查询中最经常使用的谓词。如果子查询的查询条件不依赖于父查询,则称为不相关子查询。如果子查询的查询条件依赖于父查询,则称为相关子查询,整个查询语句称为相关嵌套查询语句。

2. 带有比较运算符的子查询

带有比较运算符的子查询是指父查询与子查询之间用比较运算符进行连接。当用户能确切知道内层查询返回的是单个值时,可以用>, <, =, > =, < =, ! =或< >等比较运算符。

3. 带有 ANY(SOME) 或 ALL 谓语的子查询

子查询返回单值时可以用比较运算符,但返回多值时要用 ANY(有的系统用 SOME)或 ALL 谓词修饰符。使用 ANY 或 ALL 谓词时必须同时使用比较运算符。其语义如表5-10所示。

表 5-10   使用 ANY 或 ALL 谓词时则必须同时使用比较运算符

ANY 或 ALL 谓词	说明
> ANY(等价于> MIN)	大于子查询结果中的某个值
> ALL(等价于> MAX)	大于子查询结果中的所有值

（续表）

ANY 或 ALL 谓词	说明
＜ ANY（等价于＜ MAX）	小于子查询结果中的某个值
＜ ALL（等价于＜ MIN）	小于子查询结果中的所有值
＞ ＝ANY（等价于＞ ＝ MIN）	大于等于子查询结果中的某个值
＞ ＝ ALL（等价于＞ ＝ MAX）	大于等于子查询结果中的所有值
＜ ＝ ANY（等价于＜ ＝ MAX）	小于等于子查询结果中的某个值
＜ ＝ ALL（等价于＜ ＝ MIN）	小于等于子查询结果中的所有值
＝ ANY（等价于 IN）	等于子查询结果中的某个值
＝ ALL	等于子查询结果中的所有值
！＝（或 ＜ ＞）ANY	不等于子查询结果中的某个值
！＝（或 ＜ ＞）ALL（等价于 NOT IN）	不等于子查询结果中的任何一个值

4. 带有 EXISTS 谓语的子查询

带有 EXISTS 谓语的子查询不返回任何数据，只产生逻辑真值"True"或逻辑假值"False"。使用存在量词 EXISTS 后，若内层查询结果非空，则外层的 WHERE 子句返回真值，否则返回假值。

由 EXISTS 引出的子查询，其目标列表达式通常都用＊，因为带 EXISTS 的子查询只返回真值或假值，给出列名无实际意义。与 EXISTS 谓词相对应的是 NOT EXISTS 谓词。使用存在量词 NOT EXISTS 后，若内层查询结果为空，则外层的 WHERE 子句返回真值，否则返回假值。

5.4.4　集合查询

SELECT 语句的查询结果是元组的集合，所以多个 SELECT 语句的结果可进行集合操作。集合操作主要包括并操作 UNION、交操作 INTERSECT 和差操作 EXCEPT。参加集合操作的各查询结果的列数必须相同；对应项的数据类型也必须相同。

5.4.5　基于派生表的查询

子查询不仅可以出现在 WHERE 子句中，还可以出现在 FROM 子句中，这时子查询生成的临时派生表成为主查询的查询对象。需要说明的是，通过 FROM 子句生成派生表时，AS 关键字可以省略，但必须为派生关系指定一个列名。而对于基本表，别名是可选项。

5.4.6　视图

视图是从一个或多个基本表（或视图）中导出的表，是虚表。创建视图的主要目的是数据管理，根据用户不同的权限，向其展示可以使用的数据。视图可以便于用户操作，增加数据库使用的安全性。

1. 创建视图

视图除了可以通过图形化界面(视图设计器)创建,还可以直接使用 CRE ATE VIEW 语句创建。其格式为:

```
CREATE VIEW <视图名>
[WITH 视图参数]
AS <SELECT 语句>;
```

其中,"WITH 视图参数"子句是可选项,定义了视图的属性。例如,通过商品信息表 c_goods、商品产地码表 c_aero、商品计量单位码表 c_unit、商品种类码表 c_sort、往来单位码表 c_supp 创建商品信息视图 view_ goods,SQL 语句如下:

```
CREATE VIEW view_goods AS
SELECT c_goods.goods_code, c_goods.goods_name,
c_goods.sort_code, c_sort.sort_name, c_goods.model,
c_goods.unit_code, c_unit.unit_name, c_goods.price,
c_goods.aero_code, c_aero.aero_name,
c_goods.supp_code, c_supp.supp_name,
c_goods.note, c_goods. photofile
FROM c_goods, c_aero, c_unit, c_sort, c_supp
WHERE c_goods.sort_code = c_sort. sort_code
AND c_goods. unit_code = c_unit.unit_code
AND c_goods.aero_code = c_aero.aero_code
AND c_goods.supp_code = c_supp.supp_code;
```

2. 修改视图

已经存在的视图可以在视图设计器中进行修改,也可以利用 ALTER VIEW 语句修改视图。其格式为:

```
ALTER VIEW <视图名>
[WITH 视图参数]
AS < SELECT 语句>;
```

3. 删除视图

有相关权限的用户可以删除视图,而表和视图所基于的数据并不受影响。可以使用 DROP VIEW 语句删除视图。其基本语法如下:

```
DROP VIEW <视图名>;
```

5.4.7　游标

游标(Cursor)提供了一种对从表中检索出的数据进行操作的灵活手段,是系统为用户开设的一个数据缓冲区,用于存放 SQL 语句的执行结果。当 SELECT 语句的查询结果是包含多个元组的集合时,游标提供了在结果集合中一次以一行或者多行前进或后向浏览数据的能力。

　　游标与一条 SELECT 查询语句相关联,它是一种数据处理的方法,能对结果集中的数据进行逐条处理。游标可视为数据指针,它能指向结果集中的任何一行数据。每个游标区都有游标名,用户可以用 SQL 语句逐一从游标中获取数据,并赋给相应的变量并进行相应的处理。游标的使用包含五个步骤。

1. 声明游标

DECLARE ＜游标名＞ CURSOR FOR SELECT 语句

2. 打开游标

OPEN ＜游标名＞

3. 读取游标数据

FETCH [NEXT | PRIOR | FIRST | LAST | ABSOLUTE N | RELATIVE N] FROM ＜游标名＞ INTO @name1,@name2,…;

WHILE(@ @ FETCH_STATUS = 0)

　　BEGIN

　　　要执行的语句

　　FETCH NEXT FROM ＜游标名＞　　INTO @name1,@name2,…

　　END

　　开启游标后,默认其位于结果集的第一行前,因此需要使用 FETCH NEXT 语句取第一个元组。利用@@FETCH_STATUS 判断是否有数据,若有执行 WHILE 循环中 BEGIN 开始的语句,添加 FETCH NEXT 语句使游标不断移动到下一条数据。

　　其中,NEXT 返回结果集中当前行的下一行记录,如果第一次读取则返回第一行。默认读取选项为 NEXT。PRIOR 返回结果集中当前行的前一行记录,如果第一次读取则没有行返回,并且把游标置于第一行之前。FIRST 返回结果集中的第一行,并且将其作为当前行。LAST 返回结果集中的最后一行,并且将其作为当前行。ABSOLUTE N,如果 N 为正数,则返回从游标头开始的第 N 行,并且返回行变成新的当前行;如果 N 为负,则返回从游标末尾开始的第 N 行,并且返回行为新的当前行;如果 N 为 0,则返回当前行。RELATIVE N,如果 N 为正数,则返回从当前行开始的第 N 行;如果 N 为负,则返回从当前行之前的第 N 行;如果为 0,则返回当前行。

4. 关闭游标

CLOSE ＜游标名＞

关闭后不能再对游标进行读取等操作。

5. 释放游标

DEALLOCATE ＜游标名＞

删除游标,不再使用。

例如,通过游标显示商品编码、商品名称以及价格。

```
string r_code,r_name
decimal r_price
boolean r_flag = true
declare C_cur cursor for select goods_code,goods_ name, price from c_goods;
open C_cur;
do while r_flag = true
fetch C_cur into : r_code, : r_name, : r_price;
if sqlca. Sqlcode = 100 then
    r_flag = false
end if
if sqlca.sqlcode = -1 then
    messagebox('提示','读取数据失败!')
    return
end if
if sqlca.sqlcode = 0 then
    messagebox('提示','商品编码:'+ r_code+' |商品名称:'+r_name+' |价格:'+ string
( r_price))
end if
loop
close C_cur;
deallocate C_cur;
```

案例解析

案例 15　利用 SQL 语句查询商品信息

1. 在案例 13 的基础上利用 SQL 语句查询商品信息数据,比较不同 SQL 语句的运行结果

在 ISQL Session 窗格中逐条输入下列 SQL 代码并查看查询结果。

(1)简单查询。

```
SELECT * FROM c_goods;
SELECT code,name,sort,model,unit,price,manufacturer,photo FROM c_goods;
SELECT code 商品编码,name 商品名称,sort 种类,model 规格型号,unit 计量单位,price 价
格,manufacturer 供应商,photo 图片 FROM c_goods;
SELECT sort FROM c_goods;
SELECT DISTINCT sort FROM c_goods;
```

(2)条件查询。

```
SELECT code,name,price FROM c_goods WHERE price>=6000;

SELECT code,name,price FROM c_goods WHERE price<=5000;

SELECT code,name,price FROM c_goods WHERE price>=5000 and price<=8000;

SELECT code,name,price FROM c_goods WHERE price<=5000 or price>=6000;

SELECT code,name,price FROM c_goods WHERE price BETWEEN 5000 and 8000;

SELECT code,name,price FROM c_goods WHERE price NOT BETWEEN 5000 and 8000;


SELECT * FROM c_goods WHERE name LIKE '%空调';

SELECT * FROM c_goods WHERE model LIKE '%3 匹%';

SELECT * FROM c_goods WHERE name LIKE '__空调';

SELECT * FROM c_goods WHERE name LIKE '___空调';

SELECT * FROM c_goods WHERE manufacturer='格力' OR manufacturer='美的';

SELECT * FROM c_goods WHERE manufacturer IN('格力','美的');

SELECT * FROM c_goods WHERE manufacturer NOT IN('格力','美的');
```

（3）带聚集函数的查询。

```
SELECT COUNT(*) FROM c_goods;

SELECT COUNT(sort) FROM c_goods;

SELECT COUNT(DISTINCT sort) FROM c_goods;

SELECT MAX(price) FROM c_goods;

SELECT MIN(price) FROM c_goods;

SELECT SUM(price) FROM c_goods;

SELECT AVG(price) FROM c_goods;

SELECT ROUND(AVG(price),2) FROM c_goods;
```

（4）带分组的查询。

```
SELECT sort,COUNT() FROM c_goods GROUP BY sort;

SELECT sort,round(AVG(price),2) FROM c_goods GROUP BY sort;

SELECT sort,MAX(price) FROM c_goods GROUP BY sort;

SELECT sort,MIN(price) FROM c_goods GROUP BY sort;

SELECT sort,SUM(price) FROM c_goods GROUP BY sort;
```

（5）带排序的查询。

```
SELECT name,price FROM c_goods ORDER BY price;

SELECT name,price FROM c_goods ORDER BY price DESC;

SELECT name,price FROM c_goods ORDER BY price ASC;

SELECT top 2 code,name,price FROM c_goods ORDER BY price;
```

（6）空值查询。

```
SELECT code,name,price FROM c_goods WHERE price IS NULL;
```

```
SELECT code,name,price FROM c_goods WHERE price IS NOT NULL;
```

（7）嵌套查询。

```
SELECT name,price FROM c_goods WHERE price = (SELECT MAX(price) FROM c_
goods);
SELECT name,price FROM c_goods WHERE price = (SELECT MIN(price) FROM c_
goods);
SELECT name,price FROM c_goods WHERE price = (SELECT AVG(price) FROM c_
goods);
SELECT name,price FROM c_goods WHERE price<>(SELECT AVG(price) FROM c_
goods);
SELECT name,price FROM c_goods WHERE price>= (SELECT AVG(price) FROMc_
goods);
SELECT name,price FROM c_goods WHERE price<= (SELECT AVG(price) FROM c_
goods);
SELECT name,price FROM c_goods WHERE price = (SELECT MAX(price) FROM c_
goods)OR price = (SELECT MIN(price) FROM c_goods);
```

2. 在案例 14 的基础上利用 SQL 语句创建视图

（1）用 SQL 语句创建表。在 ISQL Session 窗格中输入创建表 c_sort,c_unit,c_aero,c_supp 和 c_goods 的 SQL 代码,参考案例 14 操作步骤。

（2）用 SQL 语句在表 c_sort,c_unit,c_aero,c_supp 和 c_goods 插入数据。在 ISQL Session 窗格中输入插入数据的 SQL 代码,参考案例 14 操作步骤。

（3）通过商品信息表创建商品信息视图,在 ISQL Session 窗格中输入创建视图的 SQL 代码:

```
CREATE VIEW view_goods AS
select   goods_code,goods_name,price
from C_GOODS
order by goods_code;
```

在 Objects 窗格中,我们可以看到 goods 数据库的 Views 文件夹中生成了一张 view_goods 视图,如图 5-7 所示。

该视图的查询结果如图 5-8 所示。

（4）通过码表、商品信息表创建商品信息视图,在 ISQL Session 窗格中输入创建视图的 SQL 代码:

```
CREATE VIEW view_goods1 AS
select   goods_code,goods_name,price,
C_GOODS.aero_code,C_AERO.aero_name,
C_GOODS.supp_code,C_SUPP.supp_name
```

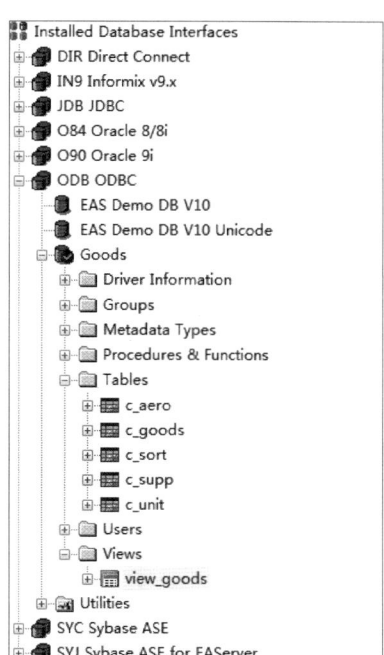

图 5-7　创建视图

Goods Code	Goods Name	Price
001	格力空调	8799.00
002	美的空调	5299.00
003	海尔空调	6999.00
004	格兰仕空调	3999.00

图 5-8　view_goods 视图查询结果

```
from C_GOODS,C_AERO,C_supp

where C_GOODS.aero_code = C_AERO.aero_code

and C_GOODS.supp_code = C_SUPP.supp_code

order by goods_code ;
```

在 Objects 窗格中可以看到 goods 数据库的 Views 文件夹中生成了一张 view_goods1 视图，该视图的查询结果如图 5-9 所示。

Goods Code	Goods Name	Price	Aero Code	Aero Name	Supp Code	Supp Name
001	格力空调	8799.00	03	珠海	02	格力
002	美的空调	5299.00	02	佛山	04	美的
003	海尔空调	6999.00	01	青岛	01	海尔
004	格兰仕空调	3999.00	02	佛山	03	格兰仕

图 5-9　view_goods1 视图查询结果

5.5 案例分析

引入案例

案例 16 通过 SQL 语句实现对进销存系统的简单管理

根据提供的案例背景,创建进销存系统数据库,通过 SQL 语句实现对进销存系统的简单管理。主要包括:初始化数据,商品库存计算,进销存数量月报表计算,对商品进销存系统库存数据分析、报表数据分析、采购单数据分析、销售单数据分析等。

案例 17 通过 SQL 语句实现对进销存系统的数据稽核审计

在案例 16 的基础上,先分析进销存系统案例数据库中可能存在的非正常数据,通过 SQL 语句制造非正常数据,再进一步通过 SQL 语句实现对进销存系统的数据稽核审计。

案例解析

案例 16 通过 SQL 语句实现对进销存系统的简单管理

1. 进销存系统中包含的数据表

(1)基本信息表,如表 5-11、表 5-12 所示。

表 5-11 操作员表 C_OPERATOR

操作员编码 oper_code	操作员姓名 oper_name	密码 password
1	陈振坤	111
2	吴爽	222
3	赵月星	333
4	李鹏鹏	444

表 5-12 商品信息表 GOODS

商品编码 code	商品名称 name	商品种类 sort	规格型号 model	计量单位 unit	价格 price	供应商 manufacturer	图片 photo
001	格力空调	立式	天丽系列 3 匹变频一级能效皓雪白色	台	8 799	格力	picture\001.jpg
002	美的空调	挂式	大 3 匹省电星三级能效陶瓷白色	台	5 299	美的	picture\002.jpg
003	海尔空调	立式	3 匹家用卡节能自清洁一级能效卡其金色	台	6 999	海尔	picture\003.jpg
004	格兰仕空调	挂式	1.5 匹变频二级能效白色	台	3 999	格兰仕	picture\004.jpg

（2）单据表，如表 5-13、表 5-14 所示。

表 5-13　　　　　　　　　　　　　　　　　采购单 SHEET_CG

单据号 sheetid	日期 sheetdate	制单人 oper_code	商品编码 code	数量 amount	单价 price	金额 mone
0001	2020/1/2	1	001	10	7 900	79 000
0002	2020/1/10	1	002	6	4 500	27 000
0003	2020/1/13	1	003	6	5 900	35 400
0004	2020/1/19	1	004	8	3 000	24 000
0005	2020/1/22	1	002	6	4 500	27 000
0006	2020/1/24	1	001	7	7 900	55 300
0007	2020/1/26	1	003	6	5 900	35 400
0008	2020/1/28	1	004	5	3 000	15 000
0009	2020/1/29	1	002	3	4 500	13 500
0010	2020/1/30	1	003	5	5 900	29 500
0011	2020/2/2	1	002	8	4 500	36 000
0012	2020/2/5	1	001	6	7 900	47 400
0013	2020/2/9	1	003	5	5 900	29 500
0014	2020/2/12	1	004	8	3 000	24 000
0015	2020/2/16	1	002	6	4 500	27 000
0016	2020/2/20	1	001	7	7 900	55 300
0017	2020/2/22	1	003	6	5 900	35 400
0018	2020/2/25	1	004	3	3 000	9 000
0019	2020/2/27	1	002	4	4 500	18 000
0020	2020/2/28	1	003	5	5 900	29 500

表 5-14　　　　　　　　　　　　　　　　　销售单 SHEET_XS

单据号 sheetid	日期 sheetdate	制单人 oper_code	商品编码 code	数量 amount	单价 price	金额 mone
0001	2020/1/4	1	001	6	8 799	52 794
0002	2020/1/11	1	002	5	5 299	26 495
0003	2020/1/15	1	003	4	6 999	27 996
0004	2020/1/21	1	004	6	3 999	23 994
0005	2020/1/25	1	002	2	5 299	10 598
0006	2020/1/25	1	001	5	8 799	43 995
0007	2020/1/27	1	003	4	6 999	27 996
0008	2020/1/29	1	004	3	3 999	11 997

（续表）

单据号 sheetid	日期 sheetdate	制单人 oper_code	商品编码 code	数量 amount	单价 price	金额 mone
0009	2020/1/30	1	002	2	5 299	10 598
0010	2020/1/31	1	003	4	6 999	27 996
0011	2020/2/4	1	002	5	5 299	26 495
0012	2020/2/6	1	001	4	8 799	35 196
0013	2020/2/11	1	003	3	6 999	20 997
0014	2020/2/13	1	004	7	3 999	27 993
0015	2020/2/19	1	002	4	5 299	21 196
0016	2020/2/21	1	002	3	5 299	15 897
0017	2020/2/24	1	001	6	8 799	52 794
0018	2020/2/26	1	004	3	3 999	11 997
0019	2020/2/28	1	002	5	5 299	26 495
0020	2020/2/29	1	003	4	6 999	27 996

（3）账表，如表 5-15、表 5-16 所示。

表 5-15　　　　　　　　　　商品库存表 GOODS_AMOUNT

商品编码 code	库存数量 amount
001	9
002	7
003	14
004	5

表 5-16　　　　　　　　　　进销存数量月报表 REPORT

起始日期 date_min	结束日期 date_max	商品编码 code	期初数量 amount_ini	采购数量 amount_buy	销售数量 amount_sale	期末数量 amount_end
2019/12/1	2019/12/31	001	0	0	0	0
2019/12/1	2019/12/31	002	0	0	0	0
2019/12/1	2019/12/31	003	0	0	0	0
2019/12/1	2019/12/31	004	0	0	0	0
2020/1/1	2020/1/31	001	0	17	11	6
2020/1/1	2020/1/31	002	0	15	9	6
2020/1/1	2020/1/31	003	0	17	12	5
2020/1/1	2020/1/31	004	0	13	9	4
2020/2/1	2020/2/29	001	6	13	10	9

（续表）

起始日期 date_min	结束日期 date_max	商品编码 code	期初数量 amount_ini	采购数量 amount_buy	销售数量 amount_sale	期末数量 amount_end
2020/2/1	2020/2/29	002	6	18	17	7
2020/2/1	2020/2/29	003	5	16	7	14
2020/2/1	2020/2/29	004	4	11	10	5

2. 创建进销存数据库

创建进销存数据库 jxc.db，并利用 SQL 语句创建操作员表 C_OPERATOR、商品信息表 GOODS、采购单 SHEET_CG、销售单 SHEET_XS、商品库存表 GOODS_AMOUNT 及进销存数量月报表 REPORT，并利用 SQL 语句插入相应的数据，具体步骤参照前述案例。建好的 jxc.db 数据库如图5-10 所示。

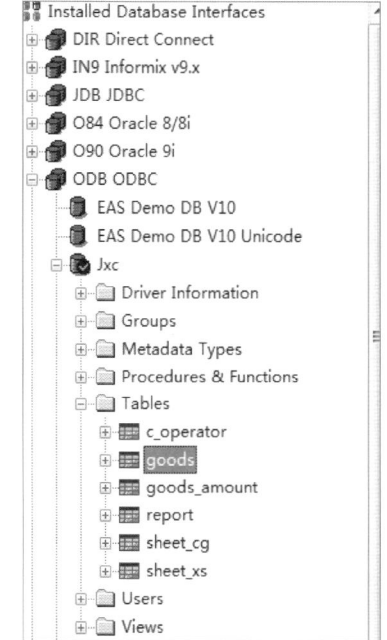

3. 利用 SQL 语句计算采购及销售金额

在 ISQL Session 窗格中输入下列 SQL 代码：

```
//计算采购单金额
select * from sheet_cg where mone<>amount * price;
update sheet_cg set mone = amount * price;
//计算销售单金额
select * from sheet_xs where mone<>amount * price;
update sheet_xs set mone = amount * price;
```

图 5-10　创建 jxc 数据库

4. 利用 SQL 语句计算库存

（1）初始化库存，将所有商品库存置为 0，在 ISQL Session 窗格中输入下列 SQL 代码：

```
delete from goods_amount;
insert into goods_amount（code,amount）select code,0 from goods;
```

（2）计算库存，在 ISQL Session 窗格中输入下列 SQL 代码：

```
update goods_amount set amount = 0;
update goods_amount
set goods_amount.amount = goods_amount.amount + （select sum（sheet_cg.amount）from sheet_cg where goods_amount.code = sheet_cg.code）－ （select sum（sheet_xs.amount）from sheet_xs where goods_amount.code = sheet_xs.code）;
```

5. 利用 SQL 语句计算进销存数量月报表

（1）初始化进销存数量月报表，将 2019-12-01 到 2019-12-31 期间的数据置为 0，在 ISQL Session 窗格中输入下列 SQL 代码：

```
delete from report;

insert into

report(date_min,date_max,code,amount_ini,amount_buy,amount_sale,amount_end)

select '2019-12-01','2019-12-31',code,0,0,0,0 from goods;
```

（2）计算一月份进销存数量月报表，在 ISQL Session 窗格中输入下列 SQL 代码：

```
//一月份报表

delete from report where date_min = '2020-01-01';

//结转上期进销存数量月报表数据

insert into report (date_min, date_max, code, amount_ini, amount_buy, amount_sale, amount_end)

select '2020-01-01', '2020-01-31', code, amount_end, 0, 0, amount_end

from report where date_min = '2019-12-01';

//计算本期进销存数量月报表发生数据

update report set amount_buy = (select sum(amount) from sheet_cg

where report.code = sheet_cg.code and sheetdate >= '2020-01-01' and sheetdate <= '2020-01-31')

where date_min = '2020-01-01' ;

update report set amount_sale = (select sum(amount) from sheet_xs

where report.code = sheet_xs.code and sheetdate >= '2020-01-01' and sheetdate <= '2020-01-31')

where date_min = '2020-01-01' ;

//计算本期进销存数量月报表期末数据

update report set amount_end = amount_ini + amount_buy - amount_sale

where date_min = '2020-01-01' ;
```

（3）计算二月份进销存数量月报表，在 ISQL Session 窗格中输入下列 SQL 代码：

```
//二月份报表

delete from report where date_min = '2020-02-01';

//结转上期进销存数量月报表数据

insert into

report (date_min,date_max,code,amount_ini,amount_buy,amount_sale,amount_end)

select '2020-02-01', '2020-02-29', code, amount_end, 0, 0, amount_end

from report where date_min = '2020-01-01';

//计算本期进销存数量月报表发生数据

update report set amount_buy = (select sum(amount) from sheet_cg

where report.code = sheet_cg.code and sheetdate >= '2020-02-01' and sheetdate <= '2020-02-29')
```

where date_min='2020-02-01';

update report set amount_sale=(select sum(amount) from sheet_xs

where report.code=sheet_xs.code and sheetdate>='2020-02-01' and sheetdate<='2020-02-29')

where date_min='2020-02-01';

//计算本期进销存数量月报表期末数据

update report set amount_end=amount_ini + amount_buy - amount_sale where date_min='2020-02-01';

6. 通过 SQL 语句实现对商品进销存系统的数据分析

（1）库存数据分析，在 ISQL Session 窗格中输入下列 SQL 代码并运行，观察运行结果。

//查询库存合计

select sum(amount) from goods_amount;

//查询库存最大值

select max(amount) from goods_amount;

//查询最大库存商品信息

select goods_amount.code,name,amount

from goods_amount,goods where goods_amount.code=goods.code and amount=(selectmax(amount) from goods_amount);

//查询不同种类商品库存合计

select sort,sum(amount)

from goods_amount,goods where goods_amount.code=goods.code group by sort;

（2）报表数据分析，在 ISQL Session 窗格中输入下列 SQL 代码并运行，观察运行结果。

//查询采购数量,销售数量及期末数量的最大值

select max(amount_buy), max(amount_sale), max(amount_end) from report;

//查询采购金额及销售金额合计

select sum(amount_buy), sum(amount_sale) from report;

//按照期间及种类查询报表数据

select date_min, date_max,sort,sum(amount_ini),sum(amount_buy), sum(amount_sale), sum(amount_end) from report,goods where report.code=goods.code group by date_min, date_max,sort order by date_min, sort ;

（3）采购单数据分析，在 ISQL Session 窗格中输入下列 SQL 代码并运行，观察运行结果。

//查询一月份的采购金额合计

select sum(mone) from sheet_cg where sheetdate>='2020-01-01' and sheetdate<='2020-01-31';

//查询采购金额最大的记录

select sheetid,mone from sheet_cg where mone＝(select max(mone) from sheet_cg);

//查询采购金额大于平均值的记录

select sheetid,mone from sheet_cg where mone≥(select avg(mone) from sheet_cg);

（4）销售单数据分析,在 ISQL Session 窗格中输入下列 SQL 代码并运行,观察运行结果。

//查询二月份的销售金额合计

select sum(mone) from sheet_xs where sheetdate≥'2020-02-01' and sheetdate≤'2020-02-29';

//查询销售金额最小的记录

select sheetid,mone from sheet_xs where mone＝(select min(mone) from sheet_xs);

//查询销售金额大于平均值的记录

select sheetid,mone from sheet_xs where mone≥(select avg(mone) from sheet_xs);

案例 17　通过 SQL 语句实现对进销存系统的数据稽核审计

首先分析进销存系统案例数据库中可能存在的非正常数据,通过 SQL 语句制造非正常数据,再通过 SQL 语句实现对进销存系统的数据稽核审计。

1. 操作员表的数据稽核审计(见表 5-17)

表 5-17　　　　　　　　　　操作员表的数据稽核审计

非正常数据	通过 SQL 语句稽核审计非正常数据
（1）操作员姓名为空	SELECT ＊ FROM c_operator WHERE trim(oper_name)＝'' or oper_name is null;
（2）操作员姓名重复	SELECT distinct a.oper_code, a.oper_name FROM c_opera— tor a,c_operator b WHERE a.oper_code＜＞b.oper _code and a.oper_name ＝ b.oper_name;
（3）操作员密码为空	SELECT ＊ FROM c_operator WHERE trim(password)＝'' or password is null;

2. 商品信息表的数据稽核审计(见表 5-18)

表 5-18　　　　　　　　　　商品信息表的数据稽核审计

非正常数据	通过 SQL 语句稽核审计非正常数据
（1）商品名称为空	SELECT ＊ FROM goods WHERE trim(name)＝'' or name is null;
（2）商品名称重复	SELECT distinct a. code, a. name FROM goods a , goods b WHERE a. code ＜＞b.code and a. name ＝ b.name;
（3）商品种类为空	SELECT ＊ FROM goods WHERE trim(sort)＝'' or sort Is null;

(续表)

非正常数据	通过 SQL 语句稽核审计非正常数据
(4) 商品规格型号为空	SELECT ＊ FROM goods WHERE trim(model)＝"or model Is null;
(5) 计量单位为空	SELECT ＊ FROM goods WHERE trim(unit)＝"or unit Is null;
(6) 价格小于等于 0	SELECT ＊ FROM goods WHERE price ＜＝0 or price is unll;
(7) 供应商为空	SELECT ＊ FROM goods WHERE trim (manufacturer) ＝ " or manufacturer Is null;
(8) 图片为空	SELECT ＊ FROM goods WHERE trim(photo)＝"or photo Is null;

3. 采购单的数据稽核审计(见表 5-19)

表 5-19　　　　　　　　采购单的数据稽核审计

非正常数据	通过 SQL 语句稽核审计非正常数据
(1) 日期为空	SELECT ＊ FROM sheet_cg WHERE trim(sheetdate) ＝"or sheetdate Is null;
(2) 制单人为空	SELECT ＊ FROM sheet_cg WHERE trim(oper_code) ＝"or oper_code Is null;
(3) 商品编码为空	SELECT ＊ FROM sheet_cg WHERE trim(code) ＝"or ocode Is null;
(4) 数量为空或等于 0	SELECT ＊ FROM sheet_cg WHERE amount is unll or amount＝0;
(5) 单价为空或小于 0	SELECT ＊ FROM sheet_cg WHERE price is unll or price ＜＝0;
(6) 金额为空	SELECT ＊ FROM sheet_cg WHERE mone is unll;
(7) 金额不等于数量＊单价	SELECT ＊ FROM sheet_cg WHERE mone ＜＞ amount ＊ price;
(8) 商品编码不存在于商品信息表中	SELECT ＊ FROM sheet_cg WHERE code not in (select code from goods);
(9) 制单人不存在于操作员表中	SELECT ＊ FROM sheet_cg WHERE oper_code not in (select oper_code from c_operator);

4. 销售单的数据稽核审计(见表 5-20)

表 5-20　　　　　　　　销售单的数据稽核审计

非正常数据	通过 SQL 语句稽核审计非正常数据
(1) 日期为空	SELECT ＊ FROM sheet_xs WHERE trim(sheetdate) ＝"or sheetdate Is null;
(2) 制单人为空	SELECT ＊ FROM sheet_xs WHERE trim(oper_code) ＝"or oper_code Is null;
(3) 商品编码为空	SELECT ＊ FROM sheet_xs WHERE trim(code) ＝"or ocode Is null;

（续表）

非正常数据	通过 SQL 语句稽核审计非正常数据
（4）数量为空或等于 0	SELECT * FROM sheet_xs WHERE amount is unll or amount＝0；
（5）单价为空或小于 0	SELECT * FROM sheet_xs WHERE price is unll or price＜＝0；
（6）金额为空	SELECT * FROM sheet_xs WHERE mone is unll；
（7）金额不等于数量＊单价	SELECT * FROM sheet_xs WHERE mone＜＞amount * price；
（8）商品编码不存在于商品信息表中	SELECT * FROM sheet_xs WHERE code not in（select code from goods）；
（9）制单人不存在于操作员表中	SELECT * FROM sheet_xs WHERE oper_code not in（select oper_code from c_operator）；

5. 商品库存表的数据稽核审计（见表 5-21）

表 5-21   商品库存表的数据稽核审计

非正常数据	通过 SQL 语句稽核审计非正常数据
（1）商品编码不存在于商品信息表中	SELECT * FROM goods_amount WHERE code not in（select code from goods）；
（2）库存数量错误	SELECT * FROM goods_amount WHERE goods_amount.amount＜＞ （select sum（sheet_cg.amount）from sheet_cg where goods_amount.code＝sheet_cg.code） －（select sum（sheet_xs.amount）from sheet_xs where goods_amount.code＝sheet_xs.code）；

6. 进销存数量月报表的数据稽核审计（见表 5-22）

表 5-22   进销存数量月报表的数据稽核审计

非正常数据	通过 SQL 语句稽核审计非正常数据
（1）起始日期大于结束日期	SELECT * FROM report WHERE date_min＞date_max；
（2）商品编码不存在于商品信息表中	SELECT * FROM report WHERE code not in（select code from goods）；
（3）期末库存数量不等于期初库存数量＋采购数量－销售数量	SELECT * FROM report WHERE amount_end＜＞amount_ini＋amount_buy － amount_sale；
（4）本月的期初库存数量不等于上月的期末库存数量	SELECT a.date_min，a.code，b.amount_end， a.amount_ini FROM report a，report b WHERE a.code＝b.code and a.date_min＝'2020-02-01' and b.amount_end＝'2020-01-01' and b.amount_end＜＞a.amount_ini；

本章思考题 ▌▌

1. 设计进销存业务,在进销存系统原型案例数据库中,利用 SQL 语句实现对商品信息、操作员信息、采购单、销售单、库存、进销存数量月报表等相关数据的输入、修改、删除、查询等处理。

2. 利用 SQL 语句实现对库存、进销存数量月报表的计算处理。

3. 利用 SQL 语句实现对商品信息、操作员信息、采购单、销售单、库存、进销存数量月报表等相关数据的稽核审计处理。

4. 分析本案例在流程分析、功能设计上的不足。

5. 分析本案例在数据库设计上的不足。

第6章

数据窗口：看得见的数据处理

6.1　创建数据窗口对象

 引入案例

案例 18　商品信息管理(方案 9)

创建不同风格的数据窗口。

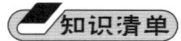 知识清单

6.1.1　数据窗口对象简介

数据窗口(Data Windows)对象是 PowerBuilder 最有特色的对象。它可以将需要处理的数据库中的数据即选择的数据窗口数据源(Data Source)，以不同的数据窗口显示风格

(Style)展示出来，并通过操作数据窗口能非常方便地进行数据的查询（Retrieve）、增加（Insert）、删除（Delete）、更新（Update）、排序（Sort）、过滤（Filter）、导出（Save Rows As）、导入（Import）等操作。

数据窗口对数据库中的数据进行的查询、增加、删除、更新等操作本质上对应着相应的 SQL 语句即查询（Select）、增加（Insert）、删除（Delete）、更新（Update）。

1. 数据窗口显示风格

数据窗口对象能以不同的样式来表现数据，它有多种不同的显示风格，如网格（Grid）、自由列表（Freeform）、列表（Tabular）、统计图（Graph）、标签（Label）、分栏（N－Up）、分组（Group）、交叉列表（Crosstab）和复合（Composite）等。在创建数据窗口对象时，可以在数据窗口显示样式对话框中选择需要的样式。通过选择显示样式和设置数据窗口对象及其属性，可以方便地构建出适合于用户交互的显示界面。常用的显示风格如下。

1）网格

网格风格数据窗口使用网格来展示数据的行和列，网格上方是选择的所有列的标题（也称表头 Header），以列名＋"_t"命名。每一个数据在一个网格中，运行时可以通过拖曳来改变网格的宽度，也能调整列的左右位置。网格风格的数据窗口常用于批量输入数据或显示多行数据。

2）自由列表

自由列表风格数据窗口以垂直方式排列在数据窗口中，左边是选择的所有列的标题（也称标签 Label），以列名＋"_t"命名。自由列表风格数据窗口使用比较灵活，用户可以根据需要自由地调整列、标签以及其他对象的位置。自由列表风格数据窗口一页每次只显示一行数据，常用于单行数据输入。

3）列表

列表风格数据窗口将数据按列排列在数据窗口中，列表上方是选择的所有列的标题，以列名＋"_t"命名。每页显示的数据行数取决于数据窗口的大小，而且支持用户在设计时根据需要调整各列的宽度与位置。列表风格的数据窗口常用于批量输入数据或显示固定格式的多行数据。

4）统计图

统计图风格数据窗口以统计图的方式显示数据库中的数据。数据不是通过行和列显示出来，而是以图形的方式呈现。该风格的数据窗口提供了多种统计图，包括面积图（Area）、条形图（Bar）、饼图（Fie）、柱状图（Column）、线形图（Line）、散点图（Scatter）和堆积图（Stacked Bar）等。

2. 数据窗口数据源

PowerBuilder 提供了 5 种类型的数据源，分别是 Quick Select，SQL Select，Query，External 和 Store Procedure 类型。其中，常用的是 SQL Select 数据源。SQL Select 数据源主要用于从一个或多个数据表中通过 SQL 语句来选择数据列、指定查询条件、对数据排序等。

6.1.2 数据窗口画板

数据窗口画板提供了 6 个与数据窗口相关的视图。通过这些视图,我们可以对当前工作数据窗口进行操作。图 6-1 显示了 3 个视图,包括设计视图、预览视图和属性视图。

图 6-1 数据窗口的视图

1. 设计视图

设计视图用来实时显示数据窗口对象和它的控件的层次和外观。用户可以使用这个视图设计数据窗口对象的外部和框架。为表现不同的显示风格,该视图被划分为多个工作栏,每个工作栏都在设计视图上分别用箭头指出相应的位置,修改视图栏尺寸的方法是将鼠标光标定位在指示栏位置的分割条上,然后通过拖动分割条来缩小或扩大指示栏的尺寸。

图 6-2 是 dw_goods_grid 数据窗口的设计视图。设计视图栏可分为标题栏(Header,显示数据窗口的标题)、细节栏(Detail,显示数据库和其他数据源的数据)、合计栏(Summary,显示所有数据的统计信息)和脚注栏(Footer,显示每页底部的信息),每个工作栏显示数据窗口不同的部分,具体如表 6-1 所示。

![图 6-2 设计视图栏]

图 6-2 设计视图栏

表 6-1 设计视图栏的功能

栏名称	栏的功能
标题栏	显示在屏幕或页的顶部。例如,商品信息表各列的表头,如商品编码、商品名称、商品种类、规格型号、计量单位、价格等

（续表）

栏名称	栏的功能
细节栏	显示从数据库和其他数据源获取的数据。例如,code、name、sort、model、unit、price 等
合计栏	显示所有数据的合计信息。例如,平均价格 avg(price for all)
脚注栏	显示在每页底部的信息。例如,日期 today()

2. 属性视图

属性视图的主要作用就是修改当前选中的数据窗口或数据窗口中控件的属性。数据窗口中的每个对象(如文本、列、计算域、栏、图形或数据窗口本身)都由一系列属性定义。这些属性显示在属性视图上,可以通过改变属性来修改数据窗口,步骤如下:

（1）将鼠标指针定位在需要修改的数据窗口部位如 code 列上,然后右键单击,在弹出的快捷菜单中选择"Properties"选项,即可打开属性视图。

（2）在弹出的属性窗口中,选择不同的标签页,根据需要修改相应的属性。

3. 控件列表视图

控件列表视图显示了数据窗口对象中的所有控件,如图 6-3 所示。在控件列表中可以直接选择需要操作的数据窗口控件,然后在属性列表中进行修改。

图 6-3　控件列表视图

4. 数据视图

数据视图显示了用于操纵数据窗口对象中的数据,并且允许对数据进行修改,如图 6-4 所示。当单击 Retrieve 图标时,数据视图显示数据。

5. 列定义视图

列定义视图显示了数据表中的列属性,并可以添加和删除属性、修改初始值和验证表达式等信息。当要添加列到数据窗口时,可用拖动方式将列从列定义视图直接拖放到设计视图。对于外部数据源和存储的数据源,用户可以对列的名称、类型和长度等进行增加、删除、

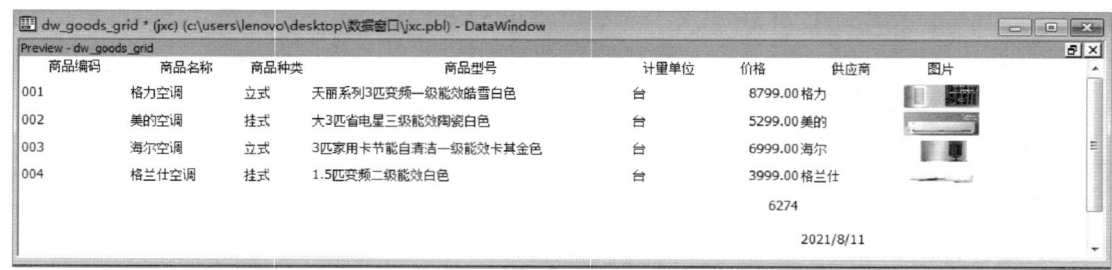

图 6-4　数据视图

编辑等操作,如图 6-5 所示。

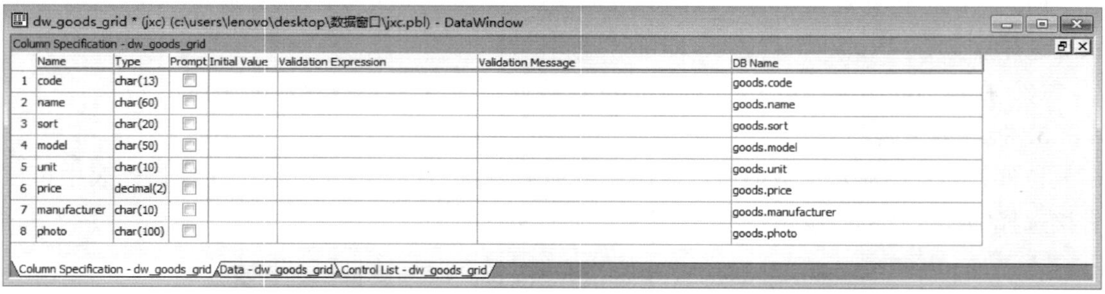

图 6-5　列定义视图

6.1.3　创建数据窗口

本节的数据库以商品进销存数据库为例,介绍数据窗口的基本设计方法。创建数据窗口的基本步骤如下:

(1) 创建新的数据库,或建立与已有数据库的连接。

(2) 创建应用,或打开已有的应用。

(3) 新建 DataWindow 对象。选择"File"菜单中的"New"命令,弹出"New"对话框,选择"DataWindow"选项卡。

(4) 选择数据窗口显示风格。选择 Grid 显示风格,单击"OK"按钮。此时,弹出对话框,选择 SQL Select 图标,单击"Next"按钮。

(5) 选择数据窗口数据源。选择 SQL Select 数据源,在弹出的选择数据表(Select Tables)对话框中,可以选择一个或多个表作为数据源。选择表 goods,单击"Open"按钮。

(6) 选择数据列。在选择数据列(Table Layout)对话框中选中需要显示的数据列。这里选中全部数据列。

(7) 设置检索条件。在对话框的底部可以设置检索条件。单击"Where"标签,显示"Where"选项卡,如图 6-6 所示。

单击"Column"下的第一个空白行,显示一个列名下拉列表框,从中选择一个列名,如选

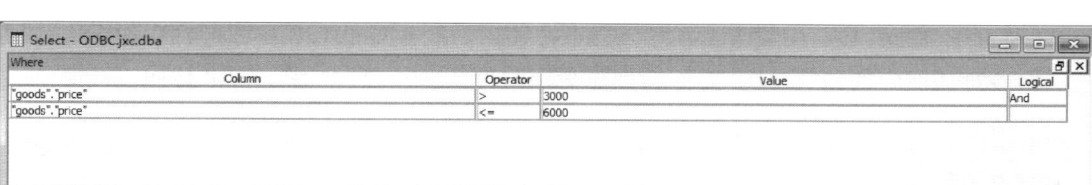

图 6-6 数据检索条件

择"price"。单击同行"Operator"列对应的单元格,显示一个运算符下拉列表框,从中选择需要的运算符,如选择"＜"。在"Value"列下的下拉列表框中输入检索数值或参数名,如输入"3000"。当需要多个条件时,单击"Logical"下的下拉列表框,根据需要选择 AND/OR 逻辑运算符后,在下一行重复上述步骤。

（8）初步完成数据窗口创建。设置完检索条件后,单击菜单栏上的 Return 图标。弹出编辑数据窗口的外观颜色窗口,选择默认,单击"Next"按钮。弹出数据窗口配置清单对话框,单击"Finish"按钮。

（9）修改数据窗口布局。在数据对象设置窗口可以根据需要对数据窗口的布局进行修改。单击保存按钮,在保存对话框中输入数据窗口的名字 dw_goods_gid,完成数据窗口的创建。

案例解析

案例 18　商品信息管理（方案 9）

常用的数据窗口风格有 Grid、Free、Graph、Label、Group 和 Composite 等。本案例将详细讲解创建 Grid 风格数据窗口的操作步骤,其他格式读者可以自行尝试。

（1）连接 jxc.db 数据库。

（2）创建一个应用。

（3）执行【File】|【New】命令,弹出"New"对话框,在该对话框中选择"DataWindow"选项卡,如图 6-7 所示。

图 6-7 "New"对话框

（4）选择"Grid"显示风格,单击"OK"按钮。此时,弹出"Choose Data Source for Grid DataWindow"对话框,如图 6-8 所示。

（5）选择"SQL Select"图标，单击"Next"按钮，弹出"Select Tables"对话框，如图 6-9 所示。在该对话框中选择"goods"表作为创建数据窗口的数据源，单击"Open"按钮。

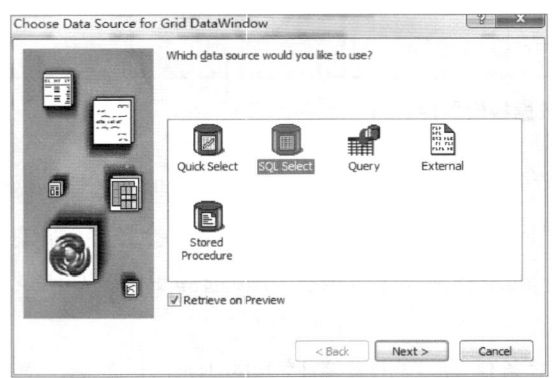

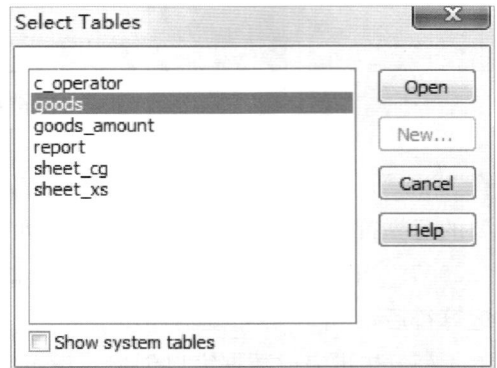

图 6-8 "Choose Data Source for Grid DataWindow"对话框　　　　图 6-9 "Select Tables"对话框

（6）在打开的"Table Layout"窗格中选择需要显示的数据列。在 goods 表标题上单击鼠标右键，在弹出的快捷菜单中选择"Select All"来选择全部列，如图 6-10 所示。这一步也可以通过直接单击列标题来选择所需要的列。

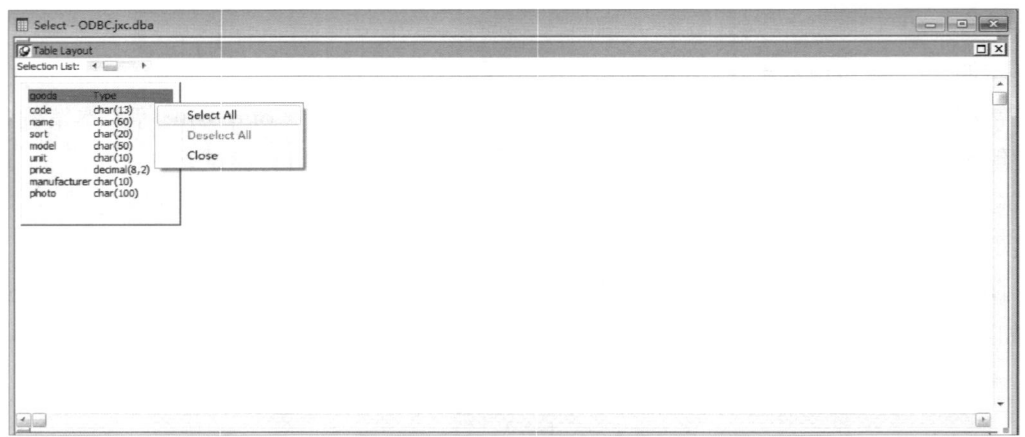

图 6-10 "Table Layout"窗格

（7）单击菜单栏上的 ▦ Return 按钮，在随后弹出的编辑数据窗口外观的对话框中单击"Next"按钮，弹出数据窗口配置清单对话框，再单击"Finish"按钮。

（8）进入数据窗口设计视图后，可以根据需要对数据窗口的布局进行修改。

① 显示商品图片。在 Detail 区选中"photo"字段，在其属性视图中，选中"Display As Picture"复选项，如图 6-11 所示。

② 计算商品的平均价格。在 Detail 区选中"price"字段，执行【Insert】|【Control】|【Average】命令，在 Summary 区生成一个计算表达式"avg(price for all)"。再执行【Insert】|【Control】|【Text】命令，在"avg(price for all)"表达式左侧的列上单击插入一个文本框，输入

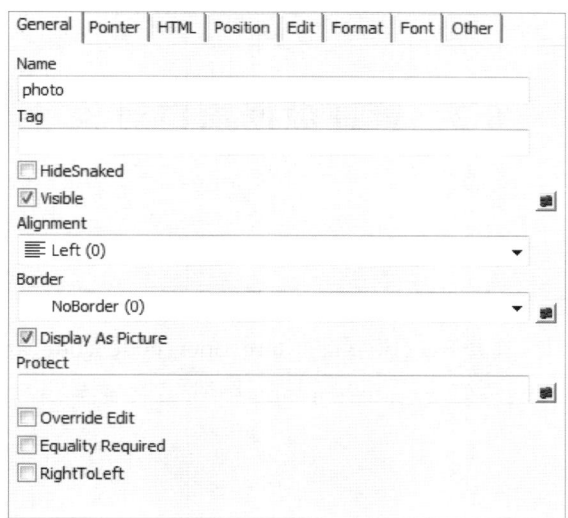

图 6-11　属性视图

"平均价格"，如图 6-12 所示。

③ 插入创建日期及页码。分别执行【Insert】|【Control】|【Today( )】和【Page n of n】命令，在 Footer 区适当的位置单击即可插入当前日期和页码，如图 6-12 所示。

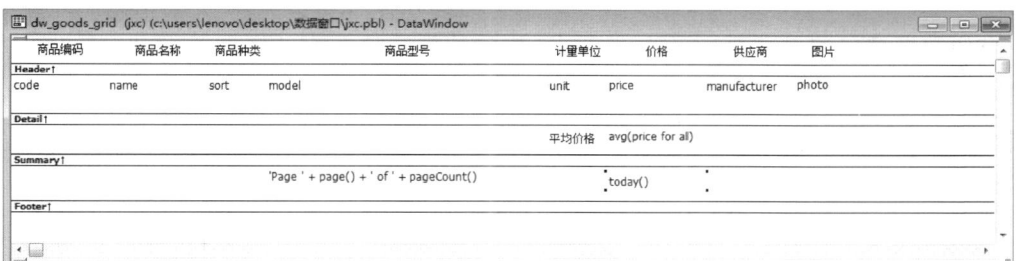

图 6-12　设计数据窗口

（9）修改完成后，单击工具栏中的保存按钮，在保存对话框中输入数据窗口的名字"dw_goods_gid"，完成数据窗口的创建。

（10）运行之后的数据窗口如图 6-13 所示。

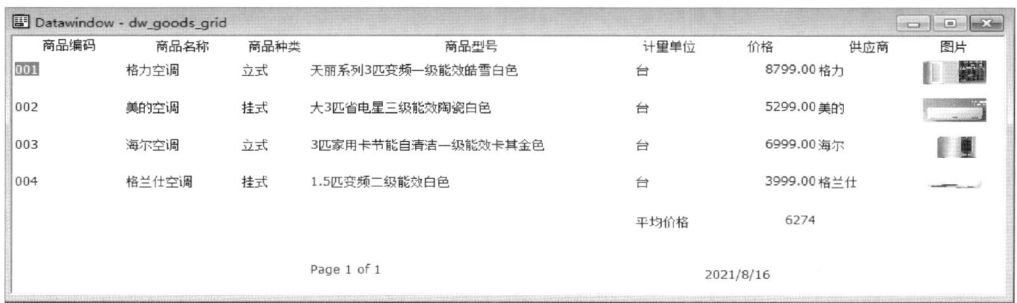

图 6-13　数据窗口的数据视图

6.2 管理数据窗口对象

引入案例

案例 19 在数据窗口设计视图中管理销售单数据窗口对象

创建销售单数据窗口,选择 sheetid、sheetdate、oper_code、code、amount 和 price 数据列;增加一个计算列金额(mone),使 mone=amount * price;按商品编码创建分组,并且汇总每组金额的合计。

知识清单

6.2.1 数据窗口区域划分

数据窗口有六个区域,分别是页眉区、组标题区、细目区、组尾区、汇总区和脚注区。在数据窗口画板工作区的设计模式中,这些区彼此之间都用一条有区域名称及上箭头的栏隔开(称为区标栏),每个栏上方的区域即为所指示的区。运行时指示区域的栏并不存在,只是为了方便数据窗口的设计而显示的。不同风格的数据窗口拥有的区域类型和个数也不尽相同,如标签风格的数据窗口就没有页眉区与脚注区。上一节提到的标题栏、细节栏、合计栏和脚注栏分别对应页眉区、细目区、汇总区和脚注区。

1. 页眉区

页眉区(Header)主要用来放置每页或每屏顶部显示的信息,如报表名、列标题等,也可以在该区域添加文本、图片、计算域、线段、矩形和椭圆等控件。创建数据窗口时出现在该区的内容与选择的显示风格相关,当选择了列表、表格和分栏风格时,页眉区显示数据列的列标题。

2. 组标题区

只有选择了分组风格或创建了分组后,组标题区(Group Header)才会自动地出现在数据窗口中。组标题区中通常放置每组数据名称,如按部门分组时的部门名称。

3. 细目区

细目区(Detail)主要用于显示查询到的数据,数据窗口会根据窗口或报表页的大小尽可能多地安排细目区。细目区的数据可以排列成一行,也可以排列成多行,如报表风格数据窗口把细目区排成两行。

4. 组尾区

与组标题区相似,只有选择了分组风格或创建了分组,组尾区(Group Trailer)才会自动显示在数据窗口中,在该区通常放置每组数据的统计与汇总信息。另外,每个分组只有一个

组尾区。

5. 汇总区

只有当显示完所有细目数据后，汇总区（Summary）中的数据才会出现在最后一屏或最后一页数据的后面。通常，我们在该区中汇总整个数据窗口的统计信息，如数据行总数等。

6. 脚注区

脚注区（Footer）与页眉区相对，该区中的数据出现在每一页或每一屏的底部。通常，我们在脚注区中放置一些计算列，如显示页码等。

6.2.2　增加和删除列

1. 增加列

增加列的步骤如下：

（1）打开需要增加列的数据窗口，单击菜单栏中【Insert】|【Control】|【Column】命令。

（2）在需要添加该列的位置上单击鼠标左键，弹出"Select Column"对话框。

（3）在对话框中选择要加入的列，单击"OK"按钮，完成列的添加。

2. 增加计算列

增加计算列的步骤如下：

（1）打开需要增加列的数据窗口，单击菜单栏中【Insert】|【Control】|【Computed Filed】命令。

（2）在需要添加计算列的位置上单击鼠标左键，弹出"Modify Expression"对话框。

（3）在对话框中选择要加入的计算列表达式，如折扣价 price * 0.8，单击"OK"按钮，完成列的添加，如图 6-14 所示。

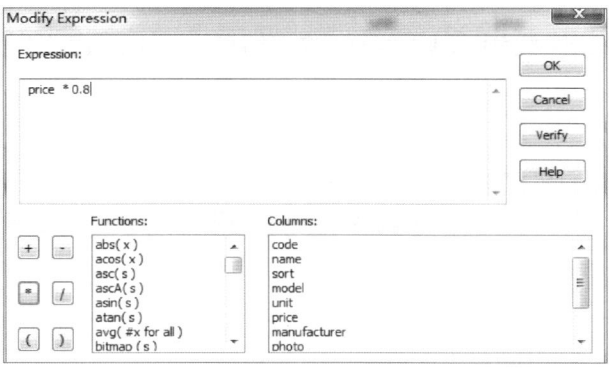

图 6-14　计算列设置窗口

3. 删除列

删除列的步骤如下：

（1）打开需要删除列的数据窗口，在数据窗口画板的工作区中选中要删除的列。

（2）按 Delete 键或单击工具栏上的 Delete 图标，选中列即被删除。

需要注意的是，完成增加或删除列操作后要单击工具栏中的保存按钮以保存所做的操作。

6.2.3 数据分组

1. 创建分组

用户可以根据自己的需要对数据进行分组，具体的步骤如下：

（1）打开需要进行数据分组的数据窗口，执行菜单栏中的【Rows】|【Create Group】命令，弹出"Specify Group Columns"对话框，如图 6-15 所示。

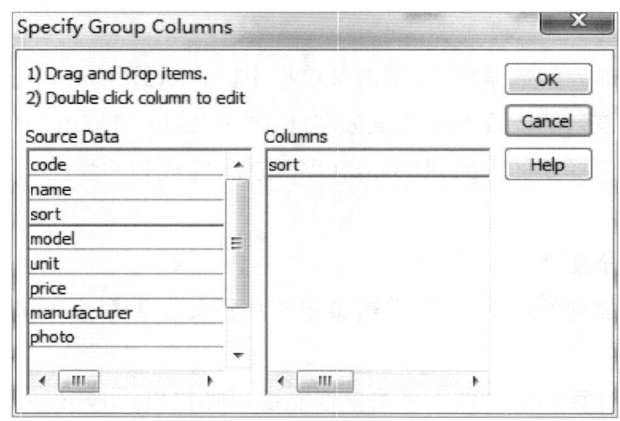

图 6-15 "Specify Group Columns"对话框

（2）选择分组所依据的数据列，如商品种类 sort，将其自对话框左边的"Source Data"列表中拖入右边"Columns"列表中，单击"OK"按钮即可。一般新建的分组系统主动保存分组名为"1"。

2. 删除分组

分组设置无用后用户可以选择删除，用户先打开需要删除分组的数据窗口，执行【Rows】|【Delete Group】命令，将出现已经定义的分组，然后选择需要删除的分组即可。

3. 编辑分组

分组设置完成后，用户可以执行【Rows】|【Edit Group】命令，对分组进行修改。

6.2.4 插入控件

在数据窗口的各个区域中都可以插入控件以满足用户的设计需求。Power Builder 提供的控件类型有静态文本框、图片、线、几何图形（椭圆、矩形、圆矩形）、列、计算域、图表、按钮、数据总和、数据平均值、计数、日期、页码等，如图 6-16 所示。

插入控件的方法是：选择菜单栏中的【Insert】|【Control】命令下要插入的控件名，或者

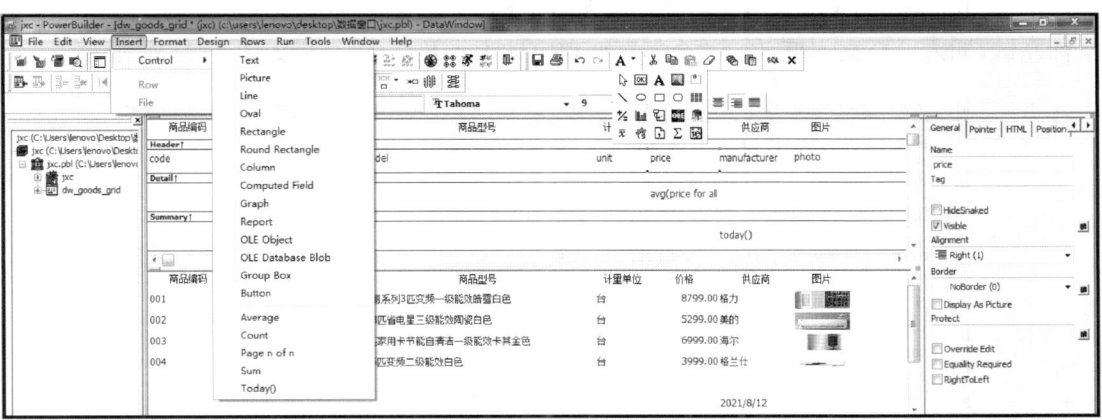

图 6-16　数据窗口中可插入的控件

直接单击工具栏中的控件按钮，选择要插入的控件按钮，再单击要插入控件的数据窗口区域，即可插入控件。

案例 19　在数据窗中设计视图中管理销售单数据窗口对象

（1）创建销售单数据窗口，操作步骤参考前述案例，结果如图 6-17 所示。

图 6-17　销售单数据窗口设计视图

（2）增加计算列，步骤如下：

① 进入销售单数据窗口的设计视图，单击菜单栏中【Insert】|【Control】|【Computed Filed】命令。在 Detail 区的"price"列右侧单击鼠标左键，弹出"Modify Expression"对话框，在该对话框中输入计算列表达式"amount * price"，单击"OK"按钮，完成计算列的添加。

② 单击菜单栏中【Insert】|【Control】|【Text】命令。在 Header 区的"单价"列右侧单击鼠标左键,插入一个文本框,输入"金额",调整字体大小及格式,结果如图 6-18 所示。

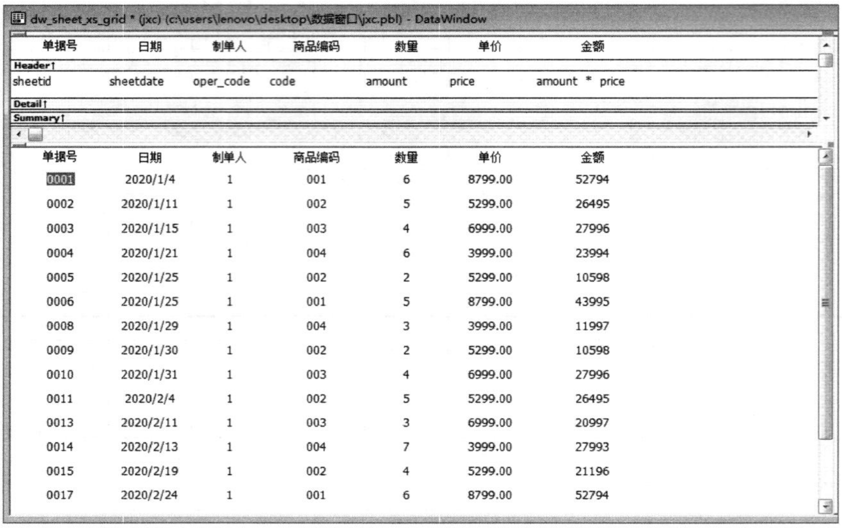

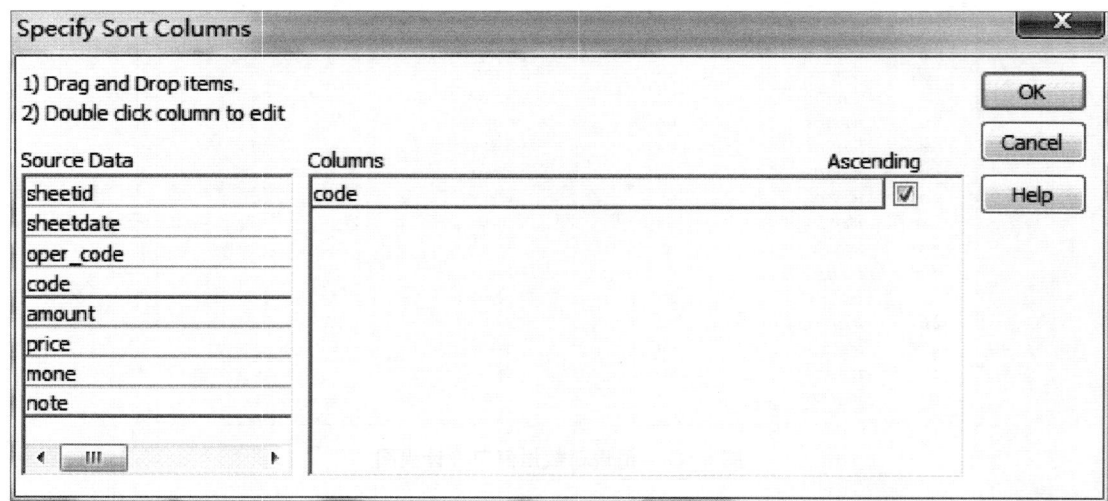

图 6-18　插入计算列结果

(3) 按商品编码创建分组,汇总每组金额合计,步骤如下:

① 按照商品编码排序。单击菜单栏中的【Rows】|【Sort】命令,弹出"Specify Sort Columns"对话框,将"code"字段自对话框左边的"Source Data"列表中拖入右边"Columns"列表中,单击"OK"按钮即可完成排序,如图 6-19 所示。

图 6-19　"Specify Sort Columns"对话框

② 创建分组。单击菜单栏中的【Rows】|【Create Group】命令,弹出"Specify Group Columns"对话框。将"code"字段自对话框左边的"Source Data"列表中拖入右边"Columns"

列表中，单击"OK"按钮即可。系统将自动保存该分组并命名为"1"。

③ 单击菜单栏中【Insert】|【Control】|【Column】命令。在 Header group code 区第四列单击鼠标左键，弹出"Select Column"对话框，如图 6-20 所示，选择分组字段 code，单击"OK"按钮。

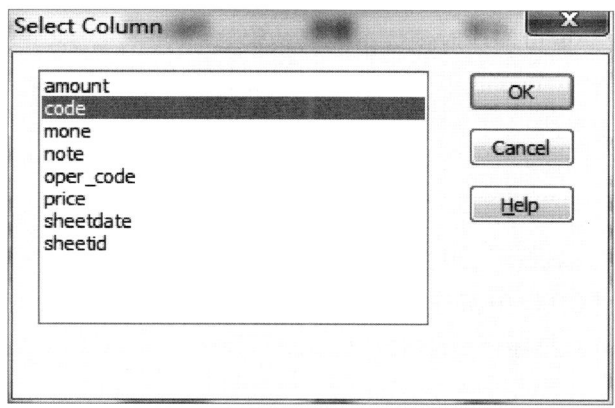

图 6-20　"Select Column"对话框

④ 汇总每组金额合计。选中 Detail 区的"mone"字段，单击菜单栏中【Insert】|【Control】|【Sum】命令，在 Trailer group code 区自动生成一个计算表达式"sum(mone for group 1)"，在该表达式左侧插入一个文本框，输入"金额合计"，如图 6-21 所示。

单据号	日期	制单人	商品编码	数量	单价	金额
			001			
0006	2020/1/25	1	001	5	8799.00	43995.00
0017	2020/2/24	1	001	6	8799.00	52794.00
0001	2020/1/4	1	001	6	8799.00	52794.00
0012	2020/2/6	1	001	4	8799.00	35196.00
					金额合计	184779
			002			
0019	2020/2/28	1	002	5	5299.00	26495.00
0009	2020/1/30	1	002	2	5299.00	10598.00
0015	2020/2/19	1	002	4	5299.00	21196.00
0005	2020/1/25	1	002	2	5299.00	10598.00

图 6-21　汇总每组金额合计

⑤ 如果要删除该分组，可以选择【Rows】|【Delete Group】|【1】命令。

6.3 在数据窗口中实现对数据管理

 引入案例

案例 20 利用数据窗口实现对销售单数据的管理

筛选销售金额大于 20 000 且小于 40 000 的数据,并且按照销售额金额降序排列,将筛选出的结果导出成 excel 文档。

知识清单

在数据窗口中对数据进行管理都是以相应数据窗口被打开为前提的,即数据窗口处于数据视图当中。在数据窗口中实现对数据管理,包括查询(Retrieve)、增加(Insert)、删除(Delete)、更新(Update)、排序(Sort)、过滤(Filter)、导出(Save Rows As)、导入(Import)等。

6.3.1 数据查询

1. 数据查询

执行【Rows】|【Retrieve】命令或直接单击工具栏中的 Retrieve 图标查询数据,在数据库数据发生改变时,查询数据可更新数据窗口中的数据。

2. 数据排序

在数据窗口中对数据进行排序与在数据库中对数据进行排序检索的办法相同。不同的是在数据窗口中,用户可以执行【Rows】|【Sort】命令或直接单击工具栏中的 Sort 图标打开"Specify Sort Columns"对话框,如图 6-22 所示。

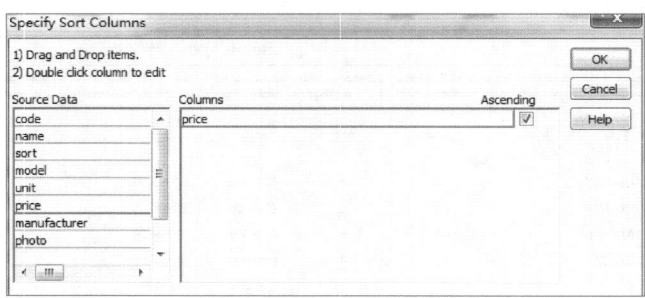

图 6-22 数据排序

3. 数据过滤

在数据窗口中对数据进行过滤与在数据库中对数据进行条件检索的办法相同。不同的是在数据窗口中,用户可以选择【Rows】|【Filter】命令或直接单击工具栏中的 Filter 图标打开"Specify Filter"对话框,如图 6-23 所示。

4. 合并重复值

数据预览时,用户为了界面简洁,可以设置合并重复值。具体步骤如下:

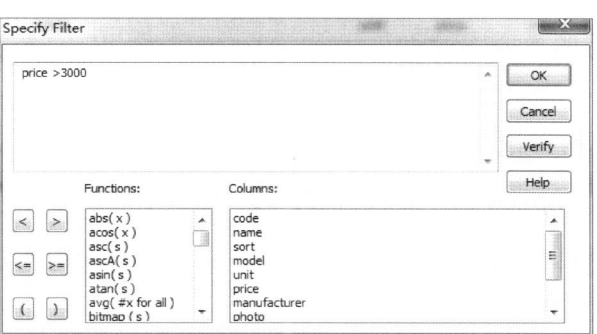

图 6-23　数据过滤

首先，打开需要操作的数据窗口，选中菜单栏中【Rows】|【Suppress Repeating Values】命令，弹出"Specify Repeating Value Suppression List"对话框。然后，从"Source Data"列表框中选择需要设置的列，单击拖到"Suppression List"列表框中。最后，单击"OK"完成设置，如图 6-24 所示。

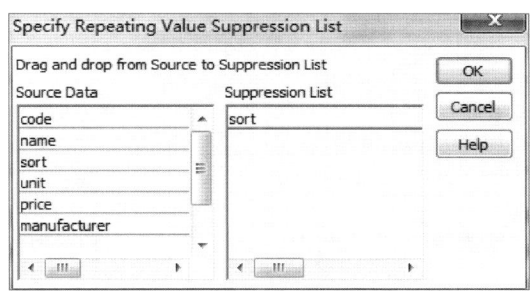

图 6-24　合并重复值

6.3.2　数据修改

数据的增加、删除与修改操作与在数据库的操作相同。在数据窗口中修改数据，一旦单击 Save Changes 图标保存所做的修改，后台数据库中的数据也同时被修改。

6.3.3　数据更新

数据更新决定当数据窗口中的数据被修改时，数据库中的数据是否也随之被修改。数据更新设置的方法是：选中菜单栏中【Rows】|【Update Properties】命令，弹出"Specify Update Properties"对话框，如图 6-25 所示。若选中"Allow Updates"复选框，则说明数据允许更新，反之，则不允许更新。一般，数据窗口中的更新设置都是默认数据允许更新的。选择"Allow

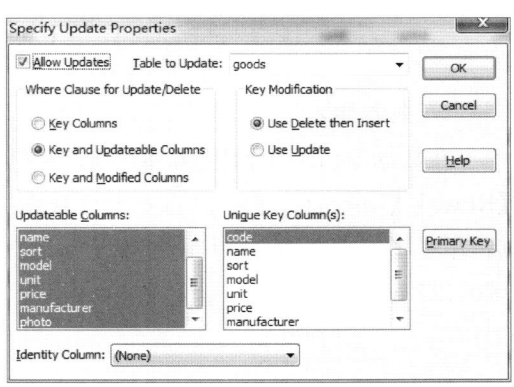

图 6-25　数据更新设置

Updates"后，再选择更新方式、运行更新的表、该表的主键及允许更新的列，单击"OK"即可。一般，更新设置选择默认设置。

6.3.4 数据的导入和导出

在数据窗口中进行数据的导入与导出操作和在数据库中进行数据导入与导出操作相同。不同的是，数据窗口中导出数据需要在数据窗口处于设计视图或者预览视图，而导入数据则需要在数据窗口的预览视图中进行。

1. 数据导出

选择菜单栏中【File】|【Save Rows As】命令，输入导出文件名并选择数据导出的文件格式后，单击"保存"按钮即可实现数据导出，如图 6-26 所示。

图 6-26　数据导出

2. 数据导入

在数据窗口处于预览视图下，选择菜单栏中【Rows】|【Import ...】命令，选择导入数据的文件后，单击【打开】按钮即可实现数据导入，如图 6-27 所示。

图 6-27　数据导入

案例 20　利用数据窗口实现对销售单数据的管理

（1）打开创建好的销售单数据窗口，使其处于数据窗口的数据视图。

（2）执行【Rows】|【Filter】命令，打开"Specify Filter"对话框，在该对话框中输入表达式"mone >= 20000 and mone <= 40000"，单击"OK"即可完成筛选，如图 6-28 所示。

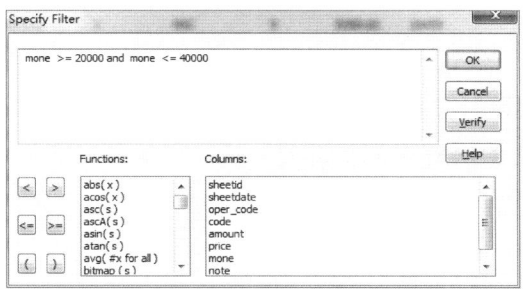

图 6-28　"Specify Filter"对话框

（3）执行【Rows】|【Sort】命令，打开"Specify Sort Columns"对话框，选择"mone"作为排序字段，取消"mone"后的对勾，单击"OK"即可完成降序排序，如图 6-29 和图 6-30 所示。

图 6-29　"Specify Sort Columns"对话框

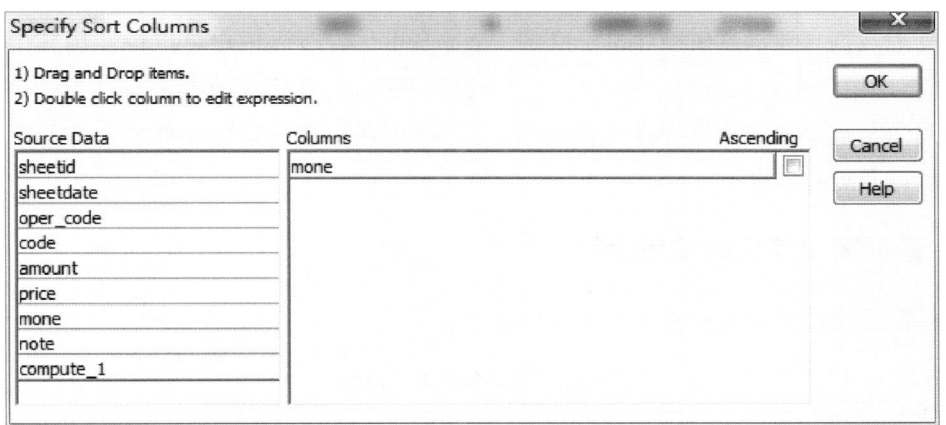

单据号	日期	制单人	商品编码	数量	单价	金额
0012	2020/2/6	1	001	4	8799.00	35196
0010	2020/1/31	1	003	4	6999.00	27996
0020	2020/2/29	1	003	4	6999.00	27996
0007	2020/1/27	1	003	4	6999.00	27996
0003	2020/1/15	1	003	4	6999.00	27996
0014	2020/2/13	1	004	7	3999.00	27993
0011	2020/2/4	1	002	5	5299.00	26495
0019	2020/2/28	1	002	5	5299.00	26495
0002	2020/1/11	1	002	5	5299.00	26495
0004	2020/1/21	1	004	6	3999.00	23994
0015	2020/2/19	1	002	4	5299.00	21196
0013	2020/2/11	1	003	3	6999.00	20997

图 6-30　排序和筛选的结果

（4）执行菜单栏中【File】|【Save Rows As】命令，输入导出文件名并选择数据文件格式为"Excel with headers"后，单击"保存"按钮即可实现数据导出。

6.4 数据窗口控件的常用函数和事件

案例 21 商品信息管理（方案 10）

通过数据窗口的应用实现对商品信息的管理。创建一个商品信息管理窗口，通过数据窗口控件和数据窗口对象访问数据库，实现对商品信息的初始化、增加、删除、修改、查询等操作。

知识清单

数据窗口控件是应用程序在窗口中展示数据窗口对象的唯一途径，数据窗口控件与数据窗口对象的结合构成了应用程序访问和操作数据库数据的主要手段。

在数据窗口画板中定义一个数据窗口对象后，要把数据窗口控件放置在窗口中才能利用它来处理数据。数据窗口控件是标准的 PowerBuilder 控件，用户可以像使用其他控件一样使用它，即用户先要在窗口中添加一个数据窗口控件，然后将在数据窗口画板中创建的数据窗口对象与这个数据窗口控件连接起来，之后就可利用数据窗口控件的函数及事件编写代码来访问及处理数据。

6.4.1 数据窗口控件的常用函数

数据窗口控件的常用函数如表 6-2 所示。

表 6-2 　　　　　　　　　　　　数据窗口控件的常用函数

函数名称	功能	参数	返回值
SetTransObject（transaction）	为数据窗口设定事务对象，提供对事物的控制	Transaction，需要在数据窗口控件中使用的事务对象的名称	Integer成功设置事务对象则返回 1，执行过程中发生了错误则返回—1
InsertRow（long row）	在表格中的指定位置插入一个新行	Row，指定在哪一行前面插入新行。如果需要在数据窗口最后一行后面插入新行，定义参数值为 0	Long返回插入的数据的行号，如果执行过程中发生错误则返回—1
DeleteRow（long row）	从数据窗口删除行	Row，标识需要删除的行，如果需要删除当前行，定义为 0	Integer执行成功则返回 1，执行错误则返回—1

（续表）

函数名称	功能	参数	返回值
Update( )	发送所有的插入、删除和更新操作到数据库中	无	Integer 执行成功则返回 1,执行错误则返回－1
Retrieve( )	使用数据窗口控件的当前事务对象检索数据库中的数据。如果数据窗口控件对应的数据窗口对象定义了检索参数,则应该在该函数中指定检索参数,参数的个数和数据窗口对象的检索变量个数相等,对应的数据类型相兼容	无	Long 返回数据窗口控件主缓存区(Primary Buffer)中的记录数,如果检索数据时发生错误则返回－1,如果任意参数为 Null 则返回 Null
Reset( )	清除一个数据窗口中的所有数据	无	Integer 执行成功则返回 1,执行错误则返回－1
RowCount( )	获取行目前在数据窗口控件或数据存储的数量	无	Long 返回目前的行数,如果没有目前可用的行返回 0,如果出现错误返回－1
SelectRow (long row, boolean select)	选中或者放弃选中数据窗口的特定行	Row,表示选中或者去掉选中的行的行数。当参数设定为 0 的时候,选择或者去掉选择所有的行。 Select,Boolean 类型,确定是否选中指定的行,取值为 TRUE(选中指定的行,被选中的行加亮显示)、FALSE(去掉选中的行,这些行正常显示)	Integer 执行成功则返回 1,发生错误则返回－1
IsSelected (long row)	判断是否为选中状态	Row,表示需要测试是否选中的行的序号	Boolean 如果被选中则返回 true,如果没有选中则返回 false。如果行大于目前总行数或是 0 或负数,也返回 false
ScrollToRow (long row)	让控件滚动到指定行	Row,表示需要滚动到的行的序号	Integer 如果成功则返回 datawindow 滚动到的行的编号,如果出现错误则返回－1
ModifiedCount( )	返回数据窗口中被修改,但是还没有更新数据库的行数	无	Long 返回 long 类型的数据窗口控件中被修改过的记录数,如果没有记录被修改过或者修改后都已经保存到了数据库中则返回 0,执行过程中如果发生错误则返回－1

(续表)

函数名称	功能	参数	返回值
DeletedCount( )	返回已经在数据窗口中删除,但是还没有更新数据库的行的数量	无	Long 返回 long 类型的已经被删除但还没有提交到数据库中的记录数,如果执行过程中发生错误返回－1,如果没有删除过记录则返回 0
ShareData（datawindow dwsecondary）	在主数据窗口之间共享数据	Dwsecondary 从数据窗口的名称	Integer 如果成功,返回 1;如果发生错误,则返回－1
ShareDataOff( )	关闭数据窗口共享数据选项	无	Integer 如果成功,返回 1;如果发生错误,则返回－1
Retrieve（{argument1, argument2 ...}）	从数据库中提取数据	Argument：可选,一个或者多个参数,是在数据窗口控件中定义的 SQL SELECT 语句中提取参数	Long 如果成功,则返回提取的行数;如果失败,返回－1,如果数据窗口控件没有相关联的数据窗口对象,函数返回－1
AcceptText( )	将数据窗口的编辑控件的内容保存到数据窗口缓冲区的当前项中	无	Integer 如果成功,返回 1;如果发生错误,则返回－1
GetColumn( )	获取数据窗口的当前列的列号	无	Integer 如果没有当前行,函数返回 0
GetColumnName( )	返回数据窗口中的当前列的列名	无	String 如果没有当前列或者发生错误,则返回空串
Getrow( )	返回数据窗口对象当前行的行号	无	Long 如果发生错误,返回－1
GetItemString（long row, integer column）	返回数据窗口中的指定行和列的 string 类型数据	Row：标识数据的行位置 Column：标识数据的列位置	String 如果列值为 NULL,或者数据窗口控件没有数据窗口对象,返回空串
GetItemDecimal（long row, integer column）	返回数据窗口中的指定行和列的 Decimal 类型数据	Row：标识数据的行位置 Column：标识数据的列位置	Decimal 如果列值为 NULL,或者数据窗口控件没有数据窗口对象,返回 NULL;如果发生其他错误,触发 System Error 事件,并返回－1
GetItemDate（long row, Integer column）	返回数据窗口中的指定行和列的 Date 类型数据	Row：标识数据的行位置 Column：标识数据的列位置	Data 如果列值为 NULL,或者数据窗口控件没有数据窗口对象,返回 NULL;如果发生其他错误,返回 1900-01-01

函数名称	功能	参数	返回值
SetItem(long row, integer/ string column, any value)	设定数据窗口的指定行、列的数据	Row：需要设定数据的行的行号 Column：需要设定数据的列的列号 Value：需要设定的数据值	Integer 如果成功,返回 1;如果发生错误,返回—1
Return n	用于数据窗口 Item Changed! 事件： Return0：接受输入的信息,焦点转到下一列 Return1：拒绝接受输入的信息,焦点不离开当前列 Returr2：拒绝接受输入的信息,列值回到 Item Changed 前的状态 用于数据窗 Item Error! 事件： Return0：（默认值）拒绝数据,并显示提示框 Return1：拒绝数据,且没有提示框 Return2：接受数据后,焦点不离开当前列 Return3：不接受数据,但允许焦点转到下一列		
GetSQLSelect( )	返回数据窗口的当前 SELECT 语句	无	String 如果不能返回语句,函数返回空串
SetSQLSelect （string statement）	修改数据窗口的当前 SELECT 语句	Statement：String 类型,表示数据窗口对象的 SELECT 语句的值。其结构必须同当前的 SELECT 语句相匹配	Integer 如果成功,返回 1;如果 SELECT 语句没有被修改,则返回—1
SetFilter （string format）	定义数据窗口的过滤标准,实际的过滤是由 Filter 函数完成的	Format：String 类型,表示用作过滤标准的 Boolean 表达式	Integer 如果成功,返回1;如果发生错误,返回—1
Filter( )	将不满足过滤标准的行移到过滤缓冲区中	无	Integer 如果成功,返回1;如果发生错误,返回—1
SetSort （string format）	定义数据窗口的排序标准,实际的排序操作是由 Sort 函数完成的	Format：String 类型,定义数据窗口的排序规则	Integer 如果成功,返回1;如果发生错误,返回—1
Sort( )	基于当前的排序规则,对数据窗口中的数据进行排序	无	Integer 如果成功,返回1;如果发生错误,返回—1

（续表）

函数名称	功能	参数	返回值
Save As（）	将数据存储对象特定统计图中的数据以指定格式保存到文件中	无	Integer 如果成功，返回 1；如果发生错误，返回—1
ImportFile（string filename）	从文件中复制数据到数据窗口中	Filename：String 类型，表示需要从中复制数据到数据窗口中的文件名	Long 如果成功，返回导入的行数；如果发生错误，返回负数
Find（string expression,long start,long end）	返回在数据窗口细目带中的特定搜索范围内,满足搜索标准的首行的数量	Expression：String 类型，作为搜索标准的 Boolean 表达式 Start：表示需要开始搜索行的序号 End：表示结束搜索的行的序号	Long 返回满足搜索条件的第一行的序号。如果没有找到行，返回 0；如果发生错误，返回—1（一般错误）和—5（参数错误）

6.4.2 数据窗口控件的常用事件

数据窗口控件的常用事件如表 6-3 所示。

表 6-3 数据窗口控件的常用事件

事件	说明
Clicked！	当单击某个不可编辑字段或在数据窗口控件的工作区中单击时触发
DoubleClicked！	当双击某个不可编辑字段或在数据窗口控件的工作区中双击时触发
Item Changed！	当数据窗口中的某个域被修改,并且失去焦点的时候触发

6.5 数据的处理、检索与计算

6.5.1 数据的基本处理

数据的基本处理操作包括数据增加、数据修改、数据删除、数据保存和数据查询。具体方法如下。

1. 数据增加

用户可以使用 InsertRow（）函数,具体操作是在对象或者控件的相关事件中写上语句,一般是写在命令按钮的单击事件中。

2. 数据修改

用户可以直接在窗口中手动修改,修改完成后通过 Update（）函数保存所做的修改。

3. 数据删除

用户可以使用 DeleteRow（）函数,具体操作是在对象或者控件的相关事件中写上语句,一般是写在命令按钮的单击事件中。

4．数据保存

用户可以使用 Update( )函数，具体操作是在对象或者控件的相关事件中写上语句，一般是写在命令按钮的单击事件中。

5．数据查询

用户可以使用 Retrieve( )函数，具体操作是在对象或者控件的相关事件中写上语句，一般写在命令按钮的单击事件或者窗口对象的 Open! 事件中。

6.5.2　数据的条件检索

数据条件检索实现的主要步骤如下：

（1）打开需要进行条件检索的数据窗口，单击工具栏里的 ^{SQL} Data Source 图标回到该数据窗口选取数据源的界面。

（2）选择菜单栏中【Design】|【Retrieval Arguments】，弹出"Specify Retrieval Arguments"对话框，在此对话框中定义检索参数变量，如图 6-31 所示。

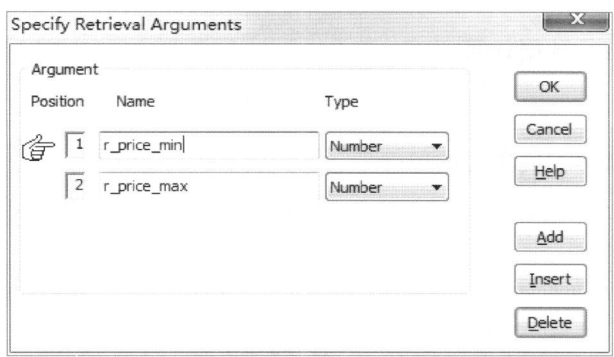

图 6-31　定义检索参数

定义好检索参数之后单击"OK"按钮确定保存。

（3）在选择表列版块下方的"Where"选项卡中设置检索的条件。单击"Return"按钮保存，如图 6-32 所示。

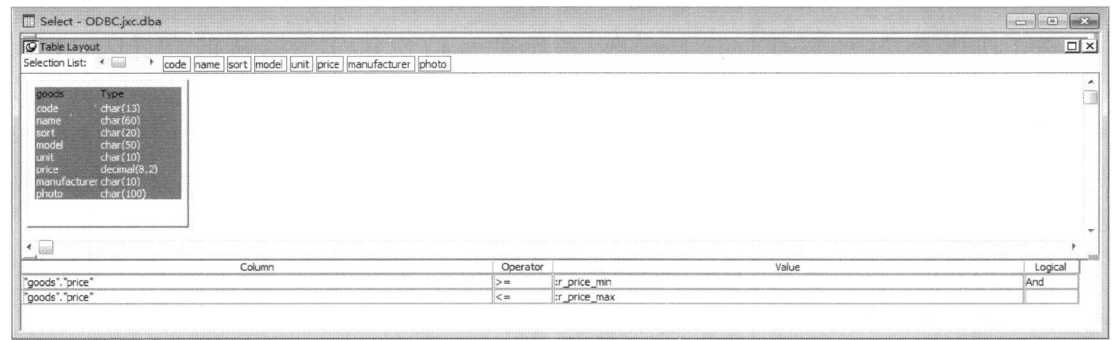

图 6-32　定义检索条件

183

（4）在检索查询命令按钮的单击事件中，给检索变量赋值，并使用 Retrieve（检索变量）函数查询。需要注意的是，数据窗口中定义的检索参数与 Retrieve（ ）函数中的检索变量个数、顺序、类型要一一对应。

6.5.3　数据的计算

在数据窗口中，进行数据计算一般分为四步，下面以商品采购中"商品单价（price）＊商品数量（amount）＝金额（mone）"为例来介绍数据的计算。

1. 定义变量

```
Decimal r_price, r_mone, r_amount
Integer r_row
```

2. 从数据窗口中获取相关项目的值

```
r_row = dw_cg.getrow ( )
r_price = dw_cg.getitemdecimal (r_row, 'price')
r_amount = dw_cg.getitemdecimal (r_row, 'amount')
```

3. 通过表达式进行数据计算

```
r_mone = r_price * r_amount
```

4. 更新数据窗口中相关项目的值

```
dw_cg.setitem (r_row, 'mone',r_mone)
```

6.6　事务对象

6.6.1　事务对象概念

事务对象（Transaction Object）是 PowerBuilder 中连接应用对象与数据库的专门对象，应用程序与数据库之间的所有通信都通过事务对象来完成。

为了使用方便，在启动应用程序时，系统会自动创建一个默认的 SQLCA（SQL Communication Area）全局事务对象，该对象在应用程序的任何地方都可以被访问。除了直接使用系统默认事务对象 SQLCA，用户也可以根据需要创建自己的事务对象。应用程序只与一个数据库连接时，可直接使用 SQLCA 作为与数据库进行交互的事务对象。当应用程序与多个数据库连接时，就需要创建连接不同数据库的事务对象。

PowerBuilder 应用程序与数据库进行交互的步骤如下：

（1）设置事务对象的属性值。

（2）建立数据库连接。

（3）执行所需的数据库操作。

（4）断开与数据库的连接。

6.6.2　事务对象属性

事务对象包含了两组属性：

（1）PowerBuilder 连接数据库所需的所有信息，如数据库厂商名称、数据库实例名称、用户名和密码等。

（2）反映最近一次数据库操作完成的状况，如操作是否成功、操作所影响的行数、发生错误时的出错信息等。

事务对象共有 15 个属性，如表 6-4 所示。前 10 个用于建立与数据库的连接，后 5 个用于返回数据库的操作状态。每种 DBMS 所要求的必不可少的属性是不同的。

表 6-4　　　　　　　　　　　　事务对象的属性

序号	属性名称	数据类型	说明
1	DBMS	String	数据库厂商的标识（如 SYBASE，ODBC 等）
2	Database	String	需要连接的数据库名称
3	UserId	String	与数据库连接的用户名或用户标识
4	DBPass	String	注册到数据库的密码
5	Lock	String	用于连接数据库的隔离层（专用于支持锁值和隔离层的数据库管理系统）
6	LogId	String	登录数据库服务器所需的用户名或用户标识
7	LogPass	String	登录数据库服务器所需的密码
8	ServerName	String	数据库服务器名
9	AutoCommit	Boolean	定义应用程序时自动提交事务还是手动提交事务（取值为 TRUE,则自动提交；取值为 FALSE 由手动提交，默认为 FASLE）
10	DBParm	String	特定的 DBMS 参数。用 ODBC 接口连到数据库时用此参数
11	SQLcode	Long	最近一次执行的 SQL 语句操作是否成功。其取值为 0 表示操作成功；-1 表示操作失败；100 表示操作成功，但无返回数据。用 SQLErrText、SQLDBCode 可以得到错误的具体信息
12	SQLNRows	Long	最近一次 SQL 操作所影响的行数，该值由数据库厂商提供，对不同的数据库管理系统（DBMS），该值含义有所不同
13	SQLDBCode	Long	由数据库厂商提供的数据库错误代码，对不同的 DBMS,该代码各不相同，但大部分数据库厂商用 0 表示成功，100 表示没有找到数据，负数表示错误编号

序号	属性名称	数据类型	说明
14	SQLErrText	String	与数据库错误代码 SQLDBCode 相对应的出错信息
15	SQLReturnData	String	返回 DBMS 告诉用户的任何附加信息

访问事务对象属性的方法与访问其他对象属性的方法相同,都通过点操作符"."来实现。例如,直接连接 SQL Server 数据库"good"所需的代码如下:

```
SQLCA.DBMS = "MSS Microsoft SQL Server"
SQLCA.Database = "goods"
SQLCA.ServerName = " AISServer "
SQLCA.LogId = "sa"
SQLCA.LogPass = "123456"
SQLCA.AutoCommit = False
SQLCA.Dbparm = " "
```

6.6.3 事务管理

PowerScript 中常用的事务管理的语句如表 6-5 所示。

表 6-5　　　　　　　　　　　　　　　　事务管理语句

语句	说明
CONNECT	建立与数据库的连接,一般用于应用程序的开始,也就是 Application 的 Open!事件
DISCONNECT	取消与数据库的连接,一般用于应用程序的结束,也就是 Appplication 的 Close!事件
COMMIT	提交,用于当一个事务的数据库修改完成后,将修改的数据提交给数据库。COMMIT 语句是一个旧事务结束和一个新事务开始的界限。在修改被提交前,数据库的数据并没有被真正修改更新,这些修改被保留在某个工作区,只有做修改的用户才能看到这些被修改以后的值,提交之后,所有的用户都可以看到新值
ROLLBACK	滚回放弃将修改的数据提交给数据库

6.6.4 全局事务对象

全局的事务对象 SQLCA 是 PowerBuilder 应用与数据库通信区域的默认事务对象。由于大多数的应用只用到一个数据库,用户可用 SQLCA 作为与数据库连接的事务对象。

一般来说,用户可以在应用对象的 Open!事件或窗口的 Open!事件中为 SQLCA 定义连接参数和连接数据库脚本,也可以在应用对象 Close!事件或窗口的 Close!事件中断开与数据库的连接。

在应用对象的 Open!事件中定义 SQLCA 参数通过 ODBC 连接数据库,并根据

SQLCA 的返回值确定是否连接成功的示例代码如下：

```
//设置事务对象
// Profile goods
SQLCA.DBMS = "ODBC"
SQLCA.AutoCommit = False
SQLCA.DBParm = "ConnectString = 'DSN = goods;UID = dba;PWD = sql'"
//连接数据库
Connect;
//判断数据库连接是否成功
if sqlca.sqlcode <> 0 then
    Message Box("数据库连接错误",sqlca. sqlerrtext)
return
end if
//数据库连接成功后打开系统登录窗口
open(w_log)
```

这些连接属性和参数值也可以通过复制粘贴的方式写在 Open! 事件中，具体方法如下：

（1）在数据库配置文件 Database Profile 中，选定所连接的数据库，选择【Object】|【Properties】，打开"Database Profile Setup"对话框，如图 6-33 所示。

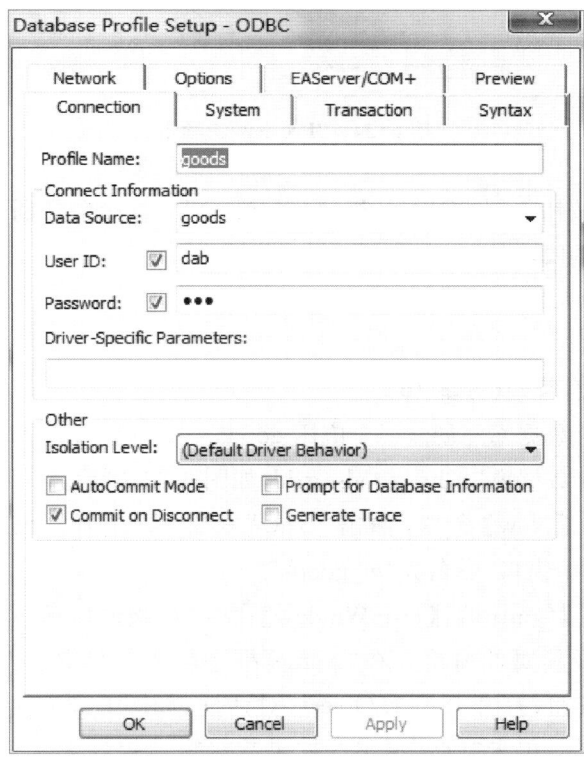

图 6-33　"Database Profile Setup"对话框

（2）在对话框中选择"Preview"选项卡，在"Database Connection Syntax"列表框中显示出当前数据库 SQLCA 相关的属性设置，如图 6-34 所示。

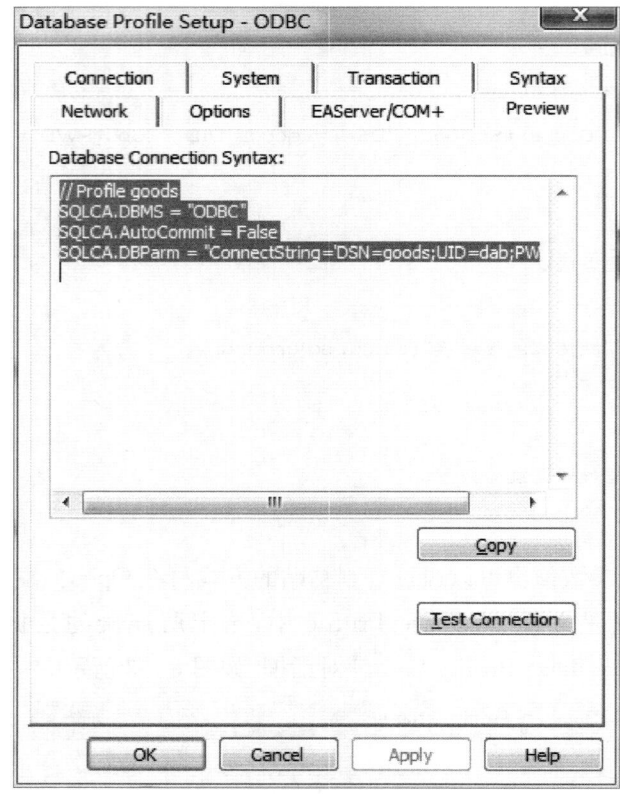

图 6-34 "Preview"选项卡

（3）点击"Copy"按钮复制 SQLCA 相关的属性设置，直接粘贴到应用对象的 Open! 事件中作为数据库连接的脚本使用。

案例解析

案例 21　商品信息管理（方案 10）

（1）连接商品信息数据库并创建一个应用 goods。

（2）创建商品信息数据窗口 dw_goods_grid，如图 6-35 所示。

（3）执行【File】|【New】命令，弹出"New"对话框，选择"PB Object"选项卡里的"Window"图标创建一个窗口，命名为"w_goods"。

（4）执行【Insert】|【Control】|【DataWindow】命令，在该窗口适当位置处单击插入该控件。选中该控件，打开其属性窗格。在"Name"框中输入控件名称"dw_data"，单击"Data Object"框右侧的 ····· 按钮，打开"Select Object"对话框，如图 6-36 所示。选择"dw_goods_grid"数据窗口作为目标，单击"OK"退出。如果数据窗口控件无法完全显示所有数据，用户可以通过勾选"HScrollBar"和"VScrollBar"属性前面的复选框来为控件添加水平和垂直

滚动条。

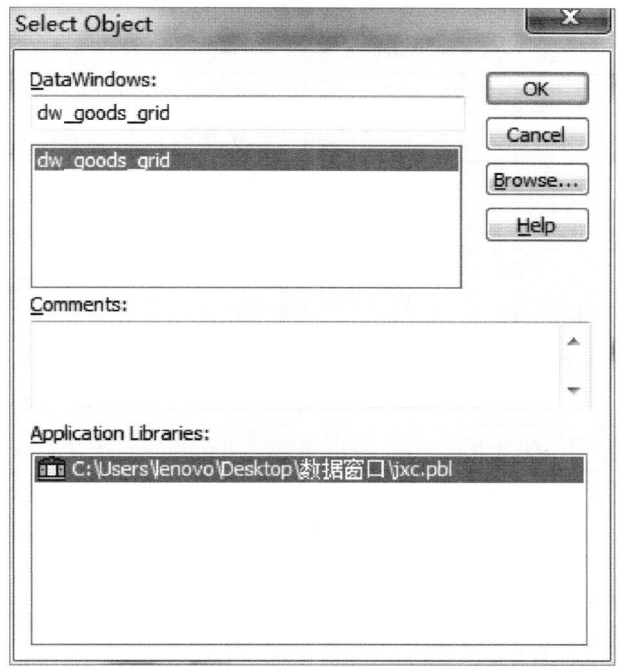

图 6-35　"dw_goods_grid"数据窗口

图 6-36　"Select Object"对话框

（5）在"w_goods"窗口中,插入 9 个命令按钮、1 个静态文本框和 1 个单行编辑框,调整其大小及格式,如图 6-37 所示。

（6）设置每个控件的"name"及"text"属性,并设置命令按钮的快捷键。如命令按钮"cb_close",将其"text"属性设置为"退出［&T］",则字母"T"为其快捷键,注意方括号和 & 符号不能省略,具体设置如表 6-6 所示。

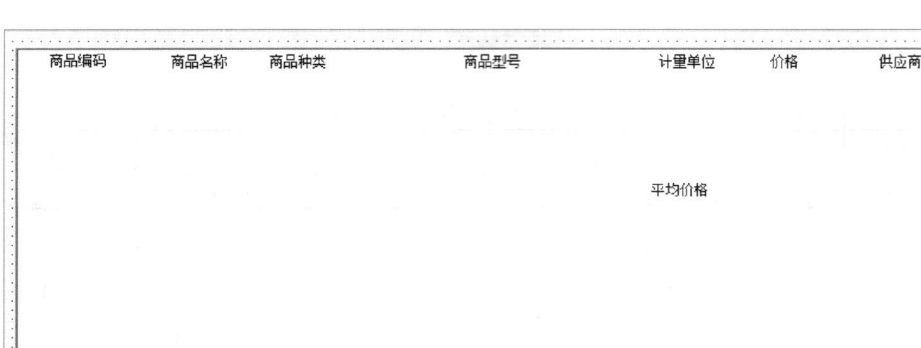

图 6-37 "w_goods"窗口控件

表 6-6   "w_goods"窗口控件属性

控件类型	控件名	控件显示内容	说明
数据窗口控件	dw_data	商品信息表数据窗口	显示商品信息表 grid 形式
命令按钮	cb_close	退出[&T]	退出当前窗口
命令按钮	cb_deleterow	删除[&S]	删除商品信息
命令按钮	cb_ini	初始化[&H]	商品信息数据初始化
命令按钮	cb_insertrow	增加[&Z]	增加商品信息
命令按钮	cb_reset	复位[&F]	清空数据窗口显示内容
命令按钮	cb_retrieve	查询[&C]	执行查询功能
命令按钮	cb_selectall	全选[&X]	选中数据窗口显示的所有条数
命令按钮	cb_selectcancel	取消[&Q]	取消全选
命令按钮	cb_update	保存[&B]	保存编辑内容
静态文本框	st_count	条数	单行编辑框的标题
单行编辑框	sle_count	空	显示查询条数

（7）编写"w_goods"窗口及其控件相应事件的脚本，具体内容如表 6-7 所示。

表 6-7   "w_goods"窗口及控件脚本

事件	脚本
w_ goods： open！	dw_data.SetTransObject(sqlca)
dw_data： Clicked！	if row＝0 then return this.selectrow(0,false) this.selectrow(row,true)

（续表）

事件	脚本
cb_retrieve： Clicked！	long r_rowcount dw_data.retrieve() r_rowcount＝dw_data.rowcount() sle_count.text＝string(r_rowcount)
cb_insertrow： Clicked！	dw_data.insertrow(0) sle_count.text＝string(dw_data.rowcount())
cb_deleterow： Clicked！	integer r_yesno r_yesno ＝ messagebox('提示'，'是否真的要删除？'， question!，yesno!，2) if r_yesno ＝2 then return dw_data.deleterow(0) sle_count.text＝string(dw_data.rowcount())

cb_update：
Clicked！
	integer r_yesno
	r_yesno ＝ messagebox('提示'，'是否真的要保存？'，
	question!，yesno!，2)
	if r_yesno ＝2 then return
	if dw_data.ModifiedCount () ＞ 0 or dw_data.DeletedCount () ＞ 0 then
	　dw_data.update()
	end if

cb_ini： Clicked！	DELETE FROM goods; INSERT INTO　goods（code，name，sort，model，unit，price，manufacturer，photo） VALUES（'001'，'格力空调'，'立式'，'天丽系列 3 匹变频一级能效皓雪白色'，'台'，'8799'，'格力'，'picture\001.jpg'）; INSERT INTO　goods（code，name，sort，model，unit，price，manufacturer，photo） VALUES（'002'，'美的空调'，'挂式'，'大 3 匹省电星三级能效陶瓷白色'，'台'，'5299'，'美的'，'picture\002.jpg'）; INSERT INTO　goods（code，name，sort，model，unit，price，manufacturer，photo） VALUES（'003'，'海尔空调'，'立式'，'3 匹家用卡节能自清洁一级能效卡其金色'，'台'，'6999'，'海尔'，'picture\003.jpg'）; INSERT INTO　goods（code，name，sort，model，unit，price，manufacturer，photo） VALUES（'004'，'格兰仕空调'，'挂式'，'1.5 匹变频二级能效白色'，'台'，'3999'，'格兰仕'，'picture\004.jpg'）; cb_retrieve.TriggerEvent(Clicked!)
cb_reset： Clicked！	dw_data.Reset () sle_count.text＝''
cb_selectall： Clicked！	dw_data.selectrow(0，true)
cb_selectcancel： Clicked！	dw_data.selectrow(0，false)
cb_close： Clicked！	close(parent)

（8）编写应用 goods 的 open 事件脚本。

```
//默认事务对象 SQLCA
SQLCA.DBMS = "ODBC"
SQLCA.AutoCommit = False
SQLCA.DBParm = "ConnectString='DSN=goods;UID=dba;PWD=sql'"
//连接数据库
connect;
//判断连接数据库是否成功
if not sqlca.sqlcode = 0 then   //SQLCode(0：Success,100：Not found,-1：-Error)
    MessageBox ("无法连接数据库,请配置数据库!", sqlca.sqlerrtext)
    return
end if
open(w_goods)
```

（9）单击工具栏的 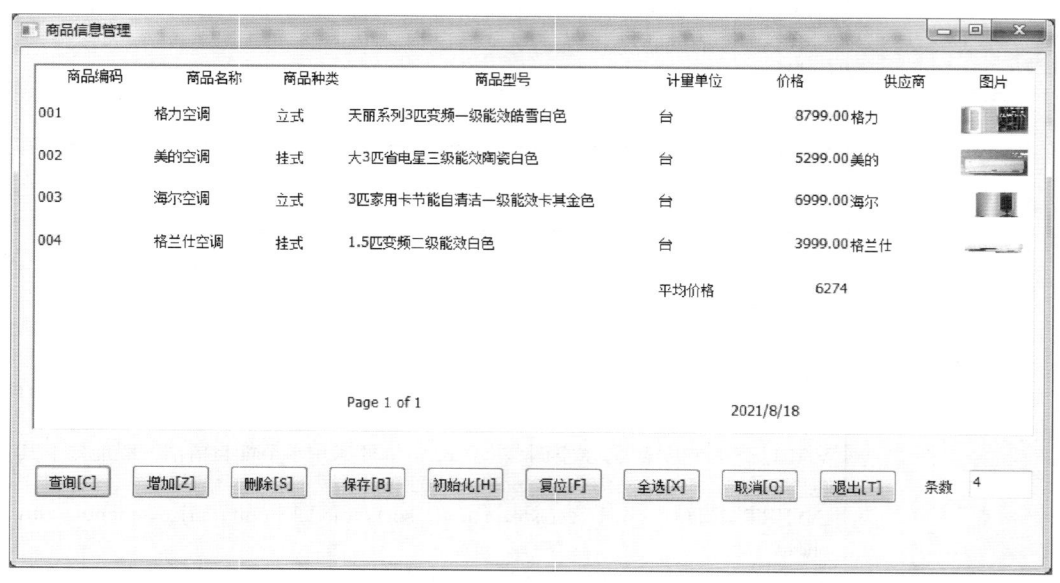 按钮运行程序,结果如图 6-38 所示。

图 6-38　运行结果

本章思考题 ‖

1. 根据自己的兴趣,创建×××进销存系统中的多种数据窗口对象。

2. 开发应用程序,实现对×××进销存系统中商品信息的管理。

3. 根据所学的多种商品信息管理方案,实现对固定资产卡片信息的管理。

4. 根据所学的多种商品信息管理方案,实现对供应商信息的管理。

5. 根据所学的多种商品信息管理方案,实现对客户信息的管理。

第 7 章

进销存系统开发

知识目标

能综合应用前几章学习的知识,开发一个简单的进销存系统

能力目标

进销存系统中包含操作员表、商品信息表、采购单、销售单、商品库存表和进销存数量月报表

能实现对信息的增删改查操作

能实现自动计算采购、销售金额,库存及进销存数量月报表

7.1   进销存系统功能说明

利用数据窗口对象,显示数据库中操作员信息、商品信息、商品采购单、商品销售单、商品库存、进销存数量月报表等信息;在已创建的进销存管理系统数据窗口对象基础上,创建操作员管理窗口、商品信息管理窗口、采购单管理窗口、销售单管理窗口、商品库存管理窗口、进销存数量月报表管理窗口、封面窗口等七个窗口,并对进销存系统各个表的数据实现初始化、增加、修改、删除、保存、查询等基本管理操作;进一步完善进销存系统,对采购单、销售单输入修改进行相关控制处理,实现商品价格、销售数量、销售金额之间的控制关系,实现商品库存数量更新计算、进销存报表计算等处理。

7.2   进销存系统开发说明

7.2.1   进销存系统中的对象

在进销存系统中利用数据窗口对象,显示数据库中操作员信息、商品信息、商品采购单、商品销售单、商品库存、进销存数量月报表等。在已创建的进销存管理系统数据窗口对象的基础上,创建操作员管理窗口、商品信息管理窗口、采购单管理窗口、销售单管理窗口、商品库存管理窗口、进销存数量月报表管理窗口、封面窗口等七个窗口,如图 7-1 所示。

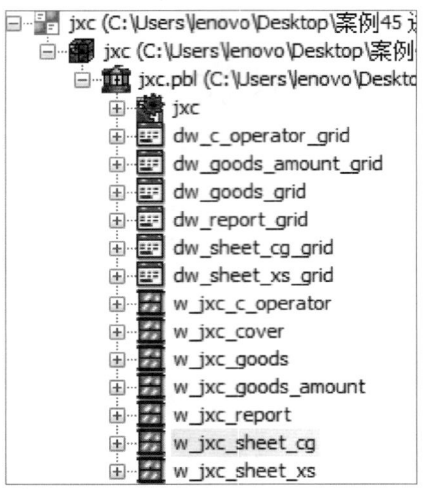

图 7-1 进销存系统中的对象

7.2.2 进销存系统对象设计说明

进销存系统对象的类型、命名及功能说明,如表 7-1 所示。

表 7-1 系统对象设计说明

对象类型	序号	对象名	功能
应用对象	1	jxc	进销存系统
窗口	1	w_jxc_c_operator	操作员表
	2	w_jxc_cover	目录窗口
	3	w_jxc_goods	商品信息表
	4	w_jxc_goods_amount	商品库存表
	5	w_jxc_report	进销存数量月报表
	6	w_jxc_sheet_cg	采购单
	7	w_jxc_sheet_xs	销售单
数据窗口	1	dw_c_operator_grid	操作员表
	2	dw_goods_amount_grid	商品库存表
	3	dw_goods_grid	商品信息表
	4	dw_report_grid	进销存数量月报表
	5	dw_sheet_cg_grid	采购单
	6	dw_sheet_xs_grid	销售单

7.3 进销存系统主要对象说明

7.3.1 应用说明

应用 jxc 脚本，如表 7-2 所示。

表 7-2　　　　　　　　　　　　　应用 jxc 脚本

项目/事件	说明/脚本
应用对象名	jxc
所在的 PBL 库	jxc.pbl
主要功能	进销存系统

jxc:
open!
	//默认事务对象 SQLCA
	SQLCA.DBMS = "ODBC"
	SQLCA.AutoCommit = False
	SQLCA.DBParm = "ConnectString='DSN=jxc;UID=dba;PWD=sql'"
	//连接数据库
	connect;
	//判断连接数据库是否成功
	if not sqlca.sqlcode = 0 then// SQLCode(0：Success,100：Not found,−1：-Error)
	　　MessageBox("无法连接数据库,请配置数据库!", sqlca.sqlerrtext)
	　　return
	end if
	open(w_jxc_cover)

7.3.2 主要数据窗口说明

（1）操作员表下数据窗口 dw_c_operator_gird，如表 7-3 所示。

表 7-3　　　　　　　　　数据窗口 dw_c_operator_gird 的说明

项目	说明
数据窗口名	dw_c_operator_gird
说明	操作员表下的数据窗口
主要功能	显示操作员编码、操作员姓名、密码等信息
数据窗口界面	<table><tr><th>操作员编码</th><th>操作员姓名</th><th>密码</th></tr><tr><td colspan="3">Header↑</td></tr><tr><td>oper_code</td><td>oper_name</td><td>password</td></tr><tr><td colspan="3">Detail↑</td></tr><tr><td colspan="3">Summary↑</td></tr><tr><td colspan="3">Footer↑</td></tr></table>

（续表）

项目	说明
SQL 语法	SELECT "c_operator"."oper_code","c_operator"."oper_name","c_operator"."password" FROM "c_operator"

（2）库存表下数据窗口 dw_goods_amount_gird，如表 7-4 所示。

表 7-4　　　　　　　　　　数据窗口 **dw_goods_amount_gird** 的说明

项目	说明
数据窗口名	dw_goods_amount_gird
说明	库存表下的数据窗口
主要功能	显示商品编码及该商品库存数量
数据窗口界面	<table><tr><td>**商品编码**</td><td>**库存**</td></tr><tr><td colspan="2">Header↑</td></tr><tr><td>code</td><td>amount</td></tr><tr><td colspan="2">Detail↑</td></tr><tr><td colspan="2">Summary↑</td></tr><tr><td colspan="2">Footer↑</td></tr></table>
SQL 语法	SELECT "goods_amount"."code"，"goods_amount"."amount" FROM "goods_amount"

（3）商品信息表下数据窗口 dw_goods_grid，如表 7-5 所示。

表 7-5　　　　　　　　　　数据窗口 **dw_goods_grid** 的说明

项目	说明
数据窗口名	dw_goods_grid
说明	商品信息表下的数据窗口
主要功能	以 Grid 形式,显示商品编码、名称、种类、规格型号、计量单位、零售价、供应商等信息
数据窗口界面	<table><tr><td>**商品编码**</td><td>**商品名称**</td><td>**商品种类**</td><td>**规格型号**</td><td>**计量单位**</td><td>**零售价**</td><td>**供应商**</td><td>**图片**</td></tr><tr><td colspan="8">Header↑</td></tr><tr><td>code</td><td>name</td><td>sort</td><td>model</td><td>unit</td><td>price</td><td>manufacturer</td><td>photo</td></tr><tr><td colspan="8">Detail↑</td></tr><tr><td colspan="8">Summary↑</td></tr><tr><td colspan="8">Footer↑</td></tr></table>
SQL 语法	SELECT "goods"."code"，"goods"."name"，"goods"."sort"，"goods"."model"，"goods"."unit"，"goods"."price"，"goods"."manufacturer"，"goods"."photo" FROM "goods"

（4）进销存数量月报表下数据窗口 dw_report_grid，如表 7-6 所示。

表 7-6　　　　　　　　　　数据窗口 **dw_report_grid** 的说明

项目	说明
数据窗口名	dw_report_grid
说明	进销存数量月报表下的数据窗口

(续表)

项目	说明
主要功能	按自然月份,显示商品进销存数量
数据窗口界面	<table><tr><td>**起始日期**</td><td>**结束日期**</td><td>**商品编码**</td><td>**期初库存数量**</td><td>**采购数量**</td><td>**销售数量**</td><td>**期末库存数量**</td></tr><tr><td colspan="7">Header↑</td></tr><tr><td>date_min</td><td>date_max</td><td>code</td><td>amount_ini</td><td>amount_buy</td><td>amount_sale</td><td>amount_end</td></tr><tr><td colspan="7">Detail↑</td></tr><tr><td colspan="3">合计</td><td>sum(amount_ini)</td><td>sum(amount</td><td>sum(amount</td><td>sum(amount_end</td></tr><tr><td colspan="7">Summary↑</td></tr><tr><td colspan="7">Footer↑</td></tr></table>
SQL 语法	SELECT "report"."date_min","report"."date_max", "report"."code","report"."amount_ini","report"."amount_buy", report"."amount_sale", "report"."amount_end" FROM "report"

（5）采购单表下数据窗口 dw_sheet_cg_grid,如表 7-7 所示。

表 7-7　　　　　　　　　　　**数据窗口 dw_sheet_cg_grid 的说明**

项目	说明
数据窗口名	dw_sheet_cg_grid
说明	采购单表下的数据窗口
主要功能	以 Grid 形式,显示商品采购信息
数据窗口界面	<table><tr><td>**单据号**</td><td>**日期**</td><td>**制单人**</td><td>**商品**</td><td>**数量**</td><td>**单价**</td><td>**金额**</td><td>**备注**</td></tr><tr><td colspan="8">Header↑</td></tr><tr><td>sheetid</td><td>sheetdate</td><td>oper_code</td><td>code</td><td>amount</td><td>price</td><td>mone</td><td>note</td></tr><tr><td colspan="8">Detail↑</td></tr><tr><td colspan="8">Summary↑</td></tr><tr><td colspan="8">Footer↑</td></tr></table>
SQL 语法	SELECT "sheet_cg"."sheetid","sheet_cg"."sheetdate", "sheet_cg"."oper_code"," sheet_cg"."code","sheet_cg"."amount","sheet_cg"."price", "sheet_cg"."mone", "sheet_cg"."note" FROM "sheet_cg"

（6）销售单表下数据窗口 dw_sheet_xs_grid,如表 7-8 所示。

表 7-8　　　　　　　　　　　**数据窗口 dw_sheet_xs_grid 的说明**

项目	说明
数据窗口名	dw_sheet_xs_grid
说明	销售单表下的数据窗口
主要功能	以 Grid 形式,显示商品销售信息
数据窗口界面	<table><tr><td>**单据号**</td><td>**日期**</td><td>**制单人**</td><td>**商品**</td><td>**数量**</td><td>**单价**</td><td>**金额**</td><td>**备注**</td></tr><tr><td colspan="8">Header↑</td></tr><tr><td>sheetid</td><td>sheetdate</td><td>oper_code</td><td>code</td><td>amount</td><td>price</td><td>mone</td><td>note</td></tr><tr><td colspan="8">Detail↑</td></tr><tr><td colspan="8">Summary↑</td></tr><tr><td colspan="8">Footer↑</td></tr></table>
SQL 语法	SELECT "sheet_xs"."sheetid","sheet_xs"."sheetdate", "sheet_xs"."oper_code"," sheet_xs"."code","sheet_xs"."amount","sheet_xs"."price", "sheet_xs"."mone", "sheet_xs"."note" FROM "sheet_xs"

7.3.3 窗口说明

（1）进销存管理系统，窗口 w_jxc_c_operator，如表 7-9 所示。

表 7-9　　　　　　　　　窗口 **w_jxc_c_operator** 的设计说明

项目/事件	说明/脚本
窗口名	w_jxc_c_operator
所在的 PBL 库	jxc.pbl
功能	实现操作员管理
父窗口	window

界面设计	

Control	Ancestor
A st_count	statictext
cb_close	commandbutton
sle_count	singlelineedit
cb_reset	commandbutton
cb_update	commandbutton
cb_deleterow	commandbutton
cb_insertrow	commandbutton
cb_retrieve	commandbutton
dw_data	datawindow
w_jxc_c_operator	window

控件类型	控件名	控件显示内容	说明
数据窗口控件	dw_data	操作员表数据窗口	显示操作员表数据窗口内容
命令按钮	cb_close	退出[&T]	退出当前窗口
命令按钮	cb_deleterow	删除[&S]	删除操作员信息
命令按钮	cb_insertrow	增加[&Z]	增加操作员信息
命令按钮	cb_reset	复位[&F]	清空数据窗口显示内容
命令按钮	cb_retrieve	查询[&C]	执行查询功能
命令按钮	cb_update	保存[&B]	保存编辑内容
静态文本框	st_count	条数	单行编辑框的标题
单行编辑框	sle_count	空	显示查询条数

（续表）

项目/事件	说明/脚本
w_ jxc_c_operator： open！	dw_data.SetTransObject(sqlca)
dw_data： Clicked！	if row＝0 then return this.selectrow(0,false) this.selectrow(row,true)
cb_deleterow： Clicked！	integer r_yesno r_yesno ＝ messagebox('提示'，'是否真的要删除？'，question!，yesno!，2) if r_yesno ＝2 then return dw_data.deleterow(0) sle_count.text＝string(dw_data.rowcount())
cb_insertrow： Clicked！	dw_data.insertrow(0) sle_count.text＝string(dw_data.rowcount())
cb_reset： Clicked！	dw_data.Reset () sle_count.text＝''
cb_retrieve： Clicked！	long r_rowcount dw_data.retrieve() r_rowcount＝dw_data.rowcount() sle_count.text＝string(r_rowcount)

cb_update：
Clicked！
	integer r_yesno
	r_yesno ＝ messagebox('提示'，'是否真的要保存？'，question!，yesno!，2)
	if r_yesno ＝2 then return
	if dw_data.ModifiedCount () ＞ 0 or dw_data.DeletedCount () ＞ 0 then
	　dw_data.update()
	end if

cb_close： Clicked！	close(parent)

（2）进销存管理系统，窗口 w_jxc_cover，如表 7-10 所示。

表 7-10　　　　　　　　　　　　　　**窗口 w_jxc_cover 的设计说明**

项目/事件	说明/脚本
窗口名	w_jxc_cover
所在的 PBL 库	jxc.pbl
功能	打开各管理窗口，清空表中所有数据
父窗口	window

（续表）

项目/事件	说明/脚本
界面设计	 表格如下

界面设计部分表格：

控件类型	控件名	控件显示内容	说明
命令按钮	cb_c_operator	操作员管理[&Y]	进入操作员管理窗口
命令按钮	cb_close	退出[&T]	退出当前窗口
命令按钮	cb_delete	清空表中所有数据[&Q]	清空表中所有数据
命令按钮	cb_goods	商品信息管理[&S]	进入商品信息管理窗口
命令按钮	cb_goods_amount	库存管理[&K]	进入库存管理窗口
命令按钮	cb_report	报表管理[&B]	进入报表管理窗口
命令按钮	cb_sheet_cg	采购单管理[&C]	进入采购单管理窗口
命令按钮	cb_sheet_xs	销售单管理[&X]	进入销售单管理窗口

项目/事件	说明/脚本
cb_goods： Clicked!	open(w_jxc_goods)
cb_c_operator： Clicked!	open(w_jxc_c_operator)

（续表）

项目/事件	说明/脚本
cb_sheet_cg： Clicked！	open(w_jxc_sheet_cg)
cb_sheet_xs： Clicked！	open(w_jxc_sheet_xs)
cb_goods_amount： Clicked！	open(w_jxc_goods_amount)
cb_report： Clicked！	open(w_jxc_report)

cb_delete：
Clicked！
	//删除表中所有数据
	integer r_yesno
	r_yesno ＝ messagebox('提示','是否真的要删除进销存系统表中的所有数据？',
	question!,yesno!,2)
	if r_yesno ＝2 then return
	//删除操作员表数据
	delete from C_OPERATOR；
	//删除商品信息数据
	delete from goods；
	//删除采购单数据
	delete from SHEET_CG；
	//删除销售单数据
	delete from SHEET_XS；
	//删除商品库存表
	delete from GOODS_AMOUNT；
	//删除进销存数量月报表
	delete from report；
	messagebox('提示','操作完毕！')

cb_close： Clicked！	close(parent)

（3）进销存管理系统，窗口 w_jxc_goods，如表 7-11 所示。

表 7-11　　　　　　　　　　窗口 **w_jxc_goods** 的设计说明

项目/事件	说明/脚本
窗口名	w_jxc_goods
所在的 PBL 库	jxc.pbl
功能	对商品信息实现查询、增加、删除、初始化等功能
父窗口	window

（续表）

项目/事件	说明/脚本

控件类型	控件名	控件显示内容	说明
数据窗口控件	dw_data	商品信息表数据窗口	显示商品信息表 grid 形式
命令按钮	cb_close	退出[&T]	退出当前窗口
命令按钮	cb_deleterow	删除[&S]	删除商品信息
命令按钮	cb_ini	初始化[&H]	商品信息数据初始化
命令按钮	cb_insertrow	增加[&Z]	增加商品信息
命令按钮	cb_reset	复位[&F]	清空数据窗口显示内容
命令按钮	cb_retrieve	查询[&C]	执行查询功能
命令按钮	cb_selectall	全选[&X]	选中数据窗口显示的所有条数
命令按钮	cb_selectcancel	取消[&Q]	取消全选
命令按钮	cb_update	保存[&B]	保存编辑内容
静态文本框	st_count	条数	单行编辑框的标题
单行编辑框	sle_count	空	显示查询条数

界面设计

（续表）

项目/事件	说明/脚本
w_ jxc_goods： open！	dw_data.SetTransObject(sqlca)
dw_data： Clicked！	if row＝0 then return this.selectrow(0,false) this.selectrow(row,true)
cb_retrieve： Clicked！	long r_rowcount dw_data.retrieve() r_rowcount＝dw_data.rowcount() sle_count.text＝string(r_rowcount)
cb_insertrow： Clicked！	dw_data.insertrow(0) sle_count.text＝string(dw_data.rowcount())
cb_deleterow： Clicked！	integer r_yesno r_yesno ＝ messagebox('提示'，'是否真的要删除？'，question!，yesno!，2) if r_yesno ＝2 then return dw_data.deleterow(0) sle_count.text＝string(dw_data.rowcount())

cb_update：
Clicked！
	integer r_yesno
	r_yesno ＝ messagebox('提示'，'是否真的要保存？'，question!，yesno!，2)
	if r_yesno ＝2 then return
	if dw_data.ModifiedCount () ＞ 0 or dw_data.DeletedCount () ＞ 0 then
	　dw_data.update()
	end if

cb_ini： Clicked！	DELETE FROM goods； INSERT INTO goods (code, name, sort, model, unit, price, manufacturer, photo) VALUES ('001'，'格力空调'，'立式'，'天丽系列 3 匹变频一级能效皓雪白色'，'台'，'8799'，'格力'，'picture\001.jpg')； INSERT INTO goods (code, name, sort, model, unit, price, manufacturer, photo) VALUES ('002'，'美的空调'，'挂式'，'大 3 匹省电星三级能效陶瓷白色'，'台'，'5299'，'美的'，'picture\002.jpg')； INSERT INTO goods (code, name, sort, model, unit, price, manufacturer, photo) VALUES ('003'，'海尔空调'，'立式'，'3 匹家用卡节能自清洁一级能效卡其金色'，'台'，'6999'，'海尔'，'picture\003.jpg')； INSERT INTO goods (code, name, sort, model, unit, price, manufacturer, photo) VALUES ('004'，'格兰仕空调'，'挂式'，'1.5 匹变频二级能效白色'，'台'，'3999'，'格兰仕'，'picture\004.jpg')； cb_retrieve.TriggerEvent(Clicked!)
cb_reset： Clicked！	dw_data.Reset () sle_count.text＝''

项目/事件	说明/脚本
cb_selectall： Clicked！	dw_data.selectrow(0,true)
cb_selectcancel： Clicked！	dw_data.selectrow(0,false)
cb_close： Clicked！	close(parent)

（4）进销存管理系统，窗口 w_jxc_goods_amount，如表 7-12 所示。

表 7-12　　　　　　　　　　窗口 w_jxc_goods_amount 的设计说明

项目/事件	说明/脚本
窗口名	w_jxc_goods_amount
所在的 PBL 库	jxc.pbl
功能	对商品库存表实现计算、查询等功能
父窗口	window
界面设计	

(续表)

项目/事件	说明/脚本
界面设计	<table><tr><th>控件类型</th><th>控件名</th><th>控件显示内容</th><th>说明</th></tr><tr><td>数据窗口控件</td><td>dw_data</td><td>商品库存表数据窗口</td><td>显示商品库存表 grid 形式</td></tr><tr><td>命令按钮</td><td>cb_close</td><td>退出[&T]</td><td>退出当前窗口</td></tr><tr><td>命令按钮</td><td>cb_comp</td><td>计算[&J]</td><td>计算商品库存</td></tr><tr><td>命令按钮</td><td>cb_reset</td><td>复位[&F]</td><td>清空数据窗口显示内容</td></tr><tr><td>命令按钮</td><td>cb_retrieve</td><td>查询[&C]</td><td>执行查询功能</td></tr><tr><td>静态文本框</td><td>st_count</td><td>条数</td><td>单行编辑框的标题</td></tr><tr><td>单行编辑框</td><td>sle_count</td><td>空</td><td>显示查询条数</td></tr></table>
w_jxc_goods _amount： open！	dw_data.SetTransObject(sqlca)
dw_data： Clicked！	if row＝0 then return this.selectrow(0,false) this.selectrow(row,true)
cb_retrieve： Clicked！	long r_rowcount dw_data.retrieve() r_rowcount＝dw_data.rowcount() sle_count.text＝string(r_rowcount)
cb_reset： Clicked！	dw_data.Reset () sle_count.text＝''

cb_comp： Clicked！	integer r_yesno
	r_yesno ＝ messagebox('提示','是否真的要计算商品库存数量？',question！,
	yesno！,2)
	if r_yesno ＝2 then return
	//初始化商品库存表,初始库存设为 0
	delete from GOODS_AMOUNT；
	insert into GOODS_AMOUNT（CODE,AMOUNT ）select code,0 from GOODS；
	//更新商品库存表
	update GOODS_AMOUNT
	set GOODS_AMOUNT.AMOUNT＝GOODS_AMOUNT.AMOUNT
	  ＋ Isnull（（select sum(SHEET_CG.AMOUNT) from SHEET_CG
	where GOODS_AMOUNT.CODE＝SHEET_CG.CODE),0)
	  － Isnull（（select sum(SHEET_XS.AMOUNT) from SHEET_XS
	where GOODS_AMOUNT.CODE＝SHEET_XS.CODE),0)；
	messagebox('提示','商品库存数量计算完毕！')

cb_close： Clicked！	close(parent)

（5）进销存管理系统，窗口 w_jxc_report，如表 7-13 所示。

表 7-13 **窗口 w_jxc_report 的设计说明**

项目/事件	说明/脚本
窗口名	w_jxc_report
所在的 PBL 库	jxc.pbl
功能	对进销存数量月报表实现查询、计算等功能
父窗口	window
界面设计	

控件类型	控件名	控件显示内容	说明
数据窗口控件	dw_data	进销存数量月报表数据窗口	显示进销存数量月报表 grid 形式
命令按钮	cb_close	退出[&T]	退出当前窗口
命令按钮	cb_comp	计算[&J]	计算进销存数量
月报表			
命令按钮	cb_reset	复位[&F]	清空数据窗口显示内容
命令按钮	cb_retrieve	查询[&C]	执行查询功能
掩码编辑框	em_date_max	空	在此可调整日期值最大值
掩码编辑框	em_date_min	空	在此可调整日期值最小值
静态文本框	st_count	条数	单行编辑框的标题
单行编辑框	sle_count	空	显示查询条数

（续表）

项目/事件	说明/脚本
w_jxc_report： open！	dw_data.settransobject(sqlca) em_date_min.text＝string(today()，'yyyy－mm－dd') em_date_max.text＝string(today()，'yyyy－mm－dd')
dw_data： Clicked！	if row＝0 then return this.selectrow(0,false) this.selectrow(row,true)

cb_comp：
Clicked！
	integer r_yesno
	date r_date_min,r_date_max,r_date_min1
	r_yesno ＝ messagebox('提示 ','是否真的要更新进销存数量月报表？',question!，
	yesno!,2)
	if r_yesno ＝2 then return
	r_date_min＝date(em_date_min.text)
	r_date_max＝date(em_date_max.text)
	r_date_min1＝RelativeDate（r_date_min，－1）
	delete from report where date_min＞＝：r_date_min；
	select max(date_min) into ：r_date_min1 from report；
	//结转上期进销存数量月报表数据
	insert into report (date_min，date_max，code，amount_ini，amount_buy，amount_
	sale，amount_end)
	　select ：r_date_min,：r_date_max，code，amount_end，0，0，amount_end
	　from report where date_min＝：r_date_min1；
	//插入本期新增商品
	insert into report (date_min，date_max，code，amount_ini，amount_buy，amount_
	sale，amount_end)
	　select ：r_date_min,：r_date_max，code，0，0，0，0
	　from goods where code not in（select code from report）；
	//计算本期进销存数量月报表发生数据
	update report
	　set amount_buy＝(select sum(amount) from SHEET_CG where
	report.code＝SHEET_CG.code and SHEETDATE＞＝：r_date_min and
	SHEETDATE＜＝：r_date_max)
	　from SHEET_CG where date_min＝：r_date_min ；
	update report
	　set amount_sale＝(select sum(amount) from SHEET_XS where
	report.code＝SHEET_XS.code and SHEETDATE＞＝：r_date_min and
	SHEETDATE＜＝：r_date_max)
	　from SHEET_XS where date_min＝：r_date_min ；
	update report set amount_buy＝isnull(amount_buy,0) ；
	update report set amount_sale＝isnull(amount_sale,0) ；
	//计算本期进销存数量月报表期末数据
	update report set amount_end＝amount_ini ＋ amount_buy － amount_sale；
	messagebox('提示 ','进销存数量月报表计算完毕！')

cb_retrieve： Clicked！	long r_rowcount dw_data.retrieve() r_rowcount＝dw_data.rowcount() sle_count.text＝string(r_rowcount)

（续表）

项目/事件	说明/脚本
cb_reset： Clicked！	dw_data.Reset（） sle_count.text＝''
cb_close： Clicked！	close(parent)

（6）进销存管理系统，窗口 w_jxc_sheet_cg，如表 7-14 所示。

表 7-14 　　　　　　　　　　　　**窗口 w_jxc_sheet_cg 的设计说明**

项目/事件	说明/脚本
窗口名	w_jxc_sheet_cg
所在的 PBL 库	jxc.pbl
功能	对采购单实现查询、增加、初始化等功能
父窗口	window
界面设计	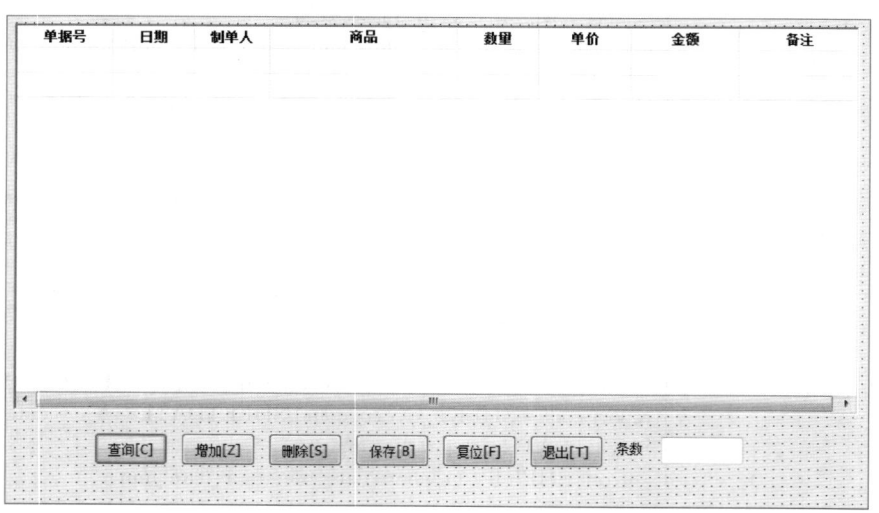

（续表）

项目/事件	说明/脚本
界面设计	<table><tr><th>控件类型</th><th>控件名</th><th>控件显示内容</th><th>说明</th></tr><tr><td>数据窗口控件</td><td>dw_data</td><td>采购单数据窗口</td><td>显示采购单数据窗口内容</td></tr><tr><td>命令按钮</td><td>cb_close</td><td>退出[&T]</td><td>退出当前窗口</td></tr><tr><td>命令按钮</td><td>cb_deleterow</td><td>删除[&S]</td><td>删除采购单信息</td></tr><tr><td>命令按钮</td><td>cb_insertrow</td><td>增加[&Z]</td><td>增加采购单信息</td></tr><tr><td>命令按钮</td><td>cb_reset</td><td>复位[&F]</td><td>清空数据窗口显示内容</td></tr><tr><td>命令按钮</td><td>cb_retrieve</td><td>查询[&C]</td><td>执行查询功能</td></tr><tr><td>命令按钮</td><td>cb_update</td><td>保存[&B]</td><td>保存编辑内容</td></tr><tr><td>静态文本框</td><td>st_count</td><td>条数</td><td>单行编辑框的标题</td></tr><tr><td>单行编辑框</td><td>sle_count</td><td>空</td><td>显示查询条数</td></tr></table>
w_jxc_sheet_cg： open！	dw_data.SetTransObject(sqlca)
dw_data： Clicked！	if row=0 then return this.selectrow(0,false) this.selectrow(row,true) sle_count.text=string(row)+'/'+string(dw_data.rowcount())
cb_retrieve： Clicked！	long r_rowcount dw_data.retrieve() r_rowcount=dw_data.rowcount() sle_count.text=string(r_rowcount)
cb_insertrow： Clicked！	dw_data.insertrow(0) sle_count.text=string(dw_data.rowcount())
cb_deleterow： Clicked！	integer r_yesno r_yesno = messagebox('提示','是否真的要删除？',question!，yesno!，2) if r_yesno =2 then return dw_data.deleterow(0) sle_count.text=string(dw_data.rowcount())

cb_update：
Clicked！
	integer r_yesno
	r_yesno = messagebox('提示','是否真的要保存？',question!，yesno!，2)
	if r_yesno =2 then return
	if dw_data.ModifiedCount ()＞0 or dw_data.DeletedCount ()＞0 then
	　dw_data.update()
	end if

cb_reset： Clicked！	dw_data.Reset () sle_count.text=''
cb_close： Clicked！	close(parent)

（7）进销存管理系统，窗口 w_jxc_sheet_xs，如表 7-15 所示。

表 7-15 　　　　　　　　　　　**窗口 w_jxc_sheet_xs 的设计说明**

项目/事件	说明/脚本
窗口名	w_jxc_sheet_xs
所在的 PBL 库	jxc.pbl
功能	对销售单实现查询、增加、初始化等功能
父窗口	window
界面设计	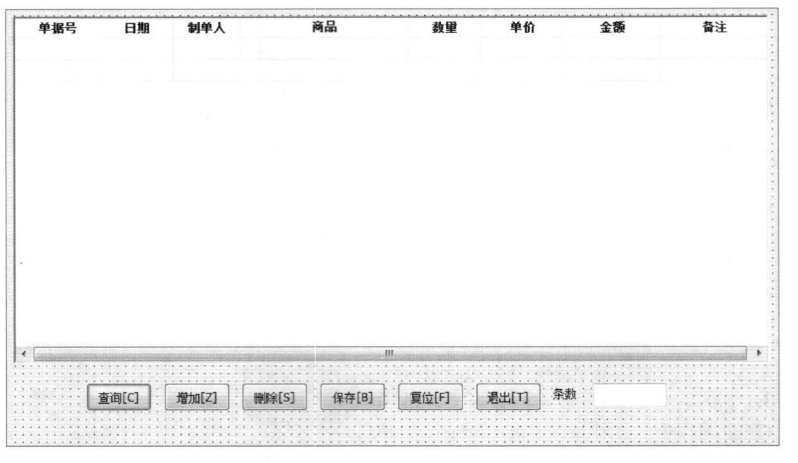

控件类型	控件名	控件显示内容	说明
数据窗口控件	dw_data	销售单数据窗口	显示销售单数据窗口内容
命令按钮	cb_close	退出[&T]	退出当前窗口
命令按钮	cb_deleterow	删除[&S]	删除销售单信息
命令按钮	cb_insertrow	增加[&Z]	增加销售单信息
命令按钮	cb_reset	复位[&F]	清空数据窗口显示内容
命令按钮	cb_retrieve	查询[&C]	执行查询功能
命令按钮	cb_update	保存[&B]	保存编辑内容
静态文本框	st_count	条数	单行编辑框的标题
单行编辑框	sle_count	空	显示查询条数

（续表）

项目/事件	说明/脚本
w_ jxc_sheet_xs： open！	dw_data.SetTransObject(sqlca)
dw_data： Clicked！	if row=0 then return this.selectrow(0,false) this.selectrow(row,true) sle_count.text=string(row)+'/'+string(dw_data.rowcount())
cb_retrieve： Clicked！	long r_rowcount dw_data.retrieve() r_rowcount=dw_data.rowcount() sle_count.text=string(r_rowcount)
cb_insertrow： Clicked！	dw_data.insertrow(0) sle_count.text=string(dw_data.rowcount())
cb_deleterow： Clicked！	integer r_yesno r_yesno = messagebox('提示','是否真的要删除？',question！,yesno！,2) if r_yesno =2 then return dw_data.deleterow(0) sle_count.text=string(dw_data.rowcount())

cb_update：
Clicked！
	integer r_yesno
	r_yesno = messagebox('提示','是否真的要保存？',question！,yesno！,2)
	if r_yesno =2 then return
	if dw_data.ModifiedCount()＞0 or dw_data.DeletedCount()＞0 then
	　dw_data.update()
	end if

cb_reset： Clicked！	dw_data.Reset() sle_count.text=''
cb_close： Clicked！	close(parent)

7.4 进销存运行效果说明

7.4.1 运行进销存系统

运行系统，出现进销存系统的简单管理界面，如图 7-2 所示。

点击"商品信息管理"按钮，进入商品信息管理窗口。

点击"操作员管理"按钮，进入操作员管理窗口。

点击"采购单管理"按钮，进入采购单管理窗口。

点击"销售单管理"按钮，进入销售单管理窗口。

点击"库存管理"按钮，进入库存管理窗口。

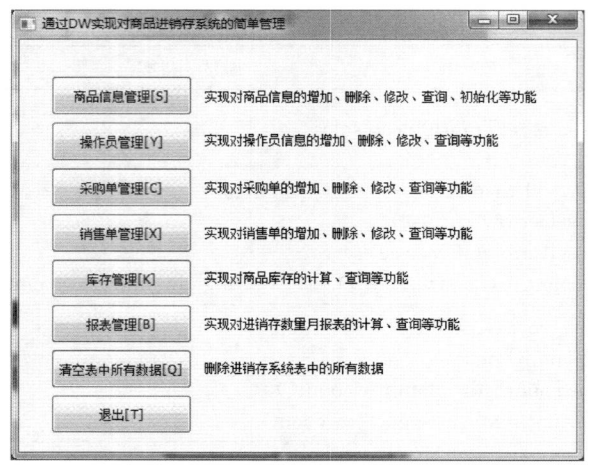

图 7-2 进销存系统的简单管理

点击"报表管理"按钮,进入报表管理窗口。

点击"清空表中所有数据"按钮,弹出提示框,选择"是",则删除进销存系统表中的所有数据,如图 7-3 所示。

点击"退出"按钮,关闭当前窗口。

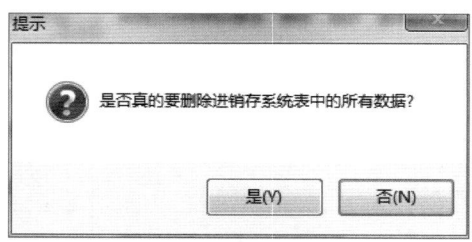

图 7-3 删除系统所有表数据

7.4.2 运行商品信息管理窗口

进入商品信息管理窗口,点击"查询"按钮,查询系统中的所有商品信息,并显示查询到的信息条数,如图 7-4 所示。

点击"增加"按钮,可进行商品信息表数据的增加。

点击"删除"按钮,可删除商品信息表中的数据。

点击"保存"按钮,可保存在商品信息表中进行的修改。

点击"初始化"按钮,可对商品信息表中的数据进行初始化。

点击"复位"按钮,可对商品信息表中的信息进行复位。

点击"全选"按钮,可选中数据窗口显示的所有信息。

点击"取消"按钮,可取消全选。

点击"退出"按钮,关闭当前窗口。

图 7-4　查询商品信息

7.4.3　运行操作员管理窗口

进入操作员管理窗口,点击"查询"按钮,查询系统中的所有操作员信息,并显示查询到的信息条数,如图 7-5 所示。

点击"增加"按钮,可对操作员表数据进行增加。

点击"删除"按钮,可删除操作员表选中的数据。

点击"保存"按钮,可保存在操作员表中进行的修改。

点击"复位"按钮,可对操作员表中的信息进行复位。

点击"退出"按钮,关闭当前窗口。

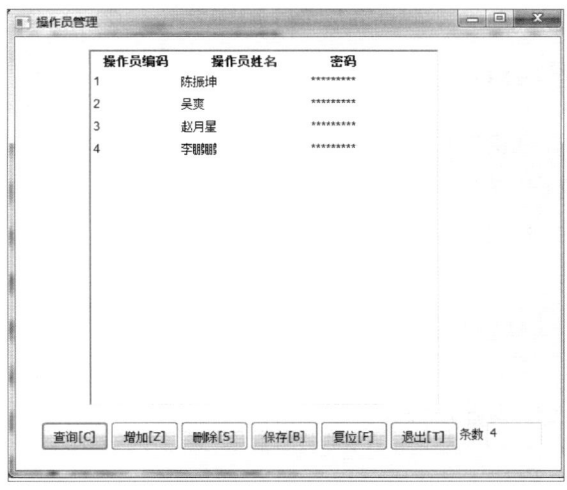

图 7-5　查询操作员信息

7.4.4 运行采购单管理窗口

进入采购单管理窗口,点击"查询"按钮,查询系统中的所有采购单信息,并显示查询到的信息条数,如图 7-6 所示。

点击"增加"按钮,可进行采购单数据的增加。

点击"删除"按钮,可删除采购单中的数据。

点击"保存"按钮,可保存对采购单进行的修改。

点击"复位"按钮,可对采购单中的信息进行复位。

点击"退出"按钮,关闭当前窗口。

由于销售单管理窗口的操作与采购单类似,在此不再赘述。

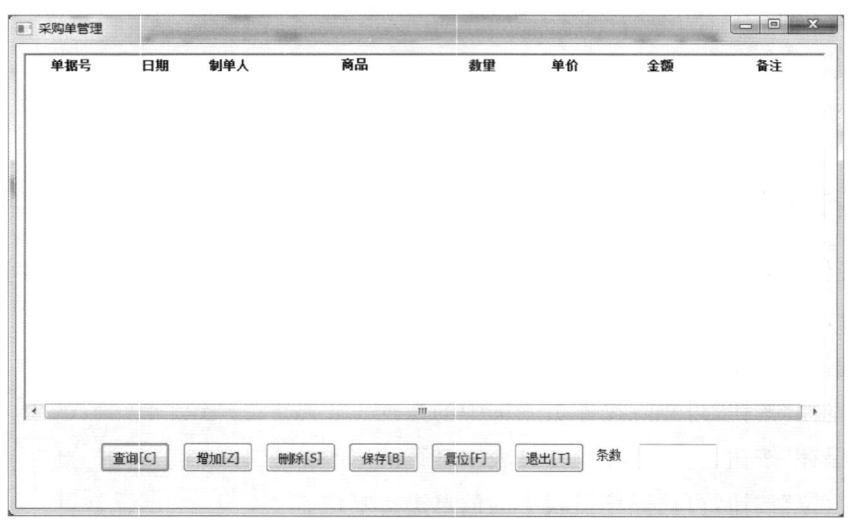

图 7-6 查询采购单信息

7.4.5 运行库存管理窗口

进入库存管理窗口,点击"计算"按钮,计算商品的库存数量,点击"查询"按钮,查询商品库存信息并显示在数据窗口中,同时,显示查询到的信息条数,如图 7-7 所示。

点击"复位"按钮,可对库存管理窗口中的信息进行复位。

点击"退出"按钮,关闭当前窗口。

7.4.6 运行报表管理窗口

进入报表管理窗口,选择想要查询的报表期

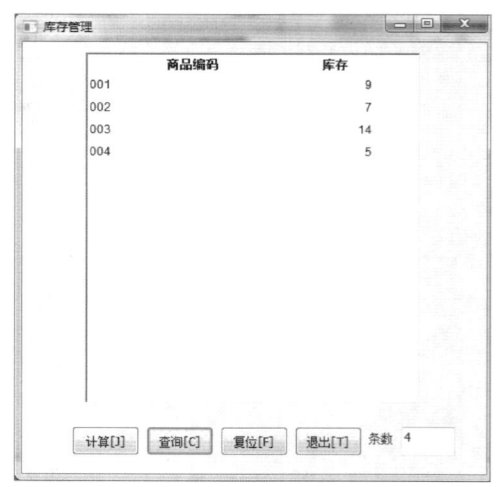

图 7-7 计算并查询库存信息

间,点击"计算"按钮,计算选定期间的报表信息,点击"查询"按钮,查询报表信息并显示在数据窗口中,同时,显示查询到的信息条数,如图 7-8 所示。

点击"复位"按钮,可对报表管理窗口中的信息进行复位。

点击"退出"按钮,关闭当前窗口。

图 7-8　计算并查询报表信息